AF549468

BAEDEKER SMART

Kalifornien

MAIRDUMONT – www.baedeker.com

Wie funktioniert der Reiseführer?

Wir präsentieren Ihnen Kaliforniens Sehenswürdigkeiten in fünf Kapiteln. Jedem Kapitel ist eine spezielle Farbe zugeordnet.
Um Ihnen die Reiseplanung zu erleichtern, haben wir alle wichtigen Sehenswürdigkeiten jedes Kapitels in drei Rubriken gegliedert: Einzigartige Sehenswürdigkeiten sind in der Liste der »TOP 10« zusammengefasst und zusätzlich mit zwei Baedeker-Sternen gekennzeichnet. Ebenfalls bedeutend, wenngleich nicht einzigartig, sind die Sehenswürdigkeiten der Rubrik »Nicht verpassen!«. Eine Auswahl weiterer interessanter Ziele birgt die Rubrik »Nach Lust und Laune!«.

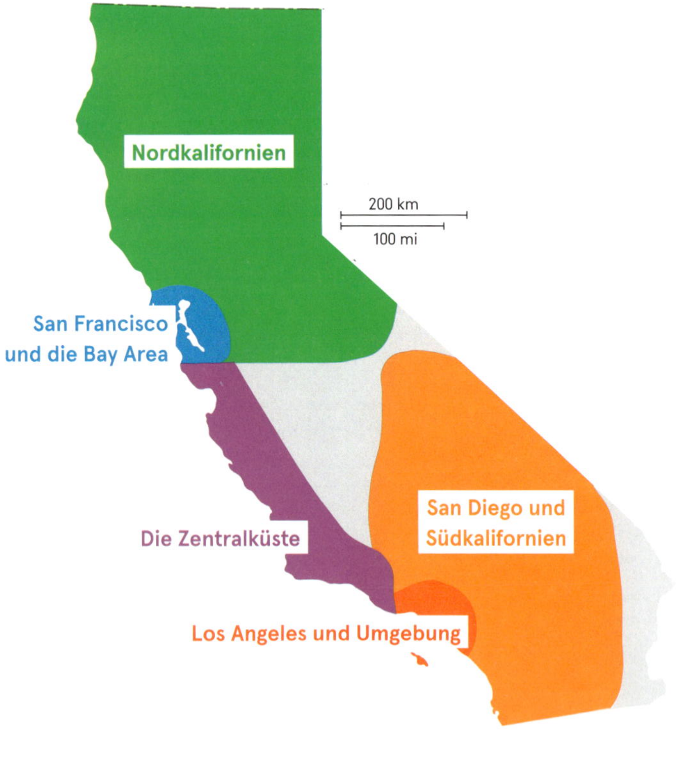

Das Magazin

San Francisco und die Bay Area

Nordkalifornien

Die Zentralküste

Los Angeles und Umgebung

San Diego und Südkalifornien

Touren

Praktische Informationen

Anhang

Magische Momente

Kommen Sie zur rechten Zeit an den richtigen Ort
und erleben Sie Unvergessliches.

Am Ocean Front Walk des Venice Beach kann man bei strahlendem Wetter die schönen Seiten des Lebens genießen.

Der Highway 1, hier bei den Santa Lucia Mountains, ist ein perfekter Ort, um das Easy-Rider-Gefühl zu erleben: »Born to be wild!«.

1

HOLLYWOOD
WALK OF FAME
2

3

4

Death Valley
National Park
Homeland of the Timbisha Shoshone
5

6

7

8

9

10

★★ Baedeker Topziele

Unsere TOP 10 helfen Ihnen, von der absoluten Nummer eins bis zur Nummer zehn, die wichtigsten Reiseziele einzuplanen.

❶ ★★ Yosemite National Park
Spektakulärer kann die Natur kaum sein: steile Felsen, gewaltige Wasserfälle, lauschige Täler, Wälder mit riesigen Sequoia-Bäumen (S. 82).

❷ ★★ Hollywood
Auch wenn die meisten Studios weiter nördlich nach Burbank gezogen sind: Der Mythos lebt im riesigen »Hollywood«-Schriftzug, den Kinos und der Oscar-Verleihung (S. 142).

❸ ★★ Disneyland® Park
Am Eingangstor des Disneyland® Parks in Anaheim lassen die Besucher die reale Welt hinter sich und tauchen ein in das Reich der Fantasie mit Mickey & Co. (S. 146).

❹ ★★ Chinatown & North Beach
Rund 100 000 Menschen leben in San Franciscos Chinatown. Das Viertel gehört zu den wichtigsten Attraktionen der Stadt (S. 44).

❺ ★★ Death Valley National Park
Das Tal des Todes mit seinen salzigen Ebenen, farbigen Felsen und Wüsten ist als Nationalpark geschützt. In der Oase Furnace Creek gibt es auch Unterkünfte (S. 180).

❻ ★★ Wine Country
Im »Weinland« von Kalifornien werden fantastische Weine produziert. Viele Weingüter bieten Weinproben, besondere Events und Besichtigungen an (S. 86).

❼ ★★ Big Sur
Der Highway No. 1 beginnt südlich von Monterey und schlängelt sich ca. 200 km durch eine spektakuläre Landschaft bis nach Morro Bay (S. 114).

❽ ★★ Santa Barbara
Die gepflegte Atmosphäre des Ende der 1920er-Jahre in mediterranem Stil gestalteten Luxuswohnorts zieht viele Besucher an. Sie flanieren in den noblen Einkaufspassagen oder gehen an die bezaubernden Strände (S. 116).

❾ ★★ Getty Center
Das Kunstmuseum in den südlichen Ausläufern der Santa Monica Mountains birgt rund 50 000 Werke – Rembrandt und Monet, aber auch zeitgenössische Fotografie (S. 148).

❿ ★★ San Diego Zoo
Der weltberühmte Zoo nimmt mit seinen über 4000 Tieren mehr als ein Viertel des Balboa Parks am Nordrand des Zentrums ein. In einem Ableger in Escondido liegt der Safari Park (S. 183).

Ein Gefühl für Kalifornien bekommen …

Erleben, was den US-Staat ausmacht, sein einzigartiges Flair spüren. So, wie die Kalifornier selbst.

Beach-Volleyball in Santa Barbara
Die Sandstrände von Kalifornien gelten als Geburtsort des Beach-Volleyballs. An den Stadtstränden von Santa Barbara, vor allem am Goleta Beach, gleich bei der Universität, ist meist ein heißes Match im Gange.

Wandern im Palmenhain
Nur wenige Kilometer vom Zentrum des noblen Palm Springs führt ein Wanderweg durch das beschaulich-imposante Wäldchen von mehreren Hundert Schatten spendenden Washingtonia-Palmen im Palm Canyon. Der gehört, wie auch der größte Teil des Grund und Bodens von Palm Springs, zum Reservat des indigenen Volkes der Agua Caliente.

Inline Skating am Venice Beach
Natürlich gibt es bessere Pisten fürs Inlineskating, aber keine, wo man sich besser zeigen kann. Ein Boulevard der Eitelkeiten, auf dem viele durchgestylt oder fantasievoll ausstaffiert ihre Kreise ziehen. Die Anerkennung und der Beifall der Passanten und Gäste in den vielen Cafés ist ihnen sicher.

California State Railroad Museum
Die Eisenbahn hat den Westen für die USA erobert. Und einige Eisenbahn-Magnaten haben dabei richtig Kasse gemacht. Die Geschichte der Magnaten, des Eisenbahnbaus und der vielen legendären Züge und Waggons der goldenen Eisenbahnära sind in Sacramento ausgestellt.

Traumpalast des Medienzars
William Randolph Hearst (1863 bis 1951) war der erfolgreichste amerikanische Medientycoon seiner Generation. Er ist in doppelter Hinsicht in die Geschichte eingegangen: Als Erbauer eines Märchenschlosses mit mehr als 100 Zimmern in der Nähe von San Simeon und als menschliche Vorlage für Orson Welles' Meisterwerk »Citizen Kane« (1941). Das Mobiliar für Hearst Castle hat der Eigentümer überwiegend aus Europa importieren lassen.

Fun in the Sun – Beach-Volleyball ist »der« Strandsport Kaliforniens an sich.

Bei einem Besuch in San Francisco ist die Fahrt mit der Cable Car natürlich ein absolutes Muss!

Angesichts der gigantischen Küstenmammutbäume im Muir Woods National Monument fühlt man sich zwergenhaft winzig.

Gemeinschaftsdinner

Auch wenn Amerikaner sonst gern allein an ihren Tischen speisen, bietet sich im Noriega's in der 525 Sumner Street ein ganz anderes Bild. Nach Bakersfield im San Joaquin Valley hat es viele baskische Einwanderer verschlagen. Und so sitzen in dem baskischen Restaurant alle an einer langen Tafel, essen, was auf den Tisch kommt, und trinken Wein aus Flaschen ohne Etikett. Wer schließlich aufsteht, ist wirklich gesättigt und hat mindestens 20 neue Freunde.

Ellis Island of the West

Angel Island in der San Francisco Bay hat eine lange Geschichte als Jagdgrund des indigenen Volkes der Miwok, als Gefangenenlager nach dem Zweiten Weltkrieg und als Sammellager für Immigranten. Die restaurierte Immigration Station erinnert an die ca. 175 000 chinesischen Einwanderer, die hier bis zu zwei Jahre auf ihre Einreiseerlaubnis warten mussten.

Giant Sequoias, Muir Woods National Monument

Ein Wäldchen von rund 100 m hohen riesigen Sequoias gleich nördlich der Golden Gate Bridge erinnert an John Muir, der schon vor über 100 Jahren sein Leben dem Erhalt der Naturwunder widmete. Der von ihm gegründete Sierra Club ist heute die einflussreichste Umweltschutzorganisation Nordamerikas.

Mit dem Cable Car auf den Straßen von San Francisco

Gemütlich rumpeln die altertümlichen Waggons, gezogen von Stahlseilen, über die Straßen von San Francisco. Und das schon seit 1873. Einst waren sie das wichtigste Transportmittel der Stadt, heute sind noch drei Strecken mit insgesamt 17 km Länge erhalten. Einheimische und Touristen lieben dieses Gefährt gleichermaßen.

Filmabend auf dem Friedhof

Auf dem Hollywood Forever Cemetery am 6000 Santa Monica Boulevard sind Judy Garland, Peter Lorre, John Huston und viele weitere Schauspieler, Regisseure und Musiker bestattet. Da erscheint es nicht unpassend, wenn hier seit einigen Jahren auch Musikkonzerte und Sommerfilmabende veranstaltet werden. »Harold and Maude«, »Goonies« oder andere Filmklassiker stehen auf dem Programm. Die rund 4000 Plätze auf Campingstühlen sind schnell ausgebucht.

Lebende Bilder

Seit 1933 wetteifern Künstler und mehrere Hundert Komparsen und Helfer aus Laguna Beach, um zum achtwöchigen Festival »Pageant of the Masters« in Laguna Beach Kunstwerke mit kostümierten und geschminkten Darstellern nachzustellen. Vorbild können ein Gemälde oder ein Motiv aus der amerikanischen Geschichte sein.

Die perfekte Welle reiten – an der kalifornischen Pazifikküste gibt es zahllose Surfspots wie hier vor Malibu.

Das Magazin

Traumhafte Berge, Küsten und Wüsten. Traumfabriken, Ghost Towns und Surferparadiese. Kalifornien bietet all das – und noch vieles mehr.

Seite 12–33

Klischee Kalifornien?

Sonnengebräunte Körper am Pool, Filmstars in Luxus-Cabrios, Palmen, Summer of Love – ist das Kalifornien? So kann es tatsächlich sein, doch birgt es jenseits solcher Klischees viel Interessanteres, als mancher vielleicht vermutet.

Die ikonische Golden Gate Bridge – für viele ein Symbol für den »Golden State« Kalifornien

Was stimmt denn nun? Einerseits wurde Kalifornien im 20. Jh. zum Inbegriff schneller Autos, schillernder Stars, gewagter Mode, Schönheitschirurgie und seltsamer Kulte – ein scheinbarer Sieg des Oberflächlichen auf breiter Front, den Woody Allen in einem frühen Film einmal so kommentierte: »Mit jedem Jahr, das man dort verbringt, büßt man zehn Punkte seines IQs ein.«

Andererseits geht es hier, auch wenn der Schein etwas anderes vorgaukelt, seit 150 Jahren um durchaus ernsthafte Dinge – z. B. Bergbau, Ackerbau, Eisenbahn, Filmindustrie, Ölgewinnung, Waffenhandel und technische Innovationen. Bei allem, was seine Einwohnerschaft erreicht hat (die fünftgrößte Wirtschaftsmacht der Welt, mit 14,7 % des US-Inlandsprodukts), wundert man sich, woher sie überhaupt die Zeit nimmt, sich am Strand zu vergnügen.

»Kalifornier sind ein fauler, verschwenderischer Verein, der nichts zustande bringt«, giftete der Politiker und Schriftsteller Richard Henry Dana Jr. 1840 in seinem Roman »Two Years before the Mast« (»Zwei Jahre vorm Mast«). Hundert Jahre früher, vor der systematischen spanischen Kolonisation, hätte der Spötter von der Ostküste sich über die Selbstgenügsamkeit der indigenen Völker gewundert. Und rund ein Jahrzehnt später, während der Hochzeit des Goldrauschs, hätte er erlebt, wie dort helle Köpfe aus aller Welt enormen Unternehmungsgeist entfalteten – drei völlig verschiedene Gesichter Kaliforniens in gerade einmal 100 Jahren!

Mythos Hollywood – eine Wachsfigur von Marilyn Monroe in einem Museum am Hollywood Boulevard

Kreativität und Vielfalt

Mächtig und facettenreich präsentiert sich Kalifornien heute: Es ist der einzige US-Bundesstaat (auf dem Kontinent), in dem über 50 % der Bevölkerung nicht weiß sind und der wohl permanent bereit ist zum Risiko. Seitdem die ersten Entdecker aus Asien hier 20 000 Jahre vor Christi Geburt gelandet waren, wurde die Region immer wieder zum Ziel von Pionieren unterschiedlicher Kulturen – was mitunter zu Konflikten führte, doch trug stets der Geist der Koexistenz den Sieg davon.

Nicht zufällig sind Kreative wie George Lucas und Steven Spielberg hier ebenso zu Hause wie Pixar oder Apple. Kalifornien ist oft auch Brutstätte sozialreformerischer Initiativen, und so hat man im Sonnenstaat keine Zeit für Klischees, sondern ist stets damit beschäftigt, das nächste große Ding zu landen.

Kino in Perfektion

Vor mehr als 100 Jahren entdeckten Filmemacher Kalifornien als idealen Drehort: Vor allem rund um Los Angeles gab es Sonne satt, eine reizvolle Landschaft und Grundstückspreise, die sich auf einem akzeptablen Niveau bewegten.

Hollywood selbst war noch ein ländliches Idyll, als der New Yorker Regisseur D. W. Griffith 1910 hier den ersten Film drehte, den Kurzfilm »In Old California«. Griffith wurde so zu einem der »Erfinder« Hollywoods und siedelte 1915 auch die Produktion des ersten Blockbusters der Filmgeschichte dort an, »Die Geburt einer Nation«, ein bildgewaltiges Stummfilmepos mit rassistischen Grundaussagen. Es markierte den Beginn des US-Kinos in großem Stil. Kaliforniens Qualitäten als Drehort sprachen sich schnell herum, und manche Scheune bei Hollywood verwandelte sich flugs in ein Filmstudio. Weit im Westen des Kontinents war man auch sicherer vor den Häschern der Edison Company, die seinerzeit das Patent auf Filmmaterial besaß und Verstöße dagegen gnadenlos verfolgte. Auch deshalb ließ sich Carl Laemmle, ein deutscher Mitbegründer der Filmmetropole, 1913 mit den Universal Studios hier nieder.

Natürliche Kulisse

Fortan bildete die Landschaft Kaliforniens die Kulisse für Filme. Sie repräsentierte 1923 sogar das antike Ägypten, als die Regiegröße Cecil B. DeMille in den Dünen im San Luis Obispo County das Set für seinen Monumentalfilm »Die zehn Gebote« bauen ließ. Viele Western wurden auf kalifornischen Ranches gedreht, die teils auch als Schauplätze für andere Szenarien herhielten, wie die 1000 ha große Paramount Ranch in den Santa Monica Mountains. Sie stand nach dem Verkauf 1927 (als der Tonfilm erfunden wurde) für das alte China, das

BIG BUSINESS

Weit mehr als 100 000 Erwerbstätige sind in der hiesigen Filmbranche beschäftigt. Der Umsatz der gesamten US-Filmindustrie belief sich zuletzt auf gut 42,5 Mrd. Dollar pro Jahr.

Oben: Auch wenn in Hollywood selbst kaum noch Filmstudios zu finden sind, gilt dieser Stadtteil von Los Angeles bis heute als Filmmetropole schlechthin.

Links: Der Brite Alfred Hitchcock siedelte viele seiner berühmten Filme in Kalifornien an, z. B. »Im Schatten des Zweifels« in Santa Rosa, »Die Vögel« in Bodega Bay und »Vertigo« in und um San Francisco.

koloniale Massachusetts und sogar San Francisco. Wichtige Drehorte wurden auch die Naturparks der Umgebung – so entstanden allein 150 Filme im Red Rock Canyon State Park, mit seiner spektakulären Fels- und Wüstenlandschaft, darunter 1993 »Jurassic Park«. Manchmal erschien die Natur indes wohl nicht ausreichend: Bei dem Film »Für eine Handvoll Geld« (1952) mit Kirk Douglas trimmte man die Redwood-Riesen im Humboldt County auf ein »realistischeres« Aussehen.

Nabel der Filmwelt

Abgesehen von Paramount sind die großen Studios inzwischen von Hollywood in andere Gegenden von L. A. umgezogen – in einem Radius von rund 50 km um Hollywood werden täglich ca. 150 Filme, Fernsehshows, Reklamespots und Musikvideos gedreht. Und obwohl L. A. als Filmmetropole an Boden verloren hat, etwa gegenüber San Francisco (wo Lucasfilm residiert), Georgia, Louisiana oder Kanada, bleibt es der Nabel der Filmwelt.

Die Bay Area hat insgesamt filmisch an Bedeutung gewonnen, u. a. auch, weil der damalige Apple-Chef Steve Jobs 1986 die Computergrafikabteilung von Lucasfilm erwarb und daraus die in Emeryville bei Oakland angesiedelten Pixar Animation Studios formte (zu Disney gehörig). Dort entstanden legendäre Streifen wie »Toy Story« (1995), »Alles steht Kopf« (2015) oder »Die Unglaublichen« (2004/2018). Mit »Elemental« (2023) und »Alles steht Kopf 2« (2024) fanden die Studios zuletzt zu alter Stärke zurück.

Gold Rush

An einem eiskalten Tag Ende Januar 1848 schlug die Geschichte Kaliforniens plötzlich eine ganz andere Richtung ein: In der Nähe von Sacramento hatte man Gold gefunden. Das dünn besiedelte Kalifornien, das die USA zwei Jahre zuvor im Krieg gegen Mexiko erobert hatten, wurde innerhalb weniger Monate von einer Einwanderungswelle überschwemmt.

Gold, Gold, Gold im American River!« Der Mormone und Geschäftsmann Sam Brennan lief völlig außer sich durch die Straßen von San Francisco. Gerade hatte er die Sägemühle Sutter's Mill nahe Sacramento besucht, wo der Zimmermann James Marshall »gold nuggets« im Bett des American River gefunden hatte, nun sollte es die ganze Welt wissen. Der US-Präsident Polk sah im fernen Washington DC die historische Chance, das gerade annektierte Territorium Kalifornien schnell zu besiedeln und hielt im Dezember 1848 im Kongress einen Klumpen Gold in die Höhe, um jeden Zweifel zu beseitigen.

Schlagartig kam eine wahre Völkerwanderung in Gang. Die meisten der zukünftigen Goldsucher machten sich auf die beschwerliche, 5000 km lange Reise vom Osten quer über den Kontinent, kletterten über Berge und zogen durch Wüsten, um im gelobten Land anzukommen. Andere versuchten es über den Seeweg, bis nach Nicaragua oder Panama, um nach Überquerung der Landenge Mittelamerikas wieder nach Norden zu segeln. Vielen war sogar die Seereise rund um das Kap Hoorn in Südamerika nicht zu weit. 1849 landeten allein in San Francisco 40 000 Glücksucher, insgesamt waren es gut 300 000. Als die Kalifornier merkten, dass sie gegenüber dem Rest der Welt nur wenige Monate Vorsprung hatten, machten sie sich selbst hastig auf den Weg. Seeleute verließen ihre Schiffe, Bauern ihre Ernte. »Jeder Hafen bis San Diego, jede Stadt und fast jede Ranch ist plötzlich entvölkert«, berichtete die Zeitung »California Star«. Alle lockte die Hoffnung auf plötzlichen Reichtum, auf den Fund, der das große Glück bedeutet und alle Sorgen vergessen macht. Doch wirklich reich wurden nicht die »gold digger«, die die Erde durchwühlten, sondern die Händler, die am Nachschub von Werkzeugen, Baumaterial und Nahrung verdienten.

Enttäuschte Erwartungen

Goldgräbercamps konnten nach Gerüchten über reiche Funde in kürzester Zeit auf mehrere Tausend Bewohner anschwellen, um beim nächsten Gerücht wieder entvölkert zu werden. In den wilden Männergesellschaften ging es oft rau zu. Viele Goldfunde wurden schnell an der Theke im Saloon oder im Bordell umgesetzt oder wechselten bei Überfällen den Besitzer. Placerville war unter Glücksrittern wegen rasch verhängter Todesurteile nur als »Hangtown« bekannt. Doch bald war mit Hacke, Schaufel und

James Marshalls Goldfund von 1848 (rechts kalifornische Goldsucher 1850) zieht bis heute Touristen an, die z. B. in Columbia »Living History« präsentiert bekommen (links oben) und auch selbst Gold suchen können (links unten). Funde sind äußerst selten (rechts unten).

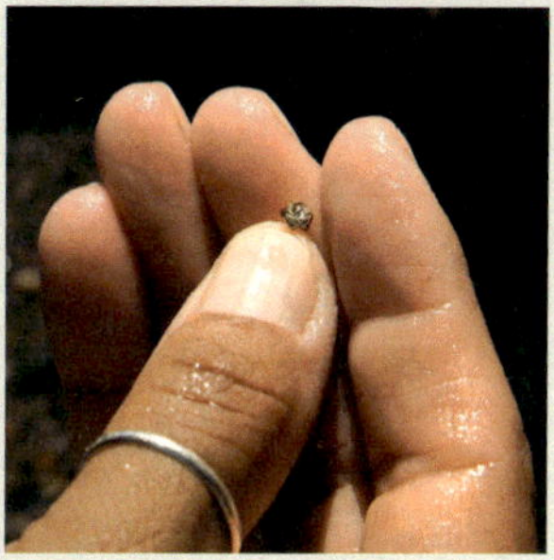

Goldpfanne kein Geschäft mehr zu machen. Mit schwerem Gerät und tiefen Schächten übernahmen Kapitalgesellschaften das Geschäft und begannen das Gold in der Tiefe abzubauen. Viele Digger konnten bei ihnen noch als Bergarbeiter anheuern.

Der große Traum vom schnellen Glück endete für die meisten Digger mit einem Kater. Aber auch der Urbevölkerung war der Goldrausch nicht gut bekommen. Viele der rund 300 000 Bewohner waren schon durch von den Spaniern eingeschleppte Krankheiten, gegen die sie keine Abwehrkräfte hatten, drastisch dezimiert worden. Die Konfrontation mit den vielen Tausend rücksichtslosen Goldsuchern und der unerbittlichen Politik Washingtons gegenüber den Native Americans setzte ihnen massiv zu. 1870 wurden in Kalifornien noch 30 000 Mitglieder indigener Stämme gezählt.

Auf den Spuren der Vergangenheit

Die State Road 49, die passenderweise auch »Golden Chain Highway« genannt wird, schlängelt sich im westlichen Vorland der Sierra Nevada von Nord nach Süd und verbindet viele der alten Goldgräberorte. In einigen davon geben restaurierte Straßenzüge und teilweise begehbare Goldminen zumindest einen kleinen Eindruck von der Vergangenheit. Hier verliefen in der Tiefe über fast 200 km besonders ertragreiche Goldadern, »Mother Lode« genannt.

Die Zahl der Bewohner von Angels Camp (www.angelscamp.com), einst ein Versorgungsstützpunkt für die Minenarbeiter, sprang nach ersten Funden in wenigen Wochen auf 4000, die den Boden wie einen Käse durchlöcherten. Mit der Kurzgeschichte »Der berühmte Springfrosch von Calaveras« setzte Mark Twain der Gold-Digger-Siedlung ein literarisches Denkmal.

Historische State Parks

Bei Coloma hat alles begonnen. Hier in der Nähe fand James Marshall die ersten Nuggets im American River. Im Marshall Gold Discovery State Historic Park (www.parks.ca.gov/?page_id=484) können Besucher sich den Nachbau der Sägemühle und der Wohnhütte von Marshall ansehen und in Ausstellungen viel über die Geschichte des Goldrausches erfahren. Bestens restauriert, mit Saloons, Candy Store und Zahnarzt präsentiert sich die Goldgräberstadt Columbia ihren Besucher:innen. Diese können ihr Glück mit Goldpfannen versuchen oder in einer alten Postkutsche über die Main Street zuckeln. Nach heutigem Wert wurde hier Gold für über eine Milliarde Dollar aus der Erde geholt. Eine Zeit lang war Columbia, heute ein State Historic Park (www.parks.ca.gov/?page_id=552), die zweitgrößte Stadt Kaliforniens.

Frisch auf den Tisch

Wer Essen und Trinken als wichtige Zutaten für einen gelungenen Urlaub betrachtet, ist in Kalifornien hervorragend aufgehoben. Der Küstenstaat hat sich in den zurückliegenden Jahrzehnten zu einem Hotspot für Feinschmecker entwickelt.

Gründe hierfür sind die günstigen Wachstumsbedingungen für Ingredienzien aller Art, die ethnische Vielfalt und der Ehrgeiz der Küchenchefs. Die Zutaten kommen frisch von der Farm oder aus dem Ozean. Passende Getränke stammen von Weingütern, Brauereien und Destillerien aus der Region. Doch die Rezepte und die Köche haben ihre Wurzeln in der ganzen Welt, wobei das Spektrum von Street Food bis hin zu Sternerestaurants reicht. So sieht die kulinarische Gegenwart in Kalifornien aus – wenn man es sich leisten kann und möchte.

Die ganze Bandbreite

Vor allem in der Bay Area, in der Megalopolis Los Angeles sowie rund um San Diego locken Tausende Restaurants mit California Haute Cuisine und grandiosen Ethno-Küchen, die von Tacos al Pastor

Seit den 1970er-Jahren hat sich die kalifornische Küche stark verändert.

(Mexiko) bis zu Udon-Suppen mit Schweinebauch (Japan) eine echte Vielfalt an köstlichen Gerichten anbieten.

Angesagt: Sacramento

Als neue Foodie-Kapitale gilt gerade die Hauptstadt Kaliforniens: Sacramento. Die »New York Times« widmete der lange zur kulinarischen Provinz gehörenden Stadt im Dezember 2023 eine große Reportage, in der die Autoren eine »great restaurant city« bejubeln. Die Besonderheit: Vom Sushi-Reis bis zum Beluga-Kaviar stammen fast alle Zutaten von Produzenten aus einem Umkreis von weniger als 40 Meilen. In den USA eine Revolution von nicht zu unterschätzenden Ausmaßen. Hinzu kommt die Freude an der Innovation: Tu David Phu etwa ist ein Amerikaner mit vietnamesischen Wurzeln, der zur Optimierung seiner Gerichte eine eigene Fish Sauce produziert. Sushi-Köche wie Ernesto Rodriguez vom Kru in Sacramento scheuen sich nicht, ihre Nigiri mit Lötlampen zu traktieren. Und nicht einmal der Kaffee ist vor aufwendigen Zeremonien sicher: Der trendbewusste Kalifornier trinkt ihn vorzugsweise als Cold Brew, dessen Zubereitung acht bis 24 Stunden in Anspruch nimmt.

Von hoher Qualität: Wein

Außerdem wäre da noch die eigentliche Kernkompetenz der kalifornischen Genussmittelproduktion: der Weinbau. Lediglich Frankreich, Spanien und Italien produzieren mehr Wein als Kalifornien. Welch einen Spaß eine Verkostungstour machen kann, hat Alexander Payne 2008 in seinem Filmklassiker »Sideways« festgehalten. Dies alles schließt nicht aus, dass Fast Food und Kettenrestaurants auch in Kalifornien weiterhin präsent sind. Aber auch das kann gelegentlich lecker sein.

»Food Trucks«

Street Food und Food Trucks: Groß geworden ist der Trend Anfang der 2010er-Jahre im Westen der USA, wo es ganze Food-Truck-Parks gibt, in denen viele Landesküchen mit repräsentativen Gerichten vertreten sind. Einen Überblick über das aktuelle Angebot bietet die Webseite https://roaminghunger.com. So viel sei vorweg gesagt: Die Auswahl ist gigantisch – allein in Los Angeles sind 1151 Food Trucks registriert. San Francisco bringt es auf immerhin knapp 300, in San Diego sind 190 rollende Fast-Food-Restaurants registriert.

Geisterstädte

»Go West«, wann immer der Ruf ertönte, um neue spektakuläre Funde an Gold und Silber in Kalifornien anzukündigen, machten sich Tausende auf den Weg. Sie übernachteten zunächst unter Zeltplanen, später in windschiefen Häusern. Städte mit Tausenden Einwohnern entstanden über Nacht und verschwanden genauso schnell wieder, wenn die Minen erschöpft waren.

Gold, Silber, Reichtum, plötzlich zum Greifen nah – ganz anders als in Europa, wo die Erde schon seit mehreren Hundert Jahren auf der Suche nach Reichtümern durchwühlt worden war. Im Grunde war es die vermeintliche Erfüllung des amerikanischen Traums, des Strebens nach Glück und Wohlstand, die Dutzende kleiner Minenstädte im Westen des nordamerikanischen Kontinents entstehen ließ.

Doch die Träume der Goldsucher waren oft viel größer als die tatsächlichen Schätze unter der Erde. Sie wurden herausgeschlagen, gegraben und gekratzt von Tausenden Goldsuchern, Glücksrittern und Pechvögeln, die doch bald von größeren Minengesellschaften abgelöst, vielleicht eingestellt und ausgebeutet oder einfach brutal vertrieben wurden.

Die enttäuschten Abenteurer zogen weiter, nahmen nur die wichtigste bewegliche Habe mit und ließen Häuser und schwere Gerätschaften da. Zurück blieben Geisterstädte, windschiefe Holzkaten, einsame Kaminschlote, Türen, die schräg in den Angeln hängen und

Bodie ist eine der am besten erhaltenen Geisterstädte der USA.

zuweilen das Fahrgestell einer Kutsche, die den Aufbruch nicht mehr geschafft hatte.

Viele dieser »Ghost towns« verfallen einsam irgendwo in der Wüste, doch einige, oft touristisch aufgepäppelt, kann man besuchen. Zwei dieser Freilichtmuseen seien stellvertretend genannt.

Bodie State Historic Park

Ein unwirklicher Anblick am Ende einer mehrere Kilometer langen Schotterstraße. Einige Dutzend verwitterte Holzhäuser stehen einsam auf der Hochebene (2552 m) östlich der Sierra Nevada und nördlich des Mono Lake. Rostige Karossen von Oldtimern, eine alte Tankstelle, im Saloon ging es einst hoch her. Nicht wenige der wilden Gesellen, die sich hier mit Brandy volllaufen ließen, fanden nach einer unglücklich verlaufenen Auseinandersetzung mit »starker Bleivergiftung« auf dem Friedhof am Rande des Ortes ihre letzte Ruhestätte. Die Leichenhalle gleich nebenan war das einzige Gebäude von Bodie, das aus Ziegeln erbaut war.

Eine Skulptur in der Calico Ghost Town erinnert an die Ureinwohner, die in der Region lebten.

Die nach dem Goldsucher William Bodey benannte Siedlung startete wie so viele andere als Bergbaucamp. Die Kunde von einigen Goldfunden 1859 und gleichzeitig entdeckten Silbervorkommen in benachbarten Orten zog Glückssucher in Scharen an. Die Bevölkerungszahl explodierten in 20 Jahren von 2 auf 8000. Der Rotlichtbezirk mit allein 65 Saloons und mehreren Bordellen war berüchtigt. Chinesische Arbeiter fanden in Opiumhöhlen Ablenkung von der Knochenarbeit. Doch sinkende Erträge ließen die Bevölkerungszahlen rapide schwinden. Anderswo in Kalifornien, auch in Arizona, Utah und Montana schien man mehr holen zu können. Brände, zuletzt in den 1930er Jahren, zerstörten viele der aus Holz gebauten Häuser, 1940 war der Ort verlassen. Heute kann man ein kleines Museum, Goldgräberhütten, die Schule, Läden, Schächte und die Kirche besichtigen. Im

In der Calico Ghost Town ergänzen Nachbauten die Originalgebäude.

Sommer finden täglich Führungen statt. (Highway 270, östlich der US 395, Tel. 1 760 6 47 64 45; www.parks.ca.gov).

Calico Ghost Town Regional Park

Nach den Silberfunden von 1881 war hier die Hölle los. 15 Jahre bohrte man die Schächte von 500 Silberminen am Rande der Calico Mountains in den Untergrund der Mojave-Wüste und förderte Edelmetall im Wert von 20 Mio. $ an die Oberfläche. Der Verfall des Silberpreises 1895 ließ die weitere Förderung unwirtschaftlich werden. Die Minen schlossen eine nach der anderen, die Minenarbeiter packten ihre Siebensachen auf Maultiere und zogen weiter auf der Suche nach dem Glück. Das Örtchen 200 km nordöstlich von Los Angeles war schnell verlassen.

Erst 1954 kaufte der Vergnügungsparkunternehmer Walter Knott die Ghost Town und ließ sie wieder aufmöbeln. Ein Drittel der Gebäude stammt noch aus der Hochzeit des Silberbergbaus, doch Geistertouren, Goldwaschen für Kinder und die Besichtigung einer Mine unterhalten die heutigen Besucher von Calico, die in Restaurants und Shops Zerstreuung finden. Arnold Schwarzenegger, seinerzeit Gouverneur von Kalifornien, zeichnete Calico 2005 als offiziellen »Silberrauschort« des Bundesstaates aus (36600 Ghost Town Rd., Yermo, Tel. 1 909 3 87 27 57, https://parks.sbcounty.gov/park/calico-ghost-town-regional-park).

In der Carrizo Plain bei Santa Barbara ist die San-Andreas-Verwerfung deutlich erkennbar.

Zitternde Erde – entspannte Kalifornier:innen

Die Erde zittert, ein kaum wahrnehmbares Rumoren in der Tiefe, doch von Panik auf der Terrasse des Weingutes im Sonoma Valley keine Spur. Die gewaltigen Kräfte, die unseren Planeten und seine Landschaften geformt haben, sind in Kalifornien nach wie vor recht aktiv. Seismografen registrieren rund 30 000 winzige Erschütterungen im Jahr.

Die spektakulären Landschaften Kaliforniens liegen am Rand einer hochaktiven geologischen Zone, dem »Ring of Fire«, der über Süd- und Nordamerika, Russland, Japan und Indonesien den Pazifik umgibt und an dem mehr als 450 aktive und schlafende Vulkane liegen. Von den vielen Verwerfungslinien, die sich im Untergrund durch den Bundesstaat ziehen, ist die San-Andreas-Verwerfung die markanteste und mit rund 900 km auch die längste. Sie markiert die Linie, entlang der die Pazifische Erdplatte an der Nordamerikanischen vorbeidriftet. Zuweilen lösen sich die durch Berührung oder Verkanten der tektonischen Platten entstehenden Spannungen ruckartig und gewaltsam, was als Erdbeben auch an der Oberfläche deutlich spürbar ist.

Das Loma-Prieta-Beben von 1989 mit Schwerpunkt in den Santa Cruz Mountains und einer Stärke von 6,9 auf der Richterskala, das Northridge-Beben 1994 im Raum Los Angeles mit 6,7 oder das South Napa Beben 2014 mit 6,0 ließen tiefe Risse und Spalten im Boden entstehen, Straßen falteten sich auf, Häuser und Freeways brachen zusammen und viele Menschen wurden getötet.

Wissenschaftler haben noch immer keine verlässlichen Vorzeichen für Erdbeben gefunden, die betroffenen Bewohner:innen eine nennenswerte Vorlaufzeit von mehr als wenigen Sekunden einräumen. Und so können Seismologen nur spekulieren, wann statt der vielen Hundert Mini-Beben eine große Katastrophe zu erwarten ist.

The »Big One«
Das Große Beben von San Francisco 1906 legte mit einer gewaltigen Erschütterung von 7,9 auf der Richterskala die Stadt in Trümmer. Damals verschob sich ein 400 km langer Abschnitt der San-Andreas-Verwerfung binnen weniger Sekunden um 6,5 m. Rund 3000 Einwohner verloren ihr Leben, auch in den gewaltigen Bränden, die durch geborstene Gasleitungen noch befeuert wurden. Der Sachschaden betrug über 400 Mio. $.

In der Region von Fort Reyes, nördlich von San Francisco, sind entlang des National Seashores Earthquake Trail die Verschiebungen innerhalb der San-Andreas-Verwerfung während des gewaltigen Bebens vor mehr als 100 Jahren mithilfe von angebrachten Markierungen deutlich auszumachen. In der Carrizo Plain im Hinterland von Santa Barbara ist die Spalte über eine längere Strecke sogar mit bloßem Auge erkennbar.

Die Erde bebt: Was nun?
Bei einem stärkeren Erdbeben können Türrahmen oder ein fester Tisch in einem Gebäude etwas Schutz bieten. Schirmen Sie Ihren Kopf zusätzlich mit den Armen gegen möglicherweise herunterfallende Gegenstände ab. Halten Sie sich fern von beweglichen Gegenständen wie Regalen oder Stehlampen sowie von Glasplatten oder Fenstern, die zerbersten können. Sind Sie im Freien, sollten Sie einen großen Bogen um alles machen, das umstürzen kann, wie Mauern oder Bäume. Wer an der Küste ist, sollte versuchen, einen höheren Standort zu erreichen. Denn Erdbeben können Tsunamis, zerstörerische Flutwellen, auslösen.

Die Richterskala

Der Wissenschaftler Charles Francis Richter vom renommierten California Institute of Technology im südkalifornischen Pasadena und sein deutschstämmiger Kollege Beno Gutenberg entwickelten 1935 ein System zur Messung der lokalen Erdbebenstärke. Es ist eine Magnitudenskala, deren Basis die von Seismografen ermittelte Schwingungshöhe der ausgelösten Erschütterungswellen eines Erdbebens darstellt. Das weltweit angewandte System macht die Stärke der Beben vergleichbar. Ein Beispiel: Die Kraft eines Erdbeben der Stärke 7,0 ist 31-mal größer als die eines der Stärke 6,0 und mehr als 900-mal größer als die eines der Stärke 5,0.

California Dreaming… and Singing

Von Surf-Pop über Psychedelic bis hin zu Hardcore und Hip-Hop nehmen Musiker aus Kalifornien immer wieder eine zentrale Rolle bei der Weiterentwicklung der Popmusik ein.

Das Coachella Valley Music & Arts Festival gehört zu den größten Festivals weltweit.

Dabei kommen sie immer wieder auf ein Thema zurück: ihre Heimat. Mit »Surfin' USA«, »I Get Around« oder »Good Vibrations« ist es den Beach Boys vorbehalten, das südkalifornische Lebensgefühl in Form von Musik in der Welt zu verbreiten. Bald darauf verstärken The Mamas and The Papas, (»California Dreaming«, 1965), der aus Florida stammende Scott McKenzie (»San Francisco«, 1967) und Albert Hammond (»It Never Rains in Southern California«, 1973) die Sehnsucht nach einem sorgenfreien Leben mit ewigem Sonnenschein.

Der Sound der Grateful Dead schließlich übersetzt das Leben mit bewusstseinserweiterten Substanzen in psychedelische Musik.

MUSIKFESTIVALS UND KONZERTE

Festivals und Konzerte gibt es in Kalifornien rund ums Jahr. So pilgern Tausende von Fans zum Coachella Music & Arts Festival (www.coachella.com) bei Palm Springs, ebenso seit einem halben Jahrhundert zum Monterey Jazz Festival (www.montereyjazzfestival.org). Eine große Rolle spielt auch klassische Musik, mit international renommierten Orchestern und Dirigenten wie dem San Francisco Symphony Orchestra (unter Esa-Pekka Salonen) und dem L.A. Philharmonic Orchestra (unter Gustavo Dudamel).

Inspiriert von Optimismus und melancholischen Wohlklang scheint plötzlich die ganze Welt zwischen San Francisco und San Diego leben oder zumindest Urlaube verbringen zu wollen. Doch analog zum wahren Leben zeigt der kalifornische Traum auch musikalisch erste Risse. In den 1980er-Jahren drängen plötzlich viel schroffere Klänge aus den Lautsprechern: Plattenlabels wie SST und Bands wie Black Flag oder Minutemen etablieren Kalifornien vorübergehend als neues Epizentrum von Hardcore und Punk.

Hip-Hop und mehr

In South Central, Compton und anderen überwiegend von Schwarzen und Latinos bevölkerten Ghettos nimmt derweil der Westküsten-Hip-Hop Gestalt an. Erste Protagonisten sind NWA (»Niggers with Attitude«), deren Mitglieder Dr. Dre und Ice Cube die drastischen Texte vom Leben mit Drogen und Kriminellen später wieder mit sonnigeren Klängen garnieren. Die Basis für den späteren Erfolg von Rappern wie Snoop Dogg ist gelegt.

Unterdessen steht die musikalische Entwicklung nicht still. Das in der Nähe von Palm Springs ausgetragene Coachella Valley Music and Arts Festival gilt heute als wichtigstes seiner Art in den USA. Auch musikalisch kommen immer wieder lebensbejahende Hymnen wie »The Only Place« der L.A.-Formation Best Coast aus Kalifornien. Am kreativsten aber verpackt die enigmatische Diva Lana Del Rey das kalifornische Lebensgefühl in eine zeitgemäße musikalische Hülle. Songs wie »Venice Bitch« oder »Yosemite« sind von atemberaubender Schönheit. Rein inhaltlich verbinden sie den Geist des Film noir samt der emblematischen Popkultur früherer Jahrzehnte mit der Leere unserer Zeit. Dabei trägt die eigentlich aus New York stammende Frau Kalifornien schon im Namen: Del Rey heißt ein Strandabschnitt in L.A.

Unter freiem Himmel

Es wird gejoggt, geskated, geritten, je nach Saison auf Skiern oder Mountain Bikes die Berge hinuntergejagt, in den Wellen geschwommen oder auf ihrem Kamm gesurft – und an den Stränden des Bundesstaates wurde Beach-Volleyball zur Olympischen Sportart. Kalifornien ist ein Paradies für sportliches Outdoor-Vergnügen.

Angestellte aus den Büros des Financial District von San Francisco joggen in der Mittagspause bei jedem Wetter den Embarcadero an der Küste zur Bay entlang. Mindert sich die glühende Mittagshitze im Death Valley am späten Nachmittag, packen Golf-Enthusiasten ihre Schläger für eine Runde Wüstengolf aus. Begleitet von scharfen Winden bei Crescent City ganz im Norden der Pazifikküste Kaliforniens, hocken Surfer in ihren Neoprenanzügen im eiskalten Wasser und warten auf die große Welle.

Surfing USA

Der Ritt auf den lang gezogenen Wellen entlang der mehr als 2000 km langen Küste ist so populär, dass Surfen als ureigene kalifonische Sportart gilt. Dabei hatten Surfer aus Hawaii schon vor mehr als 100 Jahren Zuschauer an den Stränden mit ihren ultralangen Brettern fasziniert.

Heute wird das ganze Jahr im Norden wie Süden von Kalifornien gesurft, im Regen wie bei Sonne. Zwei Küstenorte, Santa Cruz im Norden der Monterey Bay und Huntington Beach, gleich südlich von Los Angeles, konkurrieren sogar miteinander um den Titel der »Surf City USA«. Surfschulen gibt's überall, das Ausleihen von Brettern und Wetsuits ist nirgendwo ein Problem.

Kein Wasser in Sicht? Dann eben mit Skates – eine Windskaterregatta in der Mojave-Wüste

An den Stränden

Hier suchen Ballspieler oft Gleichgesinnte für ein Beach-Volleyball-Match in einem der vielen markierten Felder – im weichen Sand können die Oberschenkel schnell müde werden. Andere joggen oder radeln die Strandpromenaden entlang, oft in Konkurrenz mit Rollerbladern oder Skateboardern.

Mit dem Fahrrad unterwegs

Radfahren wird immer populärer. Selbst in der ultimativen Autometropole Los Angeles sind an den Straßen Fahrradwege gekennzeichnet, und die städtischen Busse befördern Fahrräder in speziellen Körben kostenlos. In den Bergen und Hügeln von Marin County nördlich der Golden Gate Bridge bis zu den Santa Monica Mountains sind Cross-Country-Areale und -Strecken abgesteckt. Auch viele Skigebiete in der Sierra Nevada stellen sich inzwischen auf den Ansturm von Urlaubern und Ausflüglern ein, die im Sommer in der herrlichen Natur wandern, klettern oder mountainbiken wollen.

Skifahren

Im Hochgebirge der Sierra Nevada, vor allem an ihrer Ostflanke,

Zuschauersport: Live im Stadion

In Kalifornien sind fünf Major League Baseball-Teams (www.mlb.com): im Süden die San Diego Padres (www.mlb.com/padres/tickets), in Los Angeles die Angels (www.mlb.com/angels/tickets) sowie die Los Angeles Dodgers (www.mlb.com/dodgers/tickets), im Norden die San Francisco Giants (www.mlb.com/giants/tickets) und die East Bay's Oakland Athletics (www.mlb.com/athletics/tickets).
In der National Football League spielen die Los Angeles Chargers (www.chargers.com/tickets), Los Angeles Rams (www.therams.com/tickets) und San Francisco 49ers (www.49ers.com/tickets). 49ers-Tickets sind schwer zu bekommen – schauen Sie schon bei der Reiseplanung, wann Tickets im Verkauf sind. San Diego ist nicht mehr in der NFL vertreten. Vier Teams der National Basketball Association hat Kalifornien: Golden State Warriors (www.nba.com/warriors/tickets) aus Oakland, Sacramento Kings (www.nba.com/kings/tickets, Golden 1 Center), Los Angeles Lakers (www.nba.com/lakers/tickets) und LA Clippers (www.nba.com/clippers/tickets, Crypto.com Arena).

locken einige der besten Skiresorts der USA mit tollen Schneeverhältnissen in herrlicher Landschaft. Allein den in 1897 m Höhe gelegenen Lake Tahoe umgeben ein Dutzend Wintersportareale für Abfahrt- und Langlaufski, von Heavenly Valley ganz im Süden bis zu Northstar, dessen Pisten bis auf 2600 m klettern. Das riesige Skigebiet von Mammoth Mountain südlich davon hat nicht nur bei Familien, sondern auch bei Freestylern und Snowboardern den besten Ruf. Bei Schneefällen um die 15 m sind mehrere Lifte noch bis in den Sommer geöffnet.

Wandern

Es muss ja nicht gleich der ganze Pacific Crest Trail sein, der sich 4280 km von der mexikanischen bis zur kanadischen Grenze durch die Mojave-Wüste und den Kamm der Sierra Nevada entlang nach Norden zieht. Kleinere Abschnitte dieses populären Fernwanderweges tun es ja auch.

Oder: Trails im Topanga State Park bei L. A., im Anza-Borrego Desert im Hinterland von San Diego, Abschnitte des California Coastal Trail, der einmal die ganze Pazifikküste miteinander verbinden soll, oder wundervolle Trails in der Golden Gate National Recreation Area gleich nördlich der Golden Gate Bridge mit spektakulären Ausblicken auf den Pazifik und die San Francisco Bay.

Golf

In Kalifornien mit seinen fast 1000 Anlagen sind Golfer am Ziel ihrer Träume. Viele Golfplätze finden sich wegen des moderaten Klimas entlang der Küste, die meisten von ihnen im Süden. Die erste 18-Loch-Anlage wurde bereits 1919 bei Los Angeles eröffnet. Auch viele der privaten Plätze können von Gästen gegen Gebühr bespielt werden. Zu den weltweit schönsten Plätzen gehören der Cypress Point Club und Pebble Beach, beide auf der Monterey Peninsula gelegen.

Rafting

Von April bis Oktober herrscht auf den Flüssen in Kaliforniens Norden Hochbetrieb. Auf dem Sacramento River, dem American oder dem Tuolumne River wagen sich viele Dutzend Schlauchboote und auch Kajakfahrer ins wilde Wasser. Erfahrene Guides kennen die Stromschnellen, und nirgendwo sonst sieht man so viele große Blaureiher, See- und Weißkopfadler, Otter und Rotwild.

Rafting auf dem Merced River im Yosemite National Park

Downtown San Francisco mit der Bay Bridge bei Sonnenuntergang – einer der schönsten Blicke auf die Stadt an der Bucht.

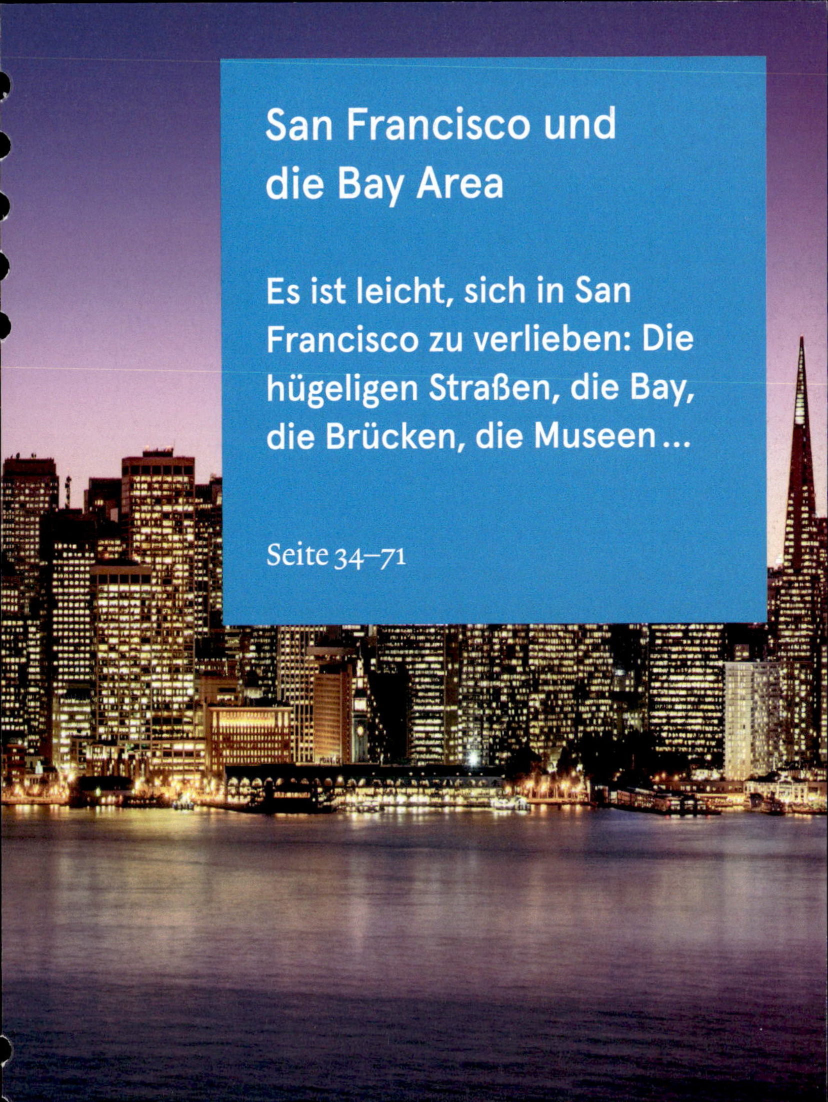

San Francisco und die Bay Area

Es ist leicht, sich in San Francisco zu verlieben: Die hügeligen Straßen, die Bay, die Brücken, die Museen ...

Seite 34–71

Erste Orientierung

Seit den Tagen des Goldrausches suchen Zuwanderer hier ihr Glück. So gliedert sich das durch die Bay und den Pazifik begrenzte San Francisco in ein Mosaik von ganz unterschiedlichen lebhaften Stadtvierteln. San José und Umgebung im Süden der Bay ist bekannt als Silicon Valley, mit weltweit führenden Technologieunternehmen.

Die Stadt am Golden Gate gehört zu den Sehnsuchtszielen der Welt. Die Lage auf einer Halbinsel mit gut 40 Hügeln zwischen Bay und Pazifik, mit einer fantastischen Brücke, die die Bay nach Norden überspannt, ist überaus verführerisch. Hinzu kommen die Menschen, eine faszinierende Mischung aus Ethnien, Weltanschauungen und Orientierungen. Die Quartiere sind gewachsen, nicht ohne Widersprüche und gerade deshalb authentisch. Chinatown hatte über 150 Jahre Zeit, zu dem zu werden, was es heute ist, im Mission District zieren Wandgemälde zu sozialen Themen Hausfassaden. Die einstigen Hippie-Zentren in Haight-Ashbury und der nonkonformistische Lebensstil in North Beach waren Vorläufer der gesellschaftlich aktiven, queeren Community im Stadtbezirk Castro.

In San Francisco und im Westen der Bay zwischen Palo Alto mit der Stanford-Universität und San José am Südende der Bay ist die Heimat von Apple, Google, eBay, Facebook und zahlloser Hightech-Start-ups.

TOP 10

❹ ★★ Chinatown & North Beach

Nicht verpassen!

⓫ Alcatraz Island

⓬ Fisherman's Wharf

⓭ South of Market

⓮ Golden Gate Park

Nach Lust und Laune!

15 Presidio

16 California Palace of the Legion of Honor

17 Golden Gate Bridge

18 Lombard Street

19 Coit Tower/Telegraph Hill

20 Ferry Building

21 Haas-Lilienthal House

22 Nob Hill

23 Union Square

24 Civic Center

25 Haight Street

26 Mission Dolores

27 Castro District

28 Mission District

29 Point Reyes National Seashore

30 Muir Woods National Monument

31 Sausalito

32 Winchester Mystery House

Mein Tag im Hightech-Paradies

Eine Auto-Tour durch die Küstenorte der Bay südlich von San Francisco ist wie eine Reise in die Zukunft. In den »Think Tanks« von Universitäten und Technologiekonzernen werden Pläne für das Leben von morgen erdacht.

8 Uhr: Frühstück im The Mill

Bevor man auf die etwa 130 Meilen lange Tour geht, gibt es bei The Mill Toastbrot in vielen Varianten (z. B. mit schwarzem Pfeffer und Parmesan), mit hausgemachter Marmelade und kräftigem »Four Barrel«-Kaffee. Auf dieser Rundtour werden Sie die Qual der Wahl haben – denn jedes der genannten Museen werden Sie sich nicht ansehen können. Entscheiden Sie nach Lust und Laune!

9 Uhr: Erleuchtung I

Die San Francisco-Oakland Bay Bridge (I-80/I-580) führt über die Bay nach Osten und geradewegs nach Berkeley. Die University of California mit gut 45 000 Studierenden gehört zu den renommiertesten weltweit, mit 107 Nobelpreisträger:innen in ihrer Geschichte. Vielleicht lassen Sie sich von den positiven Schwingungen bei einem Spaziergang über den großen grünen Campus der Universität oder dem Besuch eines ihrer Museen inspirieren.

10.30 Uhr: Powerhouse

Oakland liegt nur einen Katzensprung südlich von Berkeley und scheint dennoch in einer anderen Welt zu existieren. Die transkontinentale Eisenbahnstrecke

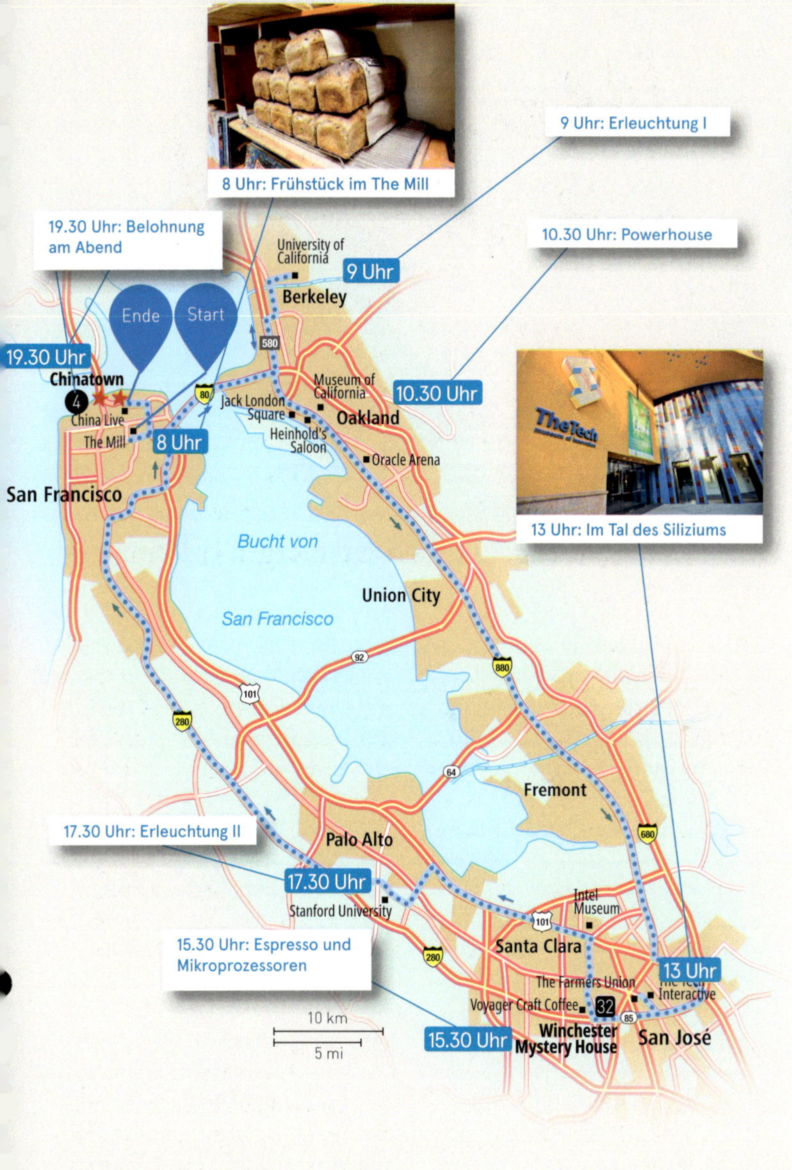
8 Uhr: Frühstück im The Mill
9 Uhr: Erleuchtung I
19.30 Uhr: Belohnung am Abend
10.30 Uhr: Powerhouse
13 Uhr: Im Tal des Siliziums
17.30 Uhr: Erleuchtung II
15.30 Uhr: Espresso und Mikroprozessoren
Ende
Start
University of California
9 Uhr
Berkeley
580
19.30 Uhr
Chinatown
4
80
Jack London Square
Museum of California
10.30 Uhr
Oakland
China Live
The Mill
8 Uhr
Heinhold's Saloon
Oracle Arena
San Francisco
Bucht von
San Francisco
Union City
92
880
101
280
64
Fremont
680
Palo Alto
17.30 Uhr
Stanford University
Intel Museum
101
Santa Clara
280
13 Uhr
The Farmers Union
Interactive
Voyager Craft Coffee
32
85
Winchester Mystery House
San José
15.30 Uhr
10 km
5 mi
TheTech

Egal, ob es um Kunst aus Kalifornien, die Geschichte des Bundesstaates oder um naturwissenschaftliche Themen geht – im rührigen Museum of California kommt jeder auf seine Kosten.

endet bereits hier, und der große Hafen versorgt auch die schöne Schwester am westlichen Ufer der Bay. Zehntausende Pendler sind täglich über die Bay Bridge oder mit der U-Bahn auf dem Weg zur Arbeit in San Francisco. Dennoch, das tolle Museum of California und der Jack London Square mit seiner Mischung von Restaurants, Cafés und verschachtelten Holzbuden sowie Heinhold's First and Last Chance Saloon, die alte Stammkneipe des Schriftstellers und Abenteurers Jack London gleich beim Wasser, lohnen unbedingt einen Besuch. Vorbei an der Oracle Arena, Heimstadion der Profi-Basketballer Golden State Warriors, und dem Chase Center, einst Spielort des abgewanderten NFL-Teams der Oakland Raiders, geht es Richtung Südspitze der Bay.

13 Uhr: Im Tal des Siliziums

Lunch im Farmers Union, das an die N. San Pedro St. grenzt, abends das Epi-Zentrum der Bars und Restaurants von San José. Hier gibt es leckere Salate (geröstete Rote Bete, Rucola und kandierte Walnüsse mit Ziegenfrischkäse und Limonenhonig-Vinaigrette), Rippchen aus dem Smoker und Edel-Burger.

Inzwischen hat die Einwohnerzahl von San José, der inoffiziellen Hauptstadt des Silicon Valley, die Marke von einer Million fast

Oben: Der auch als »Campanile« bekannte Sather Tower dominiert den Campus der University of California in Berkeley.

Heinhold's First and Last Chance Saloon wurde am 1. Juni 1883 eröffnet und ist bis heute gut im Geschäft.

erreicht und liegt damit deutlich vor der von San Francisco. Attraktionen eigentlich aus einer vergangenen Zeit, etwa das 32 Winchester Mystery House, werden inzwischen überstrahlt vom Ruhm und den Exponaten der neuen Zeit. Diese informieren als interaktive Exponate im The Tech Interactive an der zentralen Plaza de César Chávez die Besucher auf unterhaltsam lehrreiche Weise über die Funktionsweise des menschlichen Gehirns oder faszinieren in einem Tech Studio mit dem Bau von Robotern.

15.30 Uhr: Kräftiger Espresso und Mikroprozessoren

Einen Kaffee können Sie bei Voyager Craft Coffee in Santa Clara, nur eine Viertelstunde von San José entfernt, trinken. Dazu gibt es – ganz

Im Intel Museum erfährt man viel über die Funktionsweise von Computerchips und lernt die Geschichte des Chip-Produzenten kennen.

im Trend – kerniges Toastbrot, lecker belegt. Eine Stärkung kommt gelegen, denn im Intel Museum ist Aufmerksamkeit gefragt. Intel, der in Santa Clara ansässige Produzent von Mikroprozessoren, Apps und Chips, zeigt, wie Computer funktionieren. Besucher können im Binärcode kommunizieren oder versuchen, einen Mikroprozessor dazu zu bewegen, einfache Kalkulationen auszuführen.

17.30 Uhr: Erleuchtung II

Mit der schon 1891 gegründeten und von einer privaten Stiftung getragenen Stanford University in Palo Alto besitzt die Bay-Region einen zweiten Leuchtturm des Wissens. Bisher sind 36 Nobelpreisträger:innen aus der Hochschule hervorgegangen, die meisten in Wirtschaftswissenschaften, Physik und Chemie. Die Uni gilt als Kaderschmiede des benachbarten Silicon Valley. Auch ohne Masterstudium ist es möglich, bei einer der Besichtigungstouren akademische Luft zu schnuppern oder über den großen Campus zu lustwandeln, den kein Geringerer als Frederick Law Olmstedt, der Schöpfer des Central Park in New York, geschaffen hat.

19.30 Uhr: Belohnung am Abend

Nach einem langen Tag zurück in San Francisco! Gerade rechtzeitig, um in ❹ ★★Chinatown ganz modern und ohne Folklore chinesische Küche im China Live zu genießen.

Der riesige Campus der Stanford University ist geprägt von großen Sandsteingebäuden und Arkadengängen, die an den Baustil der kalifornischen Missionen angelehnt sind.

ℹ

The Mill
✈230 westl. A1 ✉736 Divisadero Street, San Francisco ☎1 415 3 45 19 53 ⊕www.themillsf.com ◑tägl. 7–17 Uhr

Museum of California
✈222 B1 ✉1000 Oak Street, Oakland ☎1 510 3 18 84 00 ⊕museumca.org ◑Mi–So 11–17 Uhr, Mo & Di geschl. 🎟19 $

Heinold's First and Last Chance Saloon
✈222 B1 ✉48 Webster Street 3721, Oakland ☎1 510 8 39 67 61 ⊕heinoldsfirstandlastchance.com ◑Mo 15–21, Di, Mi 12–21, Do–Sa 12–21, So 11–20 Uhr

The Farmers Union
✈224 B5 ✉151 W Santa Clara Street, San José ☎1 408 2 77 05 45 ⊕www.thefarmersunion.com ◑Mo–Do 11.30–21, Fr 11.30–22, Sa 16–22, So 11–21 Uhr

The Tech Interactive
✈224 B5 ✉201 S Market Street, San José ☎1 408 2 94 83 24 ⊕www.thetech.org ◑Di–Fr 10–15, Sa, So 10–17 Uhr 🎟34 $

Voyager Craft Coffee
✈224 B5 ✉3985 Stevens Creek Boulevard, Santa Clara ☎1 408 2 16 07 61 ⊕www.voyagercraftcoffeeorders.com ◑tägl. 7–17 Uhr

Intel Museum
✈224 B5 ✉2200 Mission College Boulevard, Santa Clara ☎1 408 7 65 50 50 ⊕intel.com ◑Mo–Fr 9–16 Uhr, Sa, So geschl. 🎟kostenlos, Reservierung empfohlen

China Live
✈230 C3/4 ✉644 Broadway, San Francisco ☎1 415 7 88 81 88 ⊕chinalivesf.com ◑Mo–Do 17–21, Fr, Sa 16–21.30, So 16–21 Uhr

4 ★★ Chinatown & North Beach

Was?	Das größte chinesische Stadtviertel außerhalb Asiens
Warum?	In den Seitenstraßen erlebt man den chinesischen Alltag.
Wann?	Jederzeit, am turbulentesten zum chinesischen Neujahrsfest
Wie lange?	1 Stunde oder ein ganzer Tag
Was noch?	Authentische chinesische Küche genießen
Resümee	Hier taucht man in eine andere Kultur ein.

Während des Autumn Moon Festivals im September füllen Tausende die Straßen von Chinatown.

Im 19. Jh. ließen sich Chinesen in der heutigen Chinatown und Italiener im angrenzenden North Beach nieder. Viel stärker als andere Einwanderer bewahrten sie ihre Traditionen. Heute leben Südostasiaten jeglicher Couleur in Chinatown, während in North Beach nur noch wenige Italiener verblieben sind. Aber der prägende Einfluss dieser beiden Volksgruppen ist noch immer spürbar.

Der nördlich an den Financial District angrenzende Broadway ist die traditionelle Grenze zwischen Chinatown und North Beach. Von der Columbus Avenue und dem Broadway aus bieten sich zwei gemütliche Spaziergänge an.

Unterwegs in Chinatown

In den letzten Jahrzehnten hat sich Chinatown über den Broadway, die Bush, Kearny und Stockton Street hinaus ausgedehnt. Manche beklagen, es gebe kaum noch authentisch Chinesisches. Wenn Sie das »wirkliche« Chinatown sehen wollen, schlendern Sie durch Seitenstraßen und Gässchen.

Unverkennbar Chinatown: Getümmel, asiatische Deko und chinesische Schriftzeichen prägen das Viertel.

Biegen Sie von der Grant Avenue rechts in die Jackson Street und links in die Ross Alley ab und sehen Sie den Bäckern von Golden Gate Fortune Cookies (56 Ross Alley) beim Backen der Glückskekse zu. Gehen Sie die Ross Alley weiter in südlicher Richtung und überqueren Sie die Washington Street. Am Ende der gegenüber beginnenden Gasse Waverly Place offeriert die Tung Fung Trading Company (101 Waverly Pl) allerlei chinesische Naturheilmittel.

Östlich davon in derselben Gasse befindet sich der Tin How Temple, dessen Geschichte ein Infoblatt erläutert. Hier stehen auch der Jeng Sen Temple (Nr. 146) und Norras Temple (Nr. 109); betreten Sie die Tempel respektvoll.

Der Clay Street folgen Sie nun einen halben Häuserblock nach Westen (rechts) zur Stockton Street. In den Fenstern der Geschäfte können Sie mit Honig bestrichene Pekingenten, Hühnerfüße und gegrillte Schweinerippchen bestaunen. Einige der Läden haben sich auf getrocknete Delikatessen wie schwarze und weiße Pilze, Haifischflossen, Jakobsmuscheln und Seeohren spezialisiert. Probieren Sie ungewöhnliche Eissorten wie Litschi-Lavendel oder Durian-Frucht.

So unkonventionell wie der Buchladen selbst: die Fassade von City Lights Books

Ein ganz besonderer Buchladen

Im auch heute noch unkonventionellen City Lights Books (S. 70) auf der Columbus Avenue, in dem Sie nach Lust und Laune stöbern oder in einer Leseecke schmökern können, verkauften Schriftsteller der »beat generation« wie Jack Kerouac (»Unterwegs«) ihre Werke und hielten sich häufig im Vesuvio (S. 70) auf.

Auf der Grant Avenue finden Sie Designer-Boutiquen und originelle Läden, aber auch alteingesessene Geschäfte. Das nicht weit entfernte Stella Pastry & Cafe (446 Columbia Ave.) verkauft schon seit 1942 traditionelle italienische Backwaren. Nach einer Pause im Park des Washington Square bietet sich als nächstes Ziel Chinatown in südlicher Richtung auf der Columbus Avenue oder der Coit Tower (S. 60) in nördlicher Richtung an.

Vom Washington Square sind Sie schnell auf der Filbert Street mit der katholischen Saints Peter and Paul Church, 1971 Schauplatz des Films »Dirty Harry« mit Clint Eastwood.

Red Blossom: 831 Grant Ave, tägl. außer Mi 11–17 Uhr; Caffe Trieste: 601 Vallejo Street, tägl. 7–22 Uhr; Golden Gate Bakery: 1029 Grant Ave, tägl. außer Sa 8–20 Uhr

KLEINE PAUSE

Bei der **Red Blossom Tea Company** können Sie 100 chinesische Teesorten kosten. Gehen Sie weiter auf der Grant Avenue bis zum Broadway ins **Caffe Trieste.** Der Treffpunkt der »beat generation« ist für einen Espresso gerade recht. Die **Golden Gate Bakery** verkauft leckere Mond- und Eierkuchen sowie anderes chinesisches Gebäck.

Chinatown
230 B/C 3/4 North Beach
1 California (nur Chinatown), 30-Stockton, 45-Union/Stockton

Tin How Temple
230 C3 125 Waverly Place, 3rd floor tägl. 10–15.30 Uhr frei (Spenden willkommen)

Tai-chi am Portmouth Square

Eine leicht surreale Szene wie in einer Stadt in China: Frühmorgens, wenn das Leben in San Francisco beginnt, sind auf dem Portsmouth Square im Herzen von Chinatown schon einige Anwohner aktiv. Viele ältere, aber auch junge, einzeln oder in kleinen Gruppen in einem Kreis, praktizieren Tai Chi. Elegante kontrollierte Bewegungen im Yang-Stil. Zunächst 24 Wiederholungen, dann 48, dann wieder 24. Einige operieren mit Fächern, einer sogar mit einem Schwert. Wer will, kann mitmachen. *Kearny St. & Clay Street, www.sfparksalliance.org/our-parks/parks/portsmouth-square*

⓫ Alcatraz Island

Was?	Ein ehemaliges Hochsicherheitsgefängnis in der Bay
Warum?	Die Zellen der »bösen Buben«, wie die von Al Capone, sind im Originalzustand erhalten.
Wann?	Tagsüber, nur mit der Ausflugsfähre möglich
Wie lange?	3-4 Stunden inkl. Überfahrt
Resümee	Ein aus zahllosen Romanen und Filmen bekannter, spannender Ort

Die Überfahrt nach Alcatraz und der Besuch dort gelten als einer der Höhepunkte in San Francisco. Die 15-minütige Schifffahrt und das Panorama der Stadt sind sehr reizvoll. Was die Besucher aber noch mehr fasziniert, ist der Rundgang über die auch »The Rock« genannte Insel, auf der berühmt-berüchtigte Gangster wie Al »Scarface« Capone, »Machine Gun« Kelly und Robert Stroud, der »Vogelmann von Alcatraz«, eingesessen haben, nachdem andere Vollzugsanstalten vor ihnen kapituliert hatten.

Der Gang durch Zellenblock und Hof zeigt die unmenschlichen Haftbedingungen, die seit Eröffnung kritisiert wurden. Ein Audioguide liefert wichtige Informationen und Kommentare ehemaliger Insassen und Wachen. Während der drei Jahrzehnte, in denen das Bundesgefängnis in Betrieb war (1934–1963), gab es fast 40 Ausbruchsversuche:

Alle Fluchtversuche aus dem Höllenknast scheiterten am eiskalten Wasser der Bucht.

Der Besuch der Zellen lässt die unmenschlichen Haftbedingungen erahnen.

So ertranken 1962 vermutlich drei Männer bei dem Unterfangen, auf Regenmänteln, die als Flöße dienen sollten, das rettende Ufer zu erreichen.

Acht Morde und fünf Selbstmorde ereigneten sich auf der Insel, niemals jedoch eine Exekution. Die Schließung des Gefängnisses erfolgte 1963 auf Anordnung des damaligen Justizministers Robert F. Kennedy. In seiner bewegten Geschichte war Alcatraz auch schon Militärposten und von 1969 bis 1971 von Mitgliedern indigener Stämme besetzt, die das Eiland stellvertretend für alle Ureinwohner der USA als ihr Eigentum beanspruchten.

KLEINE PAUSE

Cafés und Restaurants gibt es hier nicht, aber zumindest ein **Picknickareal** am Dock. Achtung: Dies ist der einzige Platz auf der Insel, an dem Essen und Trinken erlaubt sind!

---

230 nördl. B5 ✉ Fisherman's Wharf, Pier 33 ☎ 1 877 4 33 55 47 (Fährzeiten und Information) 🌐 www.alcatrazcruises.com; www.nps.gov/alcatraz ◷ Hinfahrten (ca. jede halbe Std.): Okt.–Anfang März 8.45–13.30 (Abendfahrt 15.50 und 16.45 Uhr), Anfang März–Nov. 8.45–15.30 (Abendfahrten 17.55 und 18.30 Uhr)

ab 45,25 $ (Eintritt, Audioguide, Fähre), Kinder: 27,55 $, unbedingt lange im Voraus reservieren, vor allem im Sommer (Internet)

8-Bayshore, Embarcadero & Bay St.; historische Straßenbahnen der Linie F/E (auf der Market Street in östlicher Richtung und um den Embarcadero)

⑫ Fisherman's Wharf

Was?	Touristisches Hafenviertel an der Nordküste der Bay
Warum?	Turbulent, mit originellen Restaurants, Cafés und Shops
Wann?	Tagsüber und am frühen Abend
Wie lange?	2 Stunden bis halber Tag
Was noch?	Seelöwen zusehen
Resümee	Ein netter Ort, um sich ein bisschen treiben zu lassen

Die kleine Flotte, die mit dem Morgenfang anlegt, zählt an der Wharf zu den wenigen Überbleibseln der einst blühenden Fischindustrie der Stadt. Heute beherrschen hier auf den Piers 39 bis 45 Seafood-Restaurants, T-Shirt- und Kramläden die Szene, die bevölkert ist von Straßenhändlern und Gauklern.

Eine kleine Seehundkolonie ist die unterhaltsamste Sehenswürdigkeit am Pier 39.

Billigkommerz und Touristentrubel kann man hier kaum entfliehen, aber es gibt auch ein paar nautische Attraktionen zu bestaunen, wie die USS »Jeremiah O'Brien«, ein »Liberty Ship« aus dem Zweiten Weltkrieg, das am 9. Juni 1944 an der Invasion in der Normandie teilnahm sowie 1994 an der Jubiläumsfeier. Rührend antiquiert wirken die Apparaturen des U-Boots »USS Pampanito«, das vorwiegend im Pazifik seinen Dienst versah.

Von Menschenmassen umlagert ist stets Pier 39 mit dem Aquarium of the Bay und dem Hard Rock Café. Die größte Attraktion hier ist kostenlos: Seehunde, die bellend an der Westseite des Piers herumlümmeln.

KLEINE PAUSE

Frittierte Muscheln, Krabbencocktails und andere Meeresfrüchte an den **Imbissständen** bei Pier 47 und 39.

ℹ

✢230 B5 ☎1 415 673 35 30
🌐https://fishermanswharf.org
🚌30-Stockton, 19-Polk; historische Straßenbahn der F-Linie (Market Street in östl. Richtung u. um den Embarcadero); Powell-Hyde Cable Car

⓭ South of Market

Was?	Ein früheres Gewerbeviertel im Umbruch
Warum?	Hier gibt's sagenhafte Museen (SFMOMA), Restaurants, Clubs.
Wann?	Tagsüber und abends
Wie lange?	2 Stunden bis halber Tag
Was noch?	Schöner Blick vom Rincon Park auf Bay und Bay Bridge
Resümee	Viertel mit teils herbem Charme und tollem Kunstmuseum

In dem kurz SoMa genannten Bezirk South of Market verschmelzen Geschäftsleben, Kultur und Unterhaltung. Im Moscone Center finden Messen und Konferenzen statt, und das herausragende San Francisco Museum of Modern Art begeistert die Kunstfreunde. Die Vergnügungsmöglichkeiten reichen von einem 100 Jahre alten Karussell bis hin zu Virtual-Reality-Spielen. Viele Attraktionen stammen aus den letzten Jahren.

Schon das Äußere des Museum of Modern Art (im Vordergrund) verspricht Außergewöhnliches.

South of Market erstreckt sich vom Embarcadero nach Westen bis zur Division Street. Im westlichen Teil liegen einige beliebte Nachtclubs und Restaurants, aber die Yerba Buena Gardens stellen das eigentliche Herz des Distrikts dar. Hier finden sich Restaurants, eine Bowlingbahn, eine Eishalle, das Moscone Convention Center und das Children's Creativity Museum, das Kunst und Technologie spannend für Kinder und Jugendliche präsentiert.

Der Metreon-Komplex beherbergt ein Multiplex-Kino und weitere Kinos sowie Restaurants und diverse Läden. Weiden, Kiefern und andere

Baumarten umschließen den grasbewachsenen Hügel im ruhigeren östlichen Teil, vielleicht der schönste kleine Park der Stadt.

Das SFMOMA ist nicht alleine

Der Schweizer Mario Botta entwarf den kühnen Bau des San Francisco Museum of Modern Art (SFMOMA) aus dem Jahre 1995. Zu den hier vertretenen Künstlern gehören u. a. Henri Matisse, Georgia O'Keeffe und Andy Warhol, aber auch Lokalmatadore wie Richard Diebenkorn; ausgestellt ist zudem eine sehr gute Fotografiesammlung. Sehenswert sind auch die Rooftop Gardens mit ihren Skulpturen und einer Cafébar.

Am Rande der Yerba Buena Gardens warten noch weitere kulturelle Institutionen wie das Yerba Buena Center for the Arts mit einem dazugehörenden Theater, das kommunale Kultur fördert, sowie das Museum of the African Diaspora, in dem man interaktiv die Geschichte Afrikas und seine Rolle in der Welt erlebt. Das Contemporary Jewish Museum, erbaut von Star-Architekt Daniel Libeskind, zeigt Historie, dazu zeitgenössische Kunst und Kultur der Juden.

Fresh Rolls: 135 Fourth Street (Metreon), Tel. 141 53 48 18 58, freshroll.square.site, tägl. 11–19 Uhr

KLEINE PAUSE

Im Erdgeschoss des Metreon befinden sich mehrere Restaurants, z. B. das vietnamesische **Fresh Rolls.** Bei schönem Wetter kann man auch ein kleines Picknick im **East Garden** oder auf einer der Terrassen darüber abhalten.

Yerba Buena Gardens
230 C1/2 eingegrenzt von Mission, 4th, Folsom und 3rd Street
1 415 820 35 50
www.yerbabuenagardens.com
tägl. 6–22 Uhr Muni Metro J, K, L, M, N und BART (New Montgomery)
9-San Bruno, 14-Mission, 15-Kearny, 30-Stockton

San Francisco Museum of Modern Art (SFMOMA)
230 C2 151 3rd Street
1 415 357 40 00 www.sfmoma.org
wechselnde Öffnungszeiten 30 $

Yerba Buena Center for the Arts
230 C2 701 Mission Street
1 415 978 27 87 www.ybca.org
Mi–So 11–17 Uhr 10 $ (Mi u. jeden 2. So kostenlos)

Museum of the African Diaspora
230 C2 685 Mission Street
1 415 358 72 00 www.moadsf.org
Mi–Sa 11–18, So 12–17 Uhr 12 $

Contemporary Jewish Museum
230 C2 736 Mission Street
1 415 655 78 00 www.thecjm.org
Do–So 11–17 Uhr 16 $

⓮ Golden Gate Park

Was?	Ein riesiger Stadtpark mit vielen Attraktionen
Warum?	Hier kann man spazieren gehen, Sport treiben, Museen erkunden, Bisons bestaunen …
Wann?	tagsüber
Wie lange?	Minimum 2 Stunden, aber auch ein ganzer Tag
Was noch?	Tee trinken im japanischen Teehaus
Resümee	Viel mehr als nur eine Parkanlage

Ungefähr 75 000 Menschen strömen an einem sonnigen Tag in den Golden Gate Park. Das 405 ha große Naherholungsgebiet spielt eine wichtige Rolle im Leben der Stadt.

Die Magie des Golden Gate Park beruht weniger auf einzelnen Attraktionen – wie Seen, Gärten, Hainen, Spielplätzen, einer Büffelherde, Windmühle und einem Lokal mit Seeblick –, sondern seinem harmonischen Gesamtensemble. Hier erwartet Sie jedoch nicht nur teils urwüchsige, teils kunstvoll gestaltete Natur, sondern als kulturelles Highlight auch das de Young Memorial Museum mit seiner spektakulären rotbraunen Kupferhaut und dem 44 m hohen Turm. Die California Academy of Sciences residiert hier ebenfalls in einem Domizil, das der Pritzker-Preisträger Renzo Piano ganz im Sinne eines »grünen Museums« entworfen hat, mit einem üppigen Dachgarten über dem Morrison Planetarium, dem Aquarium,

Ein perfekter Ort, um die Seele baumeln zu lassen: der Stow Lake im Golden Gate Park

dem Naturkundemuseum und dem Regenwald-Treibhaus: ein auch bezüglich seines Energiehaushalts sensationeller Bau, der die höchste Auszeichnung des »Leadership in Energy and Environmental Design«-Programms errang.

Planetarium und Aquarium

Das moderne Morrison Planetarium bietet regelmäßig Vorführungen zur Welt der Sterne und Planeten – und diverse Sonderprogramme, z. B. zu Meteoritenströmen, zu einzelnen Planeten unseres Sonnensystems oder saisonalen Erscheinungen am Sternenhimmel. Die Eintrittskarten für das Planetarium sind im Eintritt für die California Academy of Sciences enthalten und können an einem Extra-Schalter gegenüber dem Eingang zum Planetarium reserviert werden.

Das Untergeschoss beherbergt das Steinhart Aquarium, wo es fast 40 000 Lebewesen aus 900 unterschiedlichen Spezies zu bewundern gibt, im Obergeschoss das Kimball Natural History Museum mit sehenswerten Dioramen zur Naturgeschichte. Spitzenköche verwöhnen die Gäste im Restaurant und Café des Museums, dem Academy Café. Donnerstagsabends von 18 bis 22 Uhr richtet das Museum Festivitäten mit Umtrunk und Tanzveranstaltungen aus.

Highlights im Park

Die bedeutendsten Sehenswürdigkeiten befinden sich in den östlichen und westlichen Ecken des Parks. Der durch den Park verlaufende John F. Kennedy Drive führt auf 5 km Länge zwischen der Stanyan Street und Ocean Beach an einigen von ihnen vorbei. Frisches Grün ist ein solch unverzichtbares Element des Golden Gate Park, dass man sich kaum vorstellen kann, dass fast seine gesamte Fläche einst von Sanddünen bedeckt war. Die heutige Pracht hat der Park John McLaren, seinem Leiter von 1890 bis 1943, zu verdanken. Doch auch die Lage hilft: Der Golden Gate Park erstreckt sich direkt über einigen unterirdischen Flüssen.

Wenn Sie nur wenig Zeit haben, konzentrieren Sie sich auf den Ostteil. Fahren Sie zur 8th Avenue (5-Fulton-Bus) und gehen Sie auf dem John F. Kennedy Drive in östlicher Richtung an der Rhododendron Dell vorbei zu den Attraktionen zwischen der 8th Avenue und dem Cross-Over Drive:

Gewundene Wege, Goldfischteiche und Pagoden machen den Japanese Tea Garden zum Erlebnis.

Im schneeweißen viktorianischen Conservatory of Flowers gedeihen Orchideen und Bromelien.

dem Japanese Tea Garden und dem San Francisco Botanical Garden at Strybing Arboretum. Wenn Sie etwas mehr Zeit mitbringen, können Sie mit dem 5-Fulton-Bus in westlicher Richtung zum Ozean fahren. Gehen Sie an der 36th Avenue auf den Kennedy Drive und nach Süden zum Bison Paddock oder zur 47th Avenue, in deren Nähe die Dutch Windmill und das Cliff House liegen.

Das Conservatory of Flowers ist eine Kopie der Royal Botanic Gardens im englischen Kew. Das Gebäude aus dem 19. Jh. lohnt einen Blick ebenso wie die tropischen und subtropischen Pflanzen der Saisongärten. Auf der anderen Straßenseite liegt westlich die üppige Rhododendron Dell. Südlich, am Bowling Green Drive, finden Sie den schönen National AIDS Memorial Grove, dahinter den Children's Playground, dessen Karussell 1912 erbaut wurde.

Das mit Kupferplatten verkleidete Gebäude des de Young Memorial Museums ist ein Werk des Baseler Architektenbüros Herzog & de Meuron. Auffälligstes Merkmal ist ein 44 m hoher Turm, dessen verdreht wirkendes Äußeres weithin sichtbar ist. Neben afrikanischen und indigenen Sammlungen bildet das Glanzstück des Museums die John D. Rockefeller III Collection of American Paintings. Außerdem lockt ein Skulpturenpark, und vom markanten Aussichtsturm hat man einen grandiosen Blick auf die Bay Area.

Japanischer und Botanischer Garten

Teiche, Pagoden und bambusgesäumte Wege schaffen eine friedvolle Atmosphäre in dem etwa 2 ha großen Japanese Tea Garden. Magnolien, Kamelien, Azaleen, japanischer Ahorn, Zwergkiefern und andere Pflanzen wachsen in diesem Garten, der für die Midwinter Exposition des Golden Gate Park von 1894 angelegt wurde. Sie können den Anblick bei einer Tasse Tee vom Teehaus aus genießen. Allerdings wird die Ruhe im Sommer häufig durch Scharen von durch den Tea Garden strömenden Touristen gestört.

Ruhiger geht es im nahe gelegenen San Francisco Botanical Garden at Strybing Arboretum (Südseite des Parks) zu, der zu jeder Jahreszeit einen Besuch wert ist. Über eine Fläche von 22 ha verteilen sich biblische Gärten, Duft- und Sukkulentengärten sowie Bäume und Pflanzen von mehreren Kontinenten.

Beach Chalet Brewery and Restaurant: 1000 Great Highway, Tel. 1415 386 84 39, www.beachchalet.com, tägl. 9–21 Uhr

KLEINE PAUSE

Die breiten Fenster der Kneipe im ersten Stock des **Beach Chalet** (S. 67), eines 1925 im spanischen Kolonialstil erbauten Gebäudes, öffnen sich zum Ocean Beach. Lucien Labaudts beeindruckendes Wandgemälde stellt San Francisco in den 1930er-Jahren dar.

---

i

230 westl. A1 N-Judah (Südseite des Parks) 5-Fulton (Nordseite des Parks)

California Academy of Sciences
55 Music Concourse Drive
1 415 379 80 00
www.calacademy.org
Mo–Mi, Fr, Sa 9.30–17, Do 9.30–22, So 11–17 Uhr ab 37,75 $

Conservatory of Flowers
John F. Kennedy Drive zum Conservatory Drive 1 415 831 20 90
www.conservatoryofflowers.org
Di–So 10–18.30 Uhr (Einlass bis 18 Uhr, im Winter kürzer) 13 $

de Young Memorial Museum
50 Tea Garden Drive, vom John F. Kennedy Drive abzweigend
1 415 750 36 00 www.famsf.org
Di–So 9.30–17.15 Uhr, April–Nov. Fr bis 20.45 Uhr 32 $

Japanese Tea Garden
Tea Garden Drive, vom John F. Kennedy Drive abzweigend
1 415 752 11 71
http://japaneseteagardensf.com
März–Okt. tägl. 9–17.45, sonst 9–16.45 Uhr 13 $; Mo, Mi, Fr freier Eintritt bis 10 Uhr

San Francisco Botanical Garden at Strybing Arboretum
9th Avenue at Lincoln Way
www.sfbotanicalgarden.org
1 415 661 13 16 tägl. ab 7.30 Uhr, Nov.–Jan. bis 16, Mitte März–Sept. bis 18, sonst bis 17 Uhr 13 $

Nach Lust und Laune!

15 Presidio

Neben dem Golden Gate Park ist der Presidio die zweite große Grünfläche auf dem Stadtgebiet von San Francisco. Der am Golden Gate gelegene Park genießt den Status einer National Park Site, weil er für die Dauer von 218 Jahren ein wichtiger Militärstützpunkt war. Zuerst für die Spanier (1776–1822), danach für Mexiko (bis 1848) und schließlich bis 1994 für die USA. Hauptattraktion ist mit Fort Point die Festung an der Spitze der Landzunge. Der Blick auf Bucht und Golden Gate Brigde ist einmalig. Neben dem historischen Wert gewinnt der Presidio zunehmend Bedeutung als Naherholungsgebiet. Neueste Attraktion sind die Tunnel Tops: Der Park wurde auf den Highway 1 gebaut – mit spektakulärem Ausblick.

230 westl. A5 ✉ William Penn Mott Jr. Presidio Visitor Center, 210 Lincoln Blvd ☎ 1 415 5 61 43 23 🌐 www.nps.gov/prsf 🕐 immer geöffnet, Besucherzentrum tägl. 10–17 Uhr Eintritt frei
🕐 Fort Point: Do–Mo 10–17 Uhr, Führungen 11.30, 13.30 und 14.30 Uhr
🚌 28 Golden Gate Bridge

16 California Palace of the Legion of Honor

Der Palast der »Ehrenlegion«, 1924 im Stil des französischen Klassizismus fertiggestellt, ist eine verkleinerte Adaption des Pariser Palais de la Légion d'Honneur aus dem 18. Jahrhundert. Die Lage auf einer Klippe lohnt einen Halt. Es bietet sich ein Panorama der sich nach Osten und Süden ausdehnenden Stadt und ein Blick auf Golden Gate im Norden durch Zypressen und Kiefern. Die Sammlung des Museums umfasst auch europäische Kunstwerke bis zum 20. Jh., Porzellan und Skulpturen von Auguste Rodin.

230 westl. B4 ✉ 34th Avenue an der Clement Street ☎ 1 415 750 36 00 🌐 www.famsf.org 🕐 Di–So 9.30–17.15 Uhr 🚌 18-Legion of Honor, 1–33rd Avenue and Clement Street, 38–33rd Avenue and Geary Street 15 $

17 Golden Gate Bridge

Der Anblick dieses 2,7 km langen Wahrzeichens (S. 58), das die Stadt mit Marin County verbindet, zählt zu den erhebendsten in San Francisco. Die Türme der Hängebrücke

Ist sie nicht von Nebel umhüllt, hebt sich die Golden Gate Bridge markant ab.

Golden Gate Bridge

Die Golden Gate Bridge, die 1937 eröffnet wurde, überbrückt die »Golden Gate« (Goldenes Tor) genannte Meerenge zwischen der Halbinsel von San Francisco und der gegenüberliegenden Marin Peninsula. Sie ist eine der längsten und schönsten Hängebrücken der Welt und das bekannteste Wahrzeichen von San Francisco. Jährlich besuchen rund 14 Mio. Touristen die Golden Gate Bridge und gut 120 000 Autos überqueren sie täglich.

1 Maße: Die Gesamtlänge der abends angestrahlten Brücke beträgt 2,7 km, ihre Höhe 67 m über Mittelwasser, die Höhe der Pfeiler 227 m und die Spannweite 1280 m.

2 Pfeiler: Während der Bauarbeiten schützte ein 47 m hoher Betonmantel die Basis der Pfeiler vor den Gezeiten. Das Wasser wurde abgepumpt, um einen wasserfreien Hohlraum zu schaffen. Die Stützpfeiler, die je einen 21 500 t schweren Turm tragen, müssen einen Gezeitendruck von knapp 100 km/h aushalten.

3 Pfeilerfundamente: Die Pfeilerfundamente sind 20 m mächtig. Sie wurden 345 m vor der Küste etwa 30 m tief ins Meer eingelassen. Der Beton, der während des Baus in die

Stützpfeiler und Verankerungen gegossen wurde, würde für einen 1,5 m breiten und 4000 km langen Weg reichen, z. B. von New York bis nach San Francisco.

4 Fahrbahn: Die Fahrbahn verläuft 67 m über dem Wasserspiegel des hier 97 m tiefen Meeres. Die stahlverstärkte Betonfahrbahn wurde gleichzeitig von beiden Pfeilern aus gebaut, damit der Zug auf die Stahlseile der Hängekonstruktion gleichmäßig verteilt war.

verjüngen sich bis zu ihrer auf einer Höhe von 227 m gelegenen Spitze. Das prägnante Orange der Brücke harmoniert mit dem blauen Himmel, dem grauen Wasser der Bucht, den braunen bis grünen Hügeln und der Skyline von San Francisco. Ein Spaziergang über das robuste und elegante Bauwerk kann an einem sonnigen Tag umwerfend sein. Wolken und Wind hingegen sorgen für eisige Kälte. Die Aussichtspunkte an den Enden der Brücke bieten großartige Blicke. Eine luftigere Perspektive haben Sie, wenn Sie von der nördlichen (Marin-)Seite die Alexander-Avenue-Ausfahrt und die erste Straße links nehmen. Sie unterqueren die US 101, fahren dann rechts und die Conzelman Road zur Landspitze Marin Headlands.

außerhalb der Karte 230 nordöstl. A5
www.goldengatebridge.org
Autos und Fahrräder: rund um die Uhr; Fußgänger: im Sommer 5–21, sonst 5–18.30 Uhr

18 Lombard Street

Man kann Bedeutenderes mit seiner Zeit anfangen. Aber was soll's, stürzen Sie sich diesen unwiderstehlichen Hügel hinunter, dessen Einbahnstraße acht Kurven hat, die Sie mit dem Auto durchfahren.

230 A4 Lombard Street zwischen Hyde und Leavenworth Street (biegen Sie in die Hyde-Street ein) 19-Polk; Powell-Hyde Cable Car

Die Lombard Street ist nur in einem kurzen Abschnitt derart kurvenreich.

19 Coit Tower/Telegraph Hill

Die exzentrische Lilie Hitchcock Coit stiftete das Geld für die Errichtung des Turms, der die von ihr so bewunderte städtische Feuerwehr ehrt. Die Blicke auf die Bucht und die Innenstadt von diesem 1933 erbauten Gebäude aus suchen ihresgleichen. Wandgemälde stellen Kalifornien zur Zeit der Weltwirtschaftskrise dar. Zwei mit Blumen gesäumte Treppen führen vom Coit Tower an Craftsman-Bungalows und anderen Gebäuden entlang den Osthang von Telegraph Hill hinunter. Die Greenwich Steps münden in die Montgomery Street, wo sich ein paar Schritte weiter südlich die hölzernen Filbert Steps nach Osten fortsetzen. Am Fuß von Telegraph Hill kann man an der Battery Street einen Bus ins Zentrum nehmen oder ein paar Blocks in nördlicher Richtung zur Fisherman's Wharf gehen. Der Spaziergang von North Beach (S. 44) zum Coit Tower sorgt für ein paar schöne Stunden.

> 230 C4 ✉ Telegraph Hill Boulevard und Greenwich Street ☎ 1 415 2 49 09 95 ◑ April–Okt. tägl. 10–18 Uhr (sonst 10–17 Uhr) 🚌 39-Coit (vom Washington Square Park, Union-Street-Seite) 🎟 10 $

20 Ferry Building

Das 1896 erbaute Ferry Building hat die beiden größten Erdbeben San Franciscos überstanden. Heute ist das einstige Fährhafengebäude als luxuriöse Markthalle mit feinen lokalen Produkten wie frischem Gemüse, Fisch und anderen Leckereien auferstanden. Die Bodegas sind das ganze Jahr über geöffnet. Dreimal die Woche findet der Farmers Market statt (Di, Do 10–14, Sa 8–14 Uhr): Hier kann man sich hervorragend für ein Picknick am Wasser eindecken. Besonders beeindruckend ist das im natürlichen Licht erstrahlende dreistöckige »Hauptschiff« der Markthalle. (Es wird von den Einheimischen als »skylit nave« bezeichnet.)

> 230 östl. C3 ✉ Ecke Embarcadero und Market Street ☎ 1 415 9 83 80 30 🌐 www.ferrybuildingmarketplace.com; www.foodwise.org ◑ tägl. 7–20 Uhr (Restaurants: unterschiedliche Öffnungszeiten) 🚇 Embarcadero Station (BART und alle Muni-Bahnhöfe), F-line Straßenbahn 🚌 1-California

21 Haas-Lilienthal House

Viele Häuser an der Van Ness Avenue wurden 1906 gesprengt, um das Vordringen der Feuer zu stoppen, die auf das Erdbeben gefolgt waren. Das imponierende, im Stil der englischen Architektur des frühen 18. Jh.s erbaute Haas-Lilienthal-Haus gehörte zu den Nutznießern dieser Strategie. Mit seinen 24 im Stil der Zeit eingerichteten Räumen war dieses 1886 für den deutschstämmigen Kaufmann William Haas erbaute Haus im Vergleich zu den zerstörten Anwesen bescheiden. Es ist aber immer noch ein luxuriöses Gebäude, von dem Sie sich bei der einstündigen Führung selbst einen Eindruck verschaffen können. Sonntags um 12.30 Uhr beginnen hier Rundgänge durch Pacific Heights.

> 230 A3 ✉ 2007 Franklin Street, nahe der Washington Street ☎ 1 415 4 41 30 00 🌐 www.haas-lilienthalhouse.org ◑ Führungen Mi, Sa, So 12, 13 u. 14 Uhr 🚌 1-California, 27 Bryant, 47–49 Van Ness/Mission 🎟 10 $

22 Nob Hill

Nob Hill ist eines der reizvollsten Viertel der Stadt. Es entwickelte sich zu »der« Adresse des 19. Jh.s, als die »vier Großen« der Eisenbahnfürsten – Charles Crocker, Leland Stanford, Mark Hopkins und Collis Huntington – Tausende Dollar ausgaben, um sich in der Nähe der California und Mason Street Anwesen zu bauen. Die Grace Cathedral

(California und Taylor Street) steht auf dem Grund des ehemaligen Hauses von Crocker, das wie die Anwesen seiner Freunde im Erdbeben und Feuer von 1906 zerstört wurde. Das Fairmont Hotel (California und Mason Street) brannte kurz vor seiner Eröffnung aus, die Hülle aber blieb, ebenso wie die der James Flood Mansion auf der anderen Seite der Mason Street (heute Pacific Union Club). Vom Top of the Mark (S. 70), der Bar des Hotels InterContinental Mark Hopkins, genießen Sie den Blick auf die Skyline (California und Mason Street). Einen Abstecher lohnt das Cable Car Museum (1201 Mason St) – im Maschinenhaus der Cable Cars erfährt man alles über deren Funktionsweise.

230 A/B3 1-California Bus, alle Cable-Car-Linien

23 Union Square

Die Warenhäuser Nike, Tiffany & Company, Neiman Marcus und Macy's sind im Trubel des Zentrums und des Financial District zu Hause. An der Westseite des Platzes steht das beeindruckende Westin St. Francis. Gegenüber liegt Maiden Lane, im 19. Jh. der Rotlichtbezirk, heute Heimat feiner Geschäfte. Die gewundene Rampe an der Galerie in 140 Maiden Lane soll Frank Lloyd Wrights Probe für das Guggenheim Museum in New York gewesen sein. Das einst hier angesiedelte San Francisco Visitor Information Center in der Nähe ist dem Zeitgeist zum Opfer gefallen. Infos zur Stadt gibt es nur noch digital (www.sftravel.com). Geblieben ist der Wendepunkt zweier Cable-Car-Linien.

230 C2 3-Jackson, 30-Stockton, 38-Geary, Powell-Hyde und Powell-Mason Cable-Cars

24 Civic Center

Die Lichtstrahlen und die marmornen Stufen seiner massiven Rotunde scheinen vom Himmel auf das Hauptstockwerk von San Franciscos flotter City Hall (Polk und McAllister Street) herunterzufallen. Es gibt Fr (11 u. 13 Uhr) kostenlose Führungen (Tel. 1 415 554 40 40) durch dieses 1915 im Stil des französischen Barockrevivals errichtete Gebäude, in dem Marilyn Monroe den Baseballstar Joe DiMaggio heiratete.

Auf der anderen Seite der Civic Center Plaza liegt das Asian Art Museum mit Kunstobjekten aus über 30 asiatischen und pazifischen Ländern.

Asian Art Museum
230 B1 Ecke Larkin und McAllister www.asianart.org Do 13–20, Fr bis Mo 10–17 Uhr Civic Center (BART und alle Muni), Van Ness (Muni) G5-Fulton, 19-Polk, 21-Hayes, 47-Van Ness 20 $

25 Haight Street

Ein Musikkritiker aus San Francisco schrieb, dass der »Summer of Love« von 1967 nie stattgefunden habe, sondern nur ein Hirngespinst von Journalisten gewesen sei. Dies ließe ironisch erscheinen, dass die Ecke Haight und Ashbury Street, das Zentrum der Flower-Power-Zeit, bis heute eine Art Pilgerziel für viele Besucher ist. Ob es nun einen »Summer of Love« gab oder nicht, bis auf die abgemagerten Gestalten, die um Kleingeld betteln und Joints verkaufen wollen, deutet heute kaum etwas darauf hin.

In der Ben-and-Jerry's-Filiale an der Ecke Haight und Ashbury bekommt man immerhin Cherry-Garcia-Eiscreme, die nach dem verstorbenen Grateful-Dead-Musiker Jerry Garcia benannt ist, der in 710 Ashbury Street wohnte.

Eine Oase des Idealismus der 1960er-Jahre ist das Red Victorian Bed, Breakfast & Art (1665 Haight Street, nahe Cole Street). Seine Zukunft indes ist unklar, zurzeit steht das Gebäude zum Verkauf.

außerhalb der Karte 230 westl. A1
37 43 Cole St & Haight St

26 Mission Dolores

Das älteste Gebäude San Franciscos (1791) heißt offiziell Misión San Francisco de Asis. Die aus Adobeziegeln gebauten 1,2 m dicken Wände der Kapelle haben schon mehrere Erdbeben überstanden. Hier befinden sich noch die ursprünglichen, in Mexiko gegossenen Glocken wie auch die originalen Stützpfähle aus Redwood-Holz.

230 südl. A1 Ecke Dolores und 16th Street 1 415 6 21 82 03 www.missiondolores.org tägl. 10–16 Uhr (Mai–Okt. bis 16.30 Uhr) J-Church (Muni), historische Straßenbahn der F-line, BART (16th und Mission Street) 22-Fillmore 7 $

27 Castro District

In den 1970er-Jahren ließen sich in dem Wohnviertel der Mittelklasse Mitglieder der LGBTQ-Community nieder. Bald hatte sich die Gegend einen internationalen Ruf als Hotspot der Schwulenszene erworben. Die neuen Bewohner unterstützten die Wahl von Harvey Milk, der das erste offen homosexuelle Mitglied der Stadtregierung war. Er wurde 1978 ermordet. Weitere wichtige Orte liegen auf der anderen Seite der Castro Street: Die Twin Peaks Tavern (401 Castro Street) war eine der ersten Bars der LGBTQ-Community, deren Fenster sich zur Straße öffneten. Wenige Türen weiter steht das im spanischen Stil erbaute Castro Theatre (49th Castro Street), 1922 ein Stummfilmkino. Fast jeden Abend spielt ein Organist die »Mighty Wurlitzer« (Theaterorgel).

230 südwestl. A1 Muni (K, L, M), Straßenbahn der F-line 24-Divisadero, 33-Stanyan, 37-Corbett

28 Mission District

Die Mission Dolores steht an der nördlichen Grenze des Mission District, viele Jahre eine der wichtigsten

Wohngegenden der lateinamerikanischen Bevölkerung. Heute erlebt dieser Bezirk einen Aufschwung, da viele Asiaten, Araber und erfolgreiche junge Leute hierhin ziehen. Ein beliebter Abschnitt ist der Valencia Corridor, die acht Blocks der Valencia Street zwischen der 16th und der 24th Street, wo es viele billige Geschäfte, preiswerte Lokale und Buchläden gibt. An der 24th Street, zwischen Mission und Bryant Street ist der lateinamerikanische Einfluss am stärksten. Im Precita Eyes Mural Arts & Visitors Center (2981 24th Street, nahe der Alabama Street, Tel. 1 415 285 22 87, tägl. außer So.) führt Sie eine dort erhältliche Lagekarte zu den Wandmalereien dieser Gegend.

In der Galeria de la Raza/Studio 24 (2857 24th Street, an der Bryant Street, Tel. 1 415 826 80 09, Mi–Fr) werden Werke von Amerikanern und Lateinamerikanern gezeigt und verkauft.

230 südl. A1/B1 BART (16th Street, 24th Street) 14-Mission, 22-Fillmore, 12-Valencia, 27-Bryant, 48-Quintara/24th Street

29 Point Reyes National Seashore

Ureinwohner, Küsten-Miwoks, besiedelten vor Jahrhunderten die vielleicht schönste Wildnis in der Bay Area, die heutige Point Reyes National Seashore. Halten Sie am Bear Valley Visitor Center 61 km nordwestlich von San Francisco. Sie erreichen es von Olema aus über den Highway 1. Der kürzere von zwei einfachen Spazierwegen führt zu Kule Loklo, einem nachgebauten Miwok-Dorf. Der etwas längere Earthquake Trail kreuzt die San-Andreas-Spalte. Hier steht ein Zaun, der sich während des Bebens von 1906 um 5 m verschoben hat.
Das 34 km vom Besucherzentrum gelegene Point Reyes Lighthouse thront auf einem Felsvorsprung, zu dem 308 steile Stufen hinabführen.

222 B1 Highway 1 1 415 464 51 00 www.nps.gov/pore Park: tägl. Sonnenaufgang bis Mitternacht oder mit Campinglizenz; Besucherzentren: wechselnde Öffnungszeiten; Leuchtturm: wird z. Zt. restauriert frei

30 Muir Woods National Monument

Die Redwoods in diesem 18 km von der Golden Gate Bridge entfernten Küstenwald werden über 60 m hoch. Wenn Sie auf Ihrer Reise durch Kalifornien keine anderen Redwood-Wälder besuchen, legen Sie in Muir Woods einen Stopp ein. Von Mai bis Oktober kommt man am besten vor 10 oder nach 16 Uhr, wenn weniger Menschen da sind. Aber die meisten verlassen ohnehin nicht die befestigten Wege.
Um einen guten Eindruck von der Pflanzen- und Tierwelt zu bekommen, sollten Sie dem Hauptweg bis zu Bridge 4 folgen, dann zum Eingang gehen, aber auf dem nicht so überlaufenen Hillside Trail. Für die

Es lohnt sich, durch den Mission District zu streifen und nach den vielen »murals« zu suchen.

3 km benötigt man eine gute Stunde (Karten am Parkeingang).

↗ 222 B1 ✉ Muir Woods Road, neben dem Panoramic Highway. Für den Besuch mit einem Privatfahrzeug oder dem Shuttle-Bus zum Park ist eine Reservierung notwendig, online (https://gomuirwoods.com) oder per Telefon (1 800 410 24 19) ☎ 1 415 561 28 50 🌐 www.nps.gov/muwo 🕒 tägl. 8 Uhr bis Sonnenuntergang 🎫 15 $, Shuttle-Bus 3,75 $, Parkplatz ab 9,50 $

31 Sausalito

Die Stadt auf der gegenüberliegenden Seite der Bucht ist bieder geworden; Spuren ihrer bewegten Vergangenheit sind kaum erhalten. Im 19. Jh. verkehrten hier Schmuggler und Seeleute. Ihnen folgten Mitte des 20. Jh.s Künstlerinnen und Künstler und Nonkonformisten. Am besten besucht man die Stadt mit dem Boot, der Golden Gate Ferry (www.goldengateferry.org) vom Ferry Building (Ecke Market Street/ Embarcadero in San Francisco) aus oder mit der Blue & Gold Fleet (www.blueandgoldfleet.com) von Pier 41 aus. Die Stadt lässt sich gut zu Fuß erkunden. Auf der Hauptstraße Bridgeway liegen Geschäfte und Restaurants.

↗ 222 B1 ✉ an der US 101 🚌 Route 30/ Golden Gate Transit

32 Winchester Mystery House

Die Erbin der Waffenfabrik Sarah Winchester glaubte einer Prophezeiung, derzufolge sie sterben werde, wenn die Bauarbeiten an ihrem Haus endeten. Daher ließ sie es von 1884 bis zu ihrem Tod 38 Jahre später ständig erweitern. Die 160 Zimmer umfassen Kuriositäten wie an der Decke endende Treppenhäuser, aber auch Tiffanyfenster und Parkettböden mit Einlegearbeiten.

↗ 224 B5 ✉ 525 S. Winchester Boulevard, San José ☎ 1 408 247 21 01 🌐 www.winchestermysteryhouse.com 🕒 tägl. 10–17, Sa, So bis 19 Uhr 🎫 ab 42 $

Wohin zum … Übernachten?

Preise für eine Nacht im Doppelzimmer (ohne Steuern):

$	unter 150 $
$$	150–250 $
$$$	über 250 $

Chancellor Hotel $$
Das 15-stöckige Hotel bietet Komfort zu gemäßigten Preisen. Die hohen Räume sind von mittlerer Größe und haben Deckenventilatoren. Tiefe Badewannen geben dem Bad einen Hauch von Luxus. Die meisten der 137 Zimmer haben bis zu drei Betten, aber es gibt auch Suiten mit zwei Zimmern. Darüber hinaus hat das Hotel eine Bar.
230 B2 433 Powell Street, San Francisco ☎1 415 3 62 20 04/1 800 4 28 47 48 www.chancellorhotel.com

Cow Hollow Motor Inn & Suites $
In angenehmer Umgebung nahe Union und Chestnut Street gelegen, gut geführt und mit zivilen Preisen, kostenlosem WLAN und Parkplatz.
230 westl. A4 2190 Lombard Street, San Francisco ☎1 415 9 21 58 00
www.cowhollowmotorinn.com

Hotel Del Sol $$
Anders als die Motels an der Lombard Street westlich der Van Ness Avenue gehört dieses individuellere Haus mit 57 Zimmern zur Boutique-Hotel-Kette »Joie de Vivre« und liegt in einer ruhigen Seitenstraße des Marina Districts, unweit Chestnut und Union Street mit ihren schönen Läden und Restaurants. Town Car Service und beheizter Pool gehören dazu.
außerhalb der Karte 230 westl. A4 3100 Webster Street, San Francisco ☎1 415 9 21 55 20/1 877 4 33 57 65 hoteldelsol.com

InterContinental $$$
Südlich der Market Street bietet das luxuriöse Hotel mit seiner 32 Stockwerke hohen Glasfassade 550 Zimmer und Suiten mit allen Annehmlichkeiten. Der Blick aus den oberen Etagen auf Stadt und Bay ist geradezu atemberaubend. Das Hotelrestaurant Luce gilt als eine Top-Adresse der Stadt.
230 C1 888 Howard Street, San Francisco ☎1 415 6 16 65 00
www.ihg.com/intercontinental/content/de/de/explore

The Marker San Francisco $$$
Nahe dem Union Square gelegenes, eindrucksvolles und luxuriöses Hotel. Es hat eine Beaux-Arts-Fassade, ein aufregendes Foyer – wo Sie unter der bemalten Gewölbedecke abends ohne Zusatzkosten Wein am Kamin trinken können – sowie 208 farbenfrohe Zimmer, einige mit Whirlpool.
230 B2 501 Geary Street, San Francisco ☎1 415 2 92 01 00/1 888 4 46 11 50 the-marker.allsanfranciscohotels.com/de

Palace Hotel $$$
Ein Denkmal für die Pracht Anfang des 20 Jh.s: Das große Haus, gebaut 1906, schmücken uralte österreichische Kristallleuchter und Werke von Maxfield Parrish. Die Zimmer sind komfortabel; am Wochenende lässt sich eventuell ein Schnäppchen ergattern. Mit Spa, großem Pool und einem opulenten Garden Court.
230 C2 2 New Montgomery Street, San Francisco ☎1 415 5 12 11 11
www.sfpalace.com

Nettes Mittelklassehotel an der Lombard Street: das Cow Hollow Motor Inn & Suites

Ritz-Carlton $$$

Das Ritz-Carlton dürfte eines der feinsten Hotels der Stadt sein. Alles hier atmet Luxus. Das klassizistische Gebäude selbst ist sehr eindrucksvoll. Das Foyer und die Flure sind mit Antiquitäten und Gemälden ausgestattet, die Zimmer üppig möbliert und die Bäder protzen mit italienischem Marmor.
230 C2 600 Stockton Street, San Francisco ☎1 415 296 74 65/1 800 241 33 33 www.ritzcarlton.com

White Swan Inn $$–$$$

Dies ist das eleganteste der vielen zentralen B&Bs. Die Inneneinrichtung des Gebäudes von 1908 erinnert an ein englisches Stadthaus. Dieses Gefühl hat man in den 26 großen Zimmern mit Kaminen ebenso wie in der Bibliothek, wo es nachmittags Häppchen gibt. Man kann das Frühstücksbüfett auf dem Zimmer oder im Salon genießen.
230 B2 845 Bush Street, San Francisco ☎1 415 775 17 55 www.whiteswaninnsf.com

Yotel $$

Funktionales Hotel mit einem innovativen Raumkonzept: Die Betten in den winzigen Zimmern können tagsüber so eingefahren werden, dass Platz für andere Aktivitäten entsteht. Einrichtung und öffentliche Räume sind hip, die Lage am Rande von Soho ist gut. Wer trotz des Stadturlaubs nicht ausgelastet ist, kann sich im kleinen Fitness-Studio austoben.
230 B1 1095 Market Street, San Francisco ☎1 415 829 00 00 www.yotel.com

Wohin zum … Essen und Trinken?

Preise für ein Hauptgericht (abends):

$	bis 15 $
$$	bis 35 $
$$$	über 35 $

Abacá $$

Philippinische Restaurants sind selbst im kosmopolitischen Kalifornien eine Besonderheit. Dieses populäre Lokal zelebriert die Küche mit fein abgestimmten Komposionen. Zu den Spezialitäten gehören BBC-Sticks und gebackener Reis. Auch die Cocktails haben es in sich. Zum Frühstück sind die Gerichte eher amerikanisch. Das Lokal befindet sich in einem Hotel.
230 B5 2700 Jones St. (im Kimpton Hotel), San Francisco ☎ 415 486 07 88 www.restaurantabaca.com Mo–Fr 7–10, Sa, So 8–13 und tägl. 17–21 Uhr

Absinthe $$$

Diese französische Brasserie und Bar im Gebiet des Civic Center gehört zu den besten Lokalen für einen Drink oder eine Mahlzeit vor/nach einem Sinfoniekonzert, einer Oper oder einem Ballettbesuch. Die Häppchen und Vorspeisen sind großzügig und delikat. Probieren Sie die Meeresfrüchteplatte!
230 A1 398 Hayes Street, San Francisco ☎1 415 551 15 90 www.absinthe.com Mi–Fr 11.30–22, Sa 11–22, 11–21 Uhr

Aziza $$

Die nordafrikanische und orientalische Küche ist auch in den USA spätestens seit Ottolenghi rasend populär. Dieser Klassiker im Westen der Stadt allerdings ist schon seit 2001 auf sorgfältig ausbalancierte und optisch reizvolle Gericht aus Marokko spezialisiert. Unbedingt die Shakshuka mit Jalapeño-Joghurt probieren!
230 westl. von B4 5800 Geary Blvd, San Francisco ☎ 415 682 41 96 azizasf.com Mi–So 17–21.30, Sa, So auch 10.30–14 Uhr

Beach Chalet $$–$$$

Die Kombination aus Brauereikneipe und Restaurant nimmt das obere Stockwerk eines historischen Gebäudes am Westrand des Golden Gate Park ein. Als eines der freundlichsten Lokale in San Francisco ist es beim Sonnenuntergang und zum Sonntagsbrunch oft überfüllt. Wenn Sie essen wollen, können Sie von einer speziellen amerikanischen Karte mit Fisch und Meeresfrüchten, Nudelgerichten, Sandwiches und Snacks wählen. Vom Park Chalet Garden Restaurant auf der Rückseite blicken die Gäste auf den angrenzenden Park.

⊹230 westl. A1 ✉1000 Great Highway, Golden Gate Park, San Francisco ☎1 415 386 84 39 🌐www.beachchalet.com ●Mo–Mi 9–20, Do, Fr 9–21, Sa 10–21, So 10–20 Uhr

Bix $$$

Abendlokal im Art-déco-Stil der 1930er-Jahre. Suchen Sie einen Platz an der Theke, bestellen Sie einen Martini oder Cosmopolitan und hören Sie dem Klavierspieler zu. Oder bitten Sie um einen Tisch im Unter- oder im Zwischengeschoss und kosten Sie die feinen amerikanischen Gerichte.
⊹230 C3 ✉56 Gold Street, San Francisco, zwischen Montgomery und Sansome Street ☎1 415 433 63 00 🌐www.bixrestaurant.com ●Mo–Do ab 17.30, Fr–So ab 17 Uhr

Boulevard $$$

Das Boulevard gehört innen wie außen zu den schönsten Restaurants. Es nimmt das Erdgeschoss des Audiffred Building ein, eines 1889 erbauten Schmuckstücks auf dem Embarcadero. Die Einrichtung könnte direkt aus Paris stammen. Aber die Kreationen der Küchenchefin Nancy Oakes sind kalifornisch, mit mediterranen, asiatischen und lateinamerikanischen Elementen. Die Karte mit Gerichten der Saison wechselt häufig.
⊹230 östl. C3 ✉1 Mission Street, San Francisco ☎1 415 543 60 84 🌐www.boulevardrestaurant.com ● Di–Sa 17–21.30 Uhr

Chez Panisse $$$

Seit den 1970er-Jahren hat Alice Walkers Gastronomietempel immer wieder die kalifornische Küche revolutioniert. Seit damals ist er eines der Top-Restaurants in der Bay Area. Jeden Abend wird zweimal ein Menü aus frischen Zutaten serviert. Im oberen Stock gibt es ein legeres Café (Tel. 1 510 548 50 49), das mittags wie abends außergewöhnliche Salate, leckere Pizzas und mehr serviert.
⊹224 B5 ✉1517 Shattuck Avenue, Berkeley ☎1 510 548 55 25 🌐www.chezpanisse.com ●Chez Panisse: Di–Sa 17.30 und 20 Uhr (gesetztes Essen); Café: Di–Sa 11.30–14.40 und 17–22 Uhr

Daeho Kalbijjim and Beef Soup $$

Kalbijjim ist ein edles Gericht aus der koreanischen Küche, das lange nur den Reichen vorbehalten war. Mittlerweile ist das aus der Rinderrippe stammende und mit diversen Gemüsen und Soßen angereicherte Gericht zum ultimativen Soul Food für alle geworden.
⊹ 230 B2 ✉1620 Post St., San Francisco ☎415 563 13 88 🌐 daehokalbijjim.com ● tägl. 11.30–14.30 und 16.30–21 Uhr

Delfina $$

Die lebhafte Trattoria im leicht heruntergekommenen, aber immer ansehnlicher werdenden Mission District San Franciscos ist nach wie vor beliebt, und die Speisen sind ein Genuss. Sie machen den vielleicht fehlenden Charme des italienischen Speiselokals wegen seiner ungünstigen Lage wett. Die Gerichte variieren je nach Saison, z. B. Stahlkopfforelle mit Lauchgemüse an Zitronenkapernbutter oder geröstete Lammkeule mit Cannellini-Bohnen und schwarzen Oliven, dazu gibt es Weine aus Italien und Kalifornien.
⊹230 südl. A1 ✉3621 18th Street, San Francisco ☎1 415 522 40 55 🌐www.delfinasf.com ● Mo–Sa 16.30–22, So 16.30–21 Uhr

Fior d'Italia $$–$$$

Das alteingesessene italienische Restaurant wurde schon 1886 gegründet. Die »Blume von Italien« hat allen Moden widerstanden und präsentiert wie zu Gründerzeiten ein klassisches italienisches Menü, in dem Pasta und Meeresfrüchte nicht fehlen dürfen.
⊹230 B5 ✉2237 Mason Street, San Francisco ☎1 415 986 18 86 🌐www.fior.com ● tägl. 16–21, Sa, So auch 12–15 Uhr

Gary Danko $$$

Dieses Restaurant im Fisherman's Wharf genießt bei vielen Besucherinnen und Besuchern einen sehr guten Ruf. Die Gäste können Menüs der zeitgenössischen US-Küche mit bis zu fünf Gängen wählen. Versäumen Sie nicht den Käsegang, bei dem 16 bis 20 kalifornische und internationale Sorten zur Wahl stehen. Die Speisen, der Wein und der Service sind exzellent.

230 A5 800 North Point Street, San Francisco 1 415 7 49 20 60 www.garydanko.com abends: tägl. 17–22 Uhr

Greens $$

Dieses schon lange beliebte vegetarische Restaurant hat auch unter Menschen, die gern Fleisch essen, viele Anhänger. Sie bemerken oft nicht einmal, dass z. B. die köstliche Pizza fleischlos ist. Die »Quesabirria« mit Blumenkohl schmecken allen. Neuerdings gibt es auch überdachte Plätze auf dem Bürgersteig.

230 westl. A5 Fort Mason Center, Building A, San Francisco 1 415 7 71 62 22 www.greensrestaurant.com mittags: Di bis Fr 11.45–14.30, Sa, So 10.30–14.30 Uhr; abends: Mo–Do 17.30–21, Fr–So 17–21 Uhr

La Mar Cebicheria Peruana $$–$$$

In großartigem Ambiente am Embarcadero hat der international tätige Küchenchef Gaston Acurio sein erstes Lokal in Nordamerika eröffnet. Seine traditionelle peruanische Küche ist äußerst beliebt bei Einheimischen. Die opulente Karte bietet z. B.: Spezialitäten wie »ceviches« (Fisch und Krustentier) oder »lomo saltado«, ein Pfannengericht mit sautiertem Tenderloin-Beef, Zwiebeln, Tomaten und Koriander mit Bratkartoffeln und Reis.

230 östl. C3 Pier 1.5 (Embarcadero), San Francisco 1 415 3 97 88 80 www.lamarsf.com tägl. 11.30–14.30 u. So–Do 17–21, Fr, Sa bis 21.30 Uhr

Slanted Door $$$

In einer Stadt, in der man gutes vietnamesisches Essen als selbstverständlich erachtet, spielt das Slanted Door in der ersten Liga. Am Ferry Building (S. 61) gelegen, zieht es Gäste aus ganz San Francisco an, die die einfallsreichen Gerichte von Küchenchef Charles Phan kosten möchten. Stellen Sie sich auf ein unruhiges Restaurant und darauf ein, dass Sie selbst mit einer Reservierung auf einen Tisch warten müssen. Die Karte mit Gerichten der Saison bietet u. a. frische Frühlingsrollen, pikant gewürzten Tintenfisch und karamellisierte Krabben.

230 östl. C3 Embarcadero und Market Street, San Francisco 1 415 8 61 80 32 www.slanteddoor.com mittags: tägl. 11–14.30, So 11.30–15 Uhr; abends: tägl. 17.30–22 Uhr

Zuni Café $$–$$$

Manche kommen, um sich die Menschen hier anzugucken – vor allem in der schicken Kupferbar –, die meisten aber wegen Judy Rodgers erstklassiger mediterraner Küche. Im Holzfeuerofen werden ganze Hühner gebraten. Huhn, Caesar-Salat und die Hamburger auf »focaccia« sind Klassiker. Suchen Sie sich einen Platz auf dem Balkon oder spülen Sie in der Bar im Erdgeschoss mit einem Martini oder einer Bloody Mary ein paar Austern aus dem Pazifik, z. B. bei Baja California oder Tomales Bay, hinunter.

230 südl. A1 1658 Market Street, San Francisco 1 415 552 25 22 www.zunicafe.com Mi–So 11–21.30 Uhr Happy Hour Menu Mi–Fr 14.30-16.30 Uhr

Wohin zum ... Einkaufen?

In San Francisco, einem der Shopping-Paradiese in den USA, gibt es diverse Einkaufsgegenden – alle mit einem eigenen Charakter.

Der **Union Square** ist das Herz des innerstädtischen Einkaufsbezirks. Hier finden Sie Kaufhäuser wie Macy's, Neiman-Marcus und Saks Fifth Avenue sowie Boutiquen von Armani, Dolce & Gabbana, Gucci, Vuitton, Hermès, Tiffany und Cartier. Der Herrenausstatter **Wilkes Bashford** (375 Sutter Street, www.wilkesbashford.mitchellstoores.com) und **Gump's** (250 Post Street, www.gumps.com), wo hochklassige Antiquitäten und Glaswaren verkauft werden, sind etablierte Geschäfte.

Riesige Filialen bekannter Hersteller wie Apple, Sephora, Williams-Sonoma, Nike und Victoria's Secret liegen ebenfalls in der Umgebung des Union Square.

Im nahen **Westfield San Francisco Center** (865 Market Street, www.westfield.com/sanfrancisco) finden Sie Dutzende von

Spezialgeschäften sowie Filialen von Bloomingdale's und Club Monaco.

Im Financial District ist die Crocker Galleria (50 Post Street, http://unionsquareshop.com) mit drei Ebenen voller Geschäfte und Restaurants sowie Dachgärten einen Besuch wert.

In der Nähe des Hafens befindet sich das Embarcadero Center (www.embarcaderocenter.com) mit mehr als 100 Läden im jeweiligen Untergeschoss, darunter Buch- und Bekleidungsläden sowie Änderungsschneidereien. Den Jackson Square an der Grenze des Financial District säumen viele Antiquitätenläden.

Die Union Street im Marina District ist für ihre modischen Boutiquen, Antiquitätengeschäfte und Juweliere bekannt.

Bei Fisherman's Wharf gibt es drei Einkaufskomplexe: Ghirardelli Square (900 North Point Street, www.ghirardellisq.com), Anchorage Square (2800 Leavenworth Street, www.anchoragesquare.com) und Pier 39 (Embarcadero an der Beach Street, www.pier39.com). Die Spezialgeschäfte verkaufen alles Mögliche, von Lenkdrachen bis hin zu Möbelstücken. Hier finden Sie auch am leichtesten Erinnerungsstücke und Souvenirs für Ihre Bekannten.

North Beach ist bekannt für italienische Delikatessen und Bäckereien sowie für seine schrulligen Boutiquen, Kunstgalerien und Buchläden. City Lights Books (261 Columbus Avenue, www.citylights.com) ist der berühmteste. Hayes Valley, nahe dem Civic Center entlang der Hayes Street, ist zu einem Zentrum trendiger Kunstgalerien und -geschäfte geworden.

Wer sich auf die Suche nach Schnäppchen machen möchte, ist an den Ausfallstraßen gut aufgehoben, z. B. bei den San Francisco Premium Outlets (premiumoutlets.com/outlet/san-francisco) in Livermore südöstl. von Oakland. In Chinatown und Japantown lassen sich ebenfalls günstige Einkäufe tätigen.

In Haight-Ashbury bekommt man immer noch authentische Kleidungsstücke aus den 1960er-Jahren, neben Art-déco-Accessoires, etwa bei Wasteland (1660 Haight Street, www.shopwasteland.com).

Shoppen in Haight-Ashbury ist zugleich auch eine Zeitreise in die 1960er-Jahre.

Die schicken Lädchen um die Castro Street wenden sich bevorzugt an die LGBTQ-Community.

Wohin zum … Ausgehen?

Aktuelle und detaillierte Veranstaltungshinweise finden Sie in den beiden kostenlosen Wochenmagazinen »Bay Guardian« (www.sfbg.com) und »SF Weekly« (www.sfweekly.com) sowie in der Sonntagsausgabe des »San Francisco Chronicle« (www.sfgate.com).

BARS UND CAFÉS

Das Top of the Mark im auf dem Nob Hill gelegenen Hotel InterContinental Mark Hopkins Hotel (999 California Street, www.sfmarkhopkins.com) ist eine der besten Bars der Stadt. Andere Klassiker sind der im Art-déco-Stil gehaltene Redwood Room im Clift Hotel (495 Geary Street, www.redwoodroomsf.com) und das Americano (Hotel Vitale, 8 Mission Street, www.hotelvitale.com) mit seiner Terrasse.

Im Buena Vista Café (2765 Hyde Street, www.thebuenavista.com) nahe bei Fisherman's Wharf soll der Irish Coffee erfunden worden sein.

Im Spec's (12 Saroyan Place, bei der Columbus Avenue, www.specsbarsf.com) und im Vesuvio (255 Columbus Avenue, www.vesuvio.com) kann man noch das Ambiente des alten North Beach genießen. Trendsetter bevölkern vor allem die Sightglass Coffee Bar (270 7th Street, Tel. 1 415 8 61 13 13; https://sightglasscoffee.com) in SOMA und das Balboa Café (3199 Fillmore Street) im Marina District.

Bars der LGBTQ-Gemeinschaften konzentrieren sich im Castro, in der Lower Polk Street und South of Market; in der Valencia Street gibt es Lokale, die Lesben gerne aufsuchen.

MUSIK, THEATER UND KABARETT

Jazzfreunde gehen ins Café du Nord (2174 Market Street, cafedunord.com) im Castro, hier ist feine Garderobe angesagt, oder nach Fillmore, San Franciscos historischen Jazz District. Angesagt sind dort die Sheba Piano Lounge (1419 Fillmore Street, www.shebapianolounge.com) und der Boom Boom Room (1601 Fillmore, boomboomroom.com).

In der Great American Music Hall (859 O'Farrell Street, gamh.com), im Fillmore (1805 Geary Boulevard, Tel. 1 415 3 46 60 00) treten Legenden aller Genres auf, der Saal gehört mittlerweile zum Live-Nation-Konzern (www.livenation.com).

Im audio SF stehen dagegen Top-DJs am Mischpult (316 11th Street, www.audiosf.com).

Die geschätzte San Francisco Symphony (201 Van Ness Avenue, www.sfsymphony.org) und die San Francisco Opera (301 Van Ness Avenue, www.sfopera.com) gehören zu den Attraktionen des Civic Center.

Die Tickets für Veranstaltungen in all diesen Etablissements werden fast ausschließlich online gehandelt. Wer sichergehen möchte, bucht am besten von zu Hause vor.

In diversen Theatern werden Broadway-Musicals und Dramen von Tourneetheatern aufgeführt, etwa im Orpheum (1192 Market Street), im Golden Gate (1 Taylor Street, gegenüber Ecke 6th und Market Street) und im Curran (445 Geary Street). Unter der Nummer 1 888 7 46 17 99 gibt es Informationen.

Das nichtkommerzielle American Conservatory Theater ist im Geary Theater (415 Geary Street, Tel. 1 415 749 22 28) beheimatet.

Im Club Fugazi (678 Green Street, Tel. 1 415 4 21 42 22) wird der Dauerbrenner »Dear San Francisco« gezeigt, eine Musikrevue mit ausgefallenen Kostümen und atemberaubender Akrobatik mit vielen Anklängen an die Metropole an der Bay Area.

NIGHT CLUBS

Das 1015 Folsom (1015 Folsom St., 1015.com) ist eine Großraumdisco mit guten elektronischen Live-Acts, während die DNA Lounge (375 11th Street, www.dnalounge.com) alternative Rockmusik und Hiphop-Bands bietet. Im August Hall (420 Mason Street, augusthallsf.com) treten in einem renovierten ehemaligen viktorianischen Theater Top-DJs auf und spielen angesagte Bands aus der Bay Area.

SPORT

Das Baseballteam San Francisco Giants (Eintrittskarten: www.mlb.com/giants) ist im AT&T Park im China Basin zu Hause. Die Konkurrenten aus der East Bay, die Oakland A's (Tickets: www.mlb.com/athletics), spielen im Oakland-Alameda County Coliseum. Sein Football-Team, die Oakland Raiders, hat die Stadt an Las Vegas verloren. Das Footballteam San Francisco 49ers spielt im Candlestick Park, aber Eintrittskarten sind nur schwer zu bekommen (Tickets: www.49ers.com, www.ticketmaster.com). Die Golden State Warriors (Tickets: www.nba.com/warriors/tickets) tragen ihre Spiele der nationalen Basketballliga in der Oracle Arena/Oakland aus.

In San Francisco kann man auch gut selbst Sport treiben. Wer möchte, fährt beispielsweise im Golden Gate Park oder am Meer Rad, segelt in der Bucht oder mietet Boote am Stow Lake im Golden Gate Park oder fischt am Lake Merced.

Der Golden Gate Park hat 20 Tennisplätze und einen Par-3-Golfplatz (http://sfrecpark.org/770/Golden-Gate-Park). Die meisten Golfer bevorzugen aber die anspruchsvolleren Plätze im Lincoln Park (www.lincolnparkgolfcourse.com), oder einen der beiden Plätze im Harding Park z. B. den Fleming 9 Course (99 Harding Road, https://tpc.com/hardingpark).

Das grandiose Yosemite Valley im gleichnamigen Nationalpark wird von den ca. 900 m hoch aufragenden senkrechten Wänden des El Capitan (links) dominiert.

Nordkalifornien

Die Region nördlich von San Francisco bis zur Grenze nach Oregon ist berühmt für ihre fantastische Natur – und für edle Tropfen.

Seite 72–103

Erste Orientierung

Der Norden von Kalifornien wartet noch darauf, entdeckt zu werden. Bis auf das Wine Country mit dem Napa und dem Sonoma Valley gleich nördlich der San Pablo Bay sowie der Hauptstadt Sacramento und dem Yosemite National Park in der Sierra Nevada ist das riesige Gebiet selbst bei amerikanischen Urlaubern wenig bekannt.

Vielleicht ist die kalte Meeresströmung, die für das Schwimmen im Pazifik oder das Surfen auf seinen Wellen einen Neoprenanzug praktisch voraussetzt, schuld an diesem mangelnden Bekanntheitsgrad. An der wilden Felsküste, die immer wieder sandige Strandzungen einrahmt, kann es jedenfalls nicht liegen. Das kalte Wasser sorgt auch für regelmäßige Nebel, sogar im Sommer. Doch Küstenmammutbäume (»Sequoia sempervirens«), die bis zu 110 m hoch werden können, lieben dieses Klima. Man findet sie in einem knapp 60 km breiten Küstenstreifen vom Muir Woods National Monument gleich nördlich der Bay bis an die Nordgrenze Kaliforniens im Redwoods National Park.

Trauben, die zu besten Weinen verarbeitet werden, gedeihen auf kultivierten Böden im Hinterland von Mendocino bis nach Sacramento. Mehr als 20 Mio. Menschen zieht es jährlich ins Wine Country, die meisten fahren ins Napa Valley oder ins Sonoma Valley.

Weit weniger Reisende besuchen den dicht bewaldeten Norden vom Lassen bis zum Klamath National Forest und die eindrucksvollen schlafenden oder erloschenen Vulkane, wie den Lassen Peak oder den 4322 m hohen Mount Shasta.

TOP 10

❶ ★★ Yosemite National Park

❻ ★★ Wine Country

Nicht verpassen!

㉝ Sonoma Coast & Mendocino

㉞ Sacramento & Gold Country

Nach Lust und Laune!

35 Redwood Country

36 Shasta Cascade

37 Lake Tahoe

38 Mono Lake

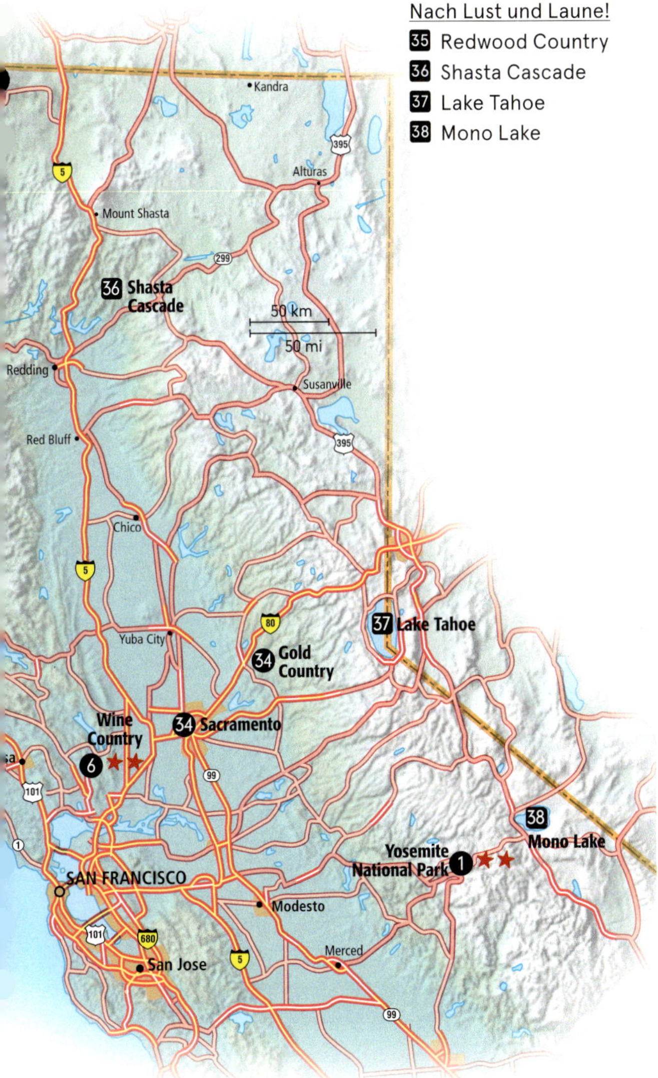

Mein Tag an Klippen und unter Baumriesen

Zwischen den uralten, gigantischen Baumriesen, die oft höher als Kirchtürme sind, fühlt man sich winzig und unbedeutend. Ganz ähnlich geht es einem angesichts der wilden und menschenleeren Pazifikküste, mit der die Tour beginnt.

9 Uhr: Zum Start ein kräftiges Frühstück

Eureka ist der wichtigste Hafen zwischen San Francisco und der Mündung des Columbia River an der Grenze zwischen Oregon und Washington. Gewaltige Mengen Holz wurden einst von hier aus verschifft. Die opulenten viktorianischen Holzvillen in Oldtown Eureka erinnern an die große Zeit der Holzbarone.

Das Samoa Cookhouse von 1890 im winzigen Nachbarort Samoa bediente früher die Holzarbeiter mit energiereichen Portionen – aber auch heute steht hier keine und keiner hungrig auf. Kurz gesagt: Der richtige Ort für einen guten Start in den langen Tag.

10.30 Uhr: Butter-Villen bestaunen

Auf der US Route 101 und dann der State Route 211 geht es Richtung Süden nach Ferndale. Das etwas außerhalb gelegene Fern Cottage und die anderen prächtigen Villen in diesem Örtchen am Eel River werden auch »butterfat palaces« genannt. Dänische und portugiesische Auswanderer hatten vor rund

9 Uhr: Zum Start ein kräftiges Frühstück
Samoa Cookhouse
Start
Samoa
Samoa Cookhouse
9 Uhr
Eureka
10.30 Uhr: Butter-Villen bestaunen
101
Fortuna
10.30 Uhr
Ferndale
Fern Cottage
Eel River
Rio Dell
211
15 Uhr: Unterwegs auf der »Allee der Giganten«
Capetown
Singley Creek
Cape Mendocino
101
12 Uhr
254
15 Uhr
10 km
5 mi
Eel River
Founders Tree
Humboldt
Dyerville
Weott
Ave. of the Giants
Visitor Center
Ende
Redwoods
12 Uhr: Am Westende Kaliforniens
Mattole R.
Kings Range
State Park
Redwood Palace
Miranda
Honeydew
Honeydew Country Store
18 Uhr
National Conservation Area
13.30 Uhr
18 Uhr: Etwas Herzhaftes zum Schluss
13.30 Uhr: Snack im Honeydew Country Store

Oben: Im Samoa Cookhouse, in dem früher Holzarbeiter kräftige Mahlzeiten einnahmen, lässt sich hervorragend frühstücken.

150 Jahren mit einer erfolgreichen Milchwirtschaft begonnen und mit Butter und Sahne viel Geld verdient.

12 Uhr: Am Westende Kaliforniens

Die Route führt nun weiter auf der Mattole Road mit einem kurzen Stopp am westlichsten Punkt der kalifornischen Küste, dem Cape Mendocino.

»Lost Coast« wird die menschenleere Küste südlich von Eureka genannt. An ihren Felsklippen brechen sich die Wellen des Pazifiks. Dazwischen gibt es zwar kleine Streifen Sandstrand, doch das Wasser ist fast zu kalt, um auch nur den Fuß hineinzutauchen. Im Hinterland erheben sich die Hügel und Berge der Kings Range und der Rainbow Ridge. Drei tektonische Erdplatten stoßen vor dem Kap aneinander und machen das Seegebiet vor der Küste zu einer der seismisch aktivsten Regionen in den USA.

13.30 Uhr: Snack im Honeydew Country Store

Auf dem Weg von der Küste zum Humboldt Redwoods State Park folgt die schmale Straße ab Petrolia dem gewundenen Lauf des Mattole River. Der alte Country Store von Honeydew ist das Zentrum des winzigen Ortes, Postamt, Tankstelle und Snack-Restaurant

Auf der Fahrt hinunter zur »Lost Coast« bietet sich ein großartiger Blick auf das felsige Sugarloaf Island, direkt vor dem Cape Mendocino.

zugleich. Zeit für eine Pause mit einem frisch gebratenen Hamburger oder einem Eis am Stiel auf den Holzbänken vor dem Laden.

15 Uhr: Unterwegs auf der »Allee der Giganten«

Schnell geht's auf der kurvenreichen Mattole Road nicht voran, doch nach ca. 9 Meilen (15 km) in einer knappen halben Stunde ist die Grenze zum mehr als 200 km² großen Humboldt Redwoods State Park (S. 95) erreicht.

Bei Dyerville trifft die Straße auf den Eel River, die US Route 101 und die »Avenue of the Giants«, die am östlichen Rand des State Park fast parallel zur Bundesstraße verläuft. Hier wachsen die Bäume in den Himmel.

Die insgesamt über 50 km lange »Allee der Giganten« führt an Bäumen mit einer Wipfelhöhe von mehr als 100 m entlang – einige der größten Organismen der Welt. Mit knapp 70 km² umfassen die Haine mit den turmhohen Küstensequoia das weltweit größte zusammenhängende Waldgebiet mit diesen mehrere hundert Jahre alten Riesenbäumen.

Der Honeydew Country Store an der Straße zum Humboldt Redwoods State Park bietet die willkommene Gelegenheit, etwas zu essen, den Wagen aufzutanken oder einfach nur ein Päuschen zu machen.

Unter den Mammutbäumen fühlt man sich ganz winzig.

Nach der Schneeschmelze im Frühjahr wird der durch den Park fließende Eel River, dem die Avenue teilweise folgt, zu einem reißenden, mit Stromschnellen gespickten Gewässer, das Wildwasserfahrer magisch anzieht. Im Sommer verlockt das ruhige smaragdgrüne Flüsschen zum erfrischenden Bad.

Wanderwege und frühere Fahrwege zum Abtransport gefällter Bäume führen tief in den Wald hinein. Einfache Campingplätze und rustikale Blockhütten sind Übernachtungsmöglichkeiten.

Der empfehlenswerte Founders Grove Loop, ein Rundweg bei Dyerville, ist nur 800 m lang. Doch mit dem 105,5 m hohen Founders Tree, dessen Name die Gründer des State Parks ehren soll, steht ein Gigant am Wegesrand, übertroffen war er nur noch vom knapp 113 m großen Dyerville Giant, bis dieser im März 1991 nach rund 1600 Jahren von einem Orkan gefällt wurde. Selbst

Das Redwood Palace in Miranda ist genau das Richtige, um das Ende einer gelungenen Tagestour zu »feiern«. Leckeres amerikanisches Essen in uriger Atmosphäre.

der nun liegende Stamm überragt Wanderer um mehr als das Doppelte. Man fühlt sich wie ein Zwerg im Märchenwald.

Nun geht es auf der »Avenue of the Giants« weiter Richtung Süden, ein Stopp am Visitor Center des Humboldt Redwoods State Park hinter Weott empfiehlt sich.

18 Uhr: Etwas Herzhaftes zum Schluss

Ein Gläschen kalifornischer Wein mit ausgesuchten Käsehäppchen oder ein süffiges Craft-Bier mit Schinken, Wurst, Cornichons und Mandeln – etwas Herzhaftes tut jetzt gut. Und das serviert das Redwood Palace direkt an der Straße durch Miranda, ca. 7 Meilen (11 km) vor dem Südrand des Parks.

i

Samoa Cookhouse
222 B4 908 Vance Avenue, Samoa
1707 4 42 16 59 www.samoacookhouse.net
tägl. 7–21 Uhr

Fern Cottage
222 B4 2121 Centerville Road, Ferndale
1707 7 86 48 35
ferncottage.org
Führungen nach Vereinbarung 10 $

Honeydew Country Store
222 B4 44670 Mattolle Road, Honeydew
1707 6 29 33 10 Mo-Sa 9-17.30, So 10-17.30 Uhr

Redwood Palace
222 B4 6735 Avenue of the Giants, Miranda
1707 2 23 57 49
redwoodpalacemiranda.com Mi–Sa 17–20.30 Uhr, So–Di geschl.

❶ ★★ Yosemite National Park

Was?	Nationalpark in der Sierra Nevada
Warum?	Hier gibt's spektakuläre und wunderschöne Natur zu sehen.
Wann?	Im Sommer oder Herbst
Wie lange?	Mindestens 1 Tag
Was noch?	Wanderungen zu Wasserfällen oder Mammutbäumen
Resümee	Eines der sehenswertesten Natur-Highlights der USA

Diese Landschaft zählt zu den herausragenden Naturschönheiten der USA und gehört zum »Pflichtprogramm« jedes Kalifornienbesuchs; die Wasserfälle, die Granitmonolithen Half Dome und El Capitan, Mariposa Grove mit ihren Mammutbäumen und der Blick vom Glacier Point auf das Yosemite Valley und seine Umgebung sind atemberaubend. Und mitten darin liegt das Hotel The Ahwahnee Yosemite, das sehr gut in die Landschaft passt.

Unterwegs im Park

Die meisten begeben sich direkt ins Yosemite Valley. Es lohnt sich aber, zunächst einen Abstecher zum 915 m über dem Tal gelegenen Glacier Point zu machen (nehmen Sie die Wawona Road nach Süden zur Glacier Point Road). Von hier aus

Viele der Wanderwege im Yosemite National Park führen zu gewaltigen Wasserfällen wie den Vernal Falls nahe beim Half Dome.

Den traumhaften Blick vom Glacier Point hinunter ins Yosemite Valley vergisst man nicht.

genießen Sie einen großartigen Blick auf die Hauptattraktionen des Tals (außer El Capitan). Aus unmittelbarer Nähe verblüffen sie dann umso mehr.

Fahren Sie über die Glacier Point Road (im Winter geschlossen) zurück und auf der Wawona Road nach Norden zum Yosemite Valley. Nach dem Tunnel parken Sie rechts und gehen über die Straße zum Aussichtspunkt Tunnel View, von dem aus man direkt auf die Felsformation El Capitan blickt. Fahren Sie ein kurzes Stück weiter zum Parkplatz der Bridalveil Falls (Brautschleier-Wasserfälle), die diesen Namen tragen, weil schon der leiseste Windhauch ihre zarte Kaskade um 3–4 m verweht.

Weiter im Osten wird die Straße zum Southside Drive. Folgen Sie den Schildern zur Sentinel Bridge und fahren Sie links vom Southside Drive zum Valley Visitor Center ab. Hier lernen Sie zu unterscheiden, welche Teile des Parks durch Erosion geformt wurden und welche infolge von Vulkanismus. Vor Jahrmillionen drückte sich die Erdkruste unter der Sierra Nevada, die einst von Meer bedeckt war, nach oben. Die Erosion – vor allem bedingt durch eiszeitliche Gletscher, die sich durch weichere Granitschichten fraßen – schuf danach u. a. die gigantischen Felstafeln des Yosemite Valley, die heute chaotisch in die Landschaft ragen.

Besuchen Sie das Restaurant des Ahwahnee Hotel östlich vom Besucherzentrum. Dieses Luxushotel ist aufwendig ausgestattet mit Steinkaminen und indianischem Kunsthandwerk. Fahren Sie von hier aus auf dem Northside Drive in Richtung Westen zum Parkplatz der Yosemite Falls. Dabei handelt es sich eigentlich um drei Wasserfälle, die während der Schneeschmelze wegen der Wassermassen jedoch wie einer aussehen. Der leichte Wanderpfad zum unteren Abschnitt, den Lower Falls, ist als Rundgang von 800 m Länge angelegt. Ein wenig weiter westlich auf dem Northside Drive erreicht man El Capitan, der schroff fast 1100 m vom Talboden aufragt. Er ist so robust, dass ihm selbst die Gletscher, die sich in Jahrtausenden stetig durch das Tal fraßen, nichts anhaben konnten.

Auch im Winter ist der Yosemite National Park zauberhaft – allerdings sind dann viele Straßen geschlossen.

Von El Capitan aus fährt man die Wawona Road nach Süden und an der Abzweigung zum Glacier Point vorbei, um zu den gigantischen Mammutbäumen – zwei von ihnen gehören zu den größten weltweit – der Mariposa Grove zu gelangen. Von der Mariposa Grove Welcome Plaza (mit ca. 300 Parkplätzen) fährt ein Shuttle-Bus in den Wald der Riesenbäume.

Man braucht schon einen ganzen Tag für die Hauptattraktionen des Yosemite National Park. Unbedingt besuchen sollten Sie: den Aussichtspunkt Glacier Point hoch über dem Tal des Yosemite Valley sowie die blühenden Wiesen der Tuolumne Meadows (Highway 120/Tioga Road, östlich vom Big Arch Rock Entrance; Tioga Road und Glacier Point Rd., vom Spätherbst bis Spätfrühling gesperrt).

Majestätische Baumgiganten im Mariposa Grove

KLEINE PAUSE

Wenn Sie sich verwöhnen lassen wollen, sind Sie im Dining Room (S. 102) des **Ahwahnee Hotels** richtig. Schauen Sie auf jeden Fall kurz ins Restaurant mit seiner hohen Decke. Gutes Essen serviert auch das **Wawona Hotel** und im Mountain Room der **Yosemite Valley Lodge** präsentiert die 2018 neu designte Base Camp Eatery eine große Auswahl von Speisen und Getränken.

Wawona Hotel: 8308 Wawona Rd, tägl. 7–10, 11–15, 17–21 Uhr
Base Camp Eatery: 9006 Yosemite Lodge Dr, tägl. 6.30–20 Uhr; beide: www.travelyosemite.com

---

ⓘ

✢225 D5 ✉Eingänge: South Entrance (Highway 41), Arch Rock (Highway 140), Big Oak Flat (Highway 120, an der Westseite des Parks), Tioga Pass (Highway 120, an der Ostseite; nur im Sommer geöffnet) ☎Informationen zum Park: 1 209 372 02 00 🌐www.nps.gov/yose; Zimmerreservierung: www.yosemitepark.com; Campingplatzreservierung: ☎1 877 4 44 67 77, 1 518 8 85 36 39 von außerhalb der USA oder Kanadas; www.recreation.gov; Fahrradverleih: ☎1 209 372 12 08; Leihpferde: www.travelyosemite.com 🎟35 $ (pro Auto; Ticket an sieben aufeinanderfolgenden Tagen gültig)

6 ★★ Wine Country

Was?	Weinanbaugebiet nördlich von San Francisco
Warum?	Bukolische (Kultur-)Landschaft, herrliche Weine
Wann?	Im Sommer oder Herbst
Wie lange?	Mindestens 1 Tag
Was noch?	Tour mit dem Heißluftballon über das Napa Valley
Resümee	Ein Ziel für Genießer

Ein ganz besonderes Erlebnis ist die Fahrt mit dem Heißluftballon über das weite Rebland des Sonoma County.

Die im Wine Country produzierten Chardonnays, Cabernets und anderen Sorten gehören zu den besten Weinen der Vereinigten Staaten. Und die Landschaft – im Sonoma County dichtes Grün, im Napa County trocken und mediterran – ist genauso beeindruckend wie der Wein.

Auch wenn Sie kein:e Weintrinker:in sind, ist die Gegend einen Ausflug wert. Hier können Sie wandern, Rad und Kanu fahren, in luxuriösen Kurorten entspannen und in Feinschmeckeroasen bestens speisen. Doch die Reben von Weltklasse bleiben die Hauptattraktion. In beiden Countys zusammen sind fast 1000 Weinbaubetriebe registriert. Die Namen Napa und Sonoma bezeichnen sowohl Städte und Täler als auch Countys. Beide befinden sich nördlich von San Francisco, Sonoma County liegt westlich von Napa County.

Calistoga, am schmalen Nordende des fruchtbaren Napa Valley im wohl renommiertesten Weinanbaugebiet Amerikas gelegen, eignet sich hervorragend als Ausgangspunkt für den Besuch von Winzern der Spitzen-»Appellationen«. Von Healdsburg, mit seinem von Läden und Restaurants gesäumten Hauptplatz, lassen sich gut Ausflüge in die nicht weit entfernten Täler Alexander, Dry Creek und Russian River unternehmen, wo gleichfalls exzellente Tropfen gedeihen.

Weingüter und andere Attraktionen

Buena Vista Carneros Winery

Der moderne kalifornische Weinbau nahm von diesem 1857 von dem ungarischen Einwanderer Agoston Haraszthy gegründeten Bioweingut seinen Ausgang. Sie können mit oder ohne Führer die Weinkeller aus dem 19. Jh. besichtigen. Spezialitäten sind Pinot Noirs und Chardonnays.

Reife Trauben im Sonoma Valley

Benziger Family Winery

Zu der Führung durch das für seine guten Chardonnays und Cabernets bekannte Weingut gehört auch eine Fahrt mit der Straßenbahn in die Rebberge.

Simi Winery

Im 19. Jh. gegründet, setzt die Simi Winery heute alle modernen Techniken des Weinbaus ein. Ihr Ruf beruht auf Cabernets, Chardonnays und weißen

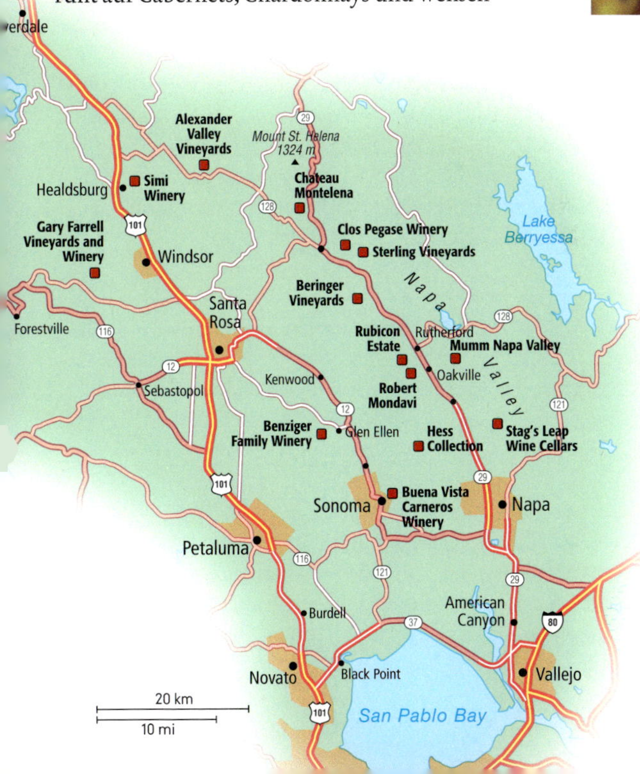

Sauvignons. Dieses große Weingut eignet sich ausgezeichnet als erster Stopp im Gebiet von Healdsburg. Hier können Sie ein Exemplar der kostenlosen Karte über die Russian River Wine Road bekommen.

Alexander Valley Vineyards

Der Familienbetrieb knapp 10 km von Healdsburg wurde bekannt durch seinen Cabernet Sauvignon und den »Sin Zin« (»Sündigen Zinfandel«).

Gary Farrell Vineyards & Winery

Entlang der Westside Road liegen die Weingüter Rochioli, Porter Creek und ganz im Westen Gary Farrell. Komplexe, rubinrote Pinot noirs sind hier die Spezialität sowie ein vollmundiger und dennoch frischer Chardonnay.

Chateau Montelena

Der älteste Teil des Hauptgebäudes stammt von 1882. Bei einer Blindverkostung in Frankreich belegten die Chardonnays dieses Weinkellers den ersten Platz, aber in der Folgezeit haben seine Cabernets noch mehr Preise eingeheimst.

Clos Pegase

Der postmoderne Architekt Michael Graves entwarf das Gebäude. Hier werden erstklassige Sauvignon blancs, üppige Merlots und fulminante Cabernets gekeltert.

Sterling Vineyards

Eine Gondel bringt Sie zum Hauptgebäude der Sterling Vineyards. Deren Spezialität sind Merlot, Cabernet Franc und Chardonnay. Neuestes Alleinstellungsmerkmal ist die Sterling Aerial Gondola. Die Seilbahn führt tief hinein in die Weinberge, wo Verkostungen möglich sind.

Sterling Aerial Gondoloa: www.sterlingvineyards.com/en/aerial-tram.html

Beringer Vineyards

Giebel, Türme und Ornamente verleihen den 1876 gegründeten Beringer Vineyards eine gotische Optik. Probieren Sie den Zinfandel Rosé mit duftig-fruchtigem Bukett. Die Rundgänge führen auch durch Tunnel, die chinesische Arbeiter in den Spring Mountain gruben.

Culinary Institute of America

Der an der Westküste gelegene Campus Greystone hat einen Geschenkladen, ein Restaurant und ein Korkenziehermuseum mit einigen kuriosen Gerätschaften. Kleinere Einweisungen in die Kochkunst finden Sa, So um 13.30 Uhr in Kombination mit einer Weinprobe statt (Reservierung!).

Frog's Leap

Erkennungsmerkmal ist die historische rote Scheune von 1884. Hier werden Bio-Weine mit traditionellen Techniken ausgebaut und auf einer traumhaften Terrasse verkostet.

Mumm Napa Valley

Fotoaustellungen, z. B. von Ansel Adams, und tolle Verkostungen von Schaumweinen machen das Sektweingut Mumm Napa zu einem lohnenden Halt.

Robert Mondavi

Das Gut des Branchenriesen gewährt vorzüglichen Einblick in den Weinbau, auch bei der Degustation (nicht nur des Fumé blanc, dessen Aromen an große Loire-Weine heranreichen). Im Sommer oft überlaufen.

Hess Collection

Versteckt in den Bergen konkurriert Kunst von Weltrang (A. Kiefer, Andy Goldsworthy, Francis Bacon) mit preisgekrönten Cabernets, Chardonnays und Gourmetküche.

Exquisites in der Hess Collection: edle Tropfen mit Gourmetküche (links) und »Zadra« von Magdalena Abakanowicz (rechts).

Buena Vista Carneros Winery
✈222 B1 ✉18000 Old Winery Road, neben E. Napa Street, Sonoma
☎1 800 9 26 12 66
🌐www.buenavistawinery.com
◷tägl. 10–17 Uhr; verschiedene Weinevents von Lunch bis zu Kammermusik 🎟35-100 $

Benziger Family Winery
✈222 B2 ✉1883 London Ranch Road, westlich neben dem Arnold Drive, Glen Ellen ☎1 888 4 90 27 39
🌐www.benziger.com
◷tägl. 10–17 Uhr, Do-Mo diverse Führungen und Verkostungen, z. B. mit dem Traktor durch die Weinberge, 35 $
🎟30 $

Simi Winery
✈222 B2 ✉16275 Healdsburg Avenue (Ausfahrt Dry Creek Road von der US 101, an der zweiten Ampel links), Healdsburg
☎1 800 7 46 48 80
🌐www.simiwinery.com
◷tägl. 10–17 Uhr; Führungen Mi-Sa 11-15 Uhr 🎟 100 $

Alexander Valley Vineyards
✈222 B2 ✉8644 Highway 128, Healdsburg ☎1 707 4 33 72 09
🌐www.avvwine.com
◷tägl. 10–17 Uhr 🎟15 $

Gary Farrell Vineyards & Winery
✈222 B2 ✉10701 Westside Road, Healdsburg
☎1 707 4 73 29 09
🌐www.garyfarrellwinery.com
◷tägl. 10–16.30 Uhr; unterschiedliche Wein-Tastings 🎟 55–75 $

Chateau Montelena
✈222 B2 ✉1429 Tubbs Lane, neben Highway 29, Calistoga
☎1 707 9 42 51 05
🌐www.montelena.com
◷tägl. 9.30–16 Uhr, verschiedene Führungen und Weinproben
🎟ab 60 $

Clos Pegase
✈222 B2 ✉1060 Dunaweal Lane, Calistoga ☎1 707 9 42 49 81
🌐www.clospegase.com
◷tägl. 10–17 Uhr, Weinproben unterschiedliche Uhrzeiten, siehe Website 🎟40–60 $

Sterling Vineyards
✈222 B2 ✉1111 Dunaweal Lane, Calistoga ☎1 800 7 26 61 36
🌐www.sterlingvineyards.com
◷Do–Mo 10–17 Uhr; versch. Tastings 🎟 55, mit Gondelfahrt 95 $

Beringer Vineyards
✈222 B2 ✉2000 Main Street, St. Helena ☎1 707 2 57 57 71
🌐www.beringer.com ◷tägl. 10–17 Uhr; mehrere Führungen und Weinproben
🎟ab 20 $

Culinary Institute of America
✈222 B2 ✉2555 Main Street, St. Helena ☎1 707 9 67 11 00
🌐www.ciachef.edu/cia-california

Frog's Leap
✈222 B2 ✉8815 Conn Creej Road, Rutherford ☎1 707 9 63 47 04
🌐www.frogsleap.com ◷tägl. 10–16 Uhr; tägl. Touren 10, 11.45 u. 14 Uhr
🎟ab 40 $

Mumm Napa Valley
✈222 B2 ✉8445 Silverado Trail, Rutherford ☎1 800 6 86 62 72
🌐http://mummnapa.com
◷tägl. 10–18 Uhr, tägl. Führungen und Verkostungen, wechselnde Zeiten
🎟 40 $

Robert Mondavi
✈222 B2 ✉7801 St. Helena Highway, Oakville ☎1 888 7 66 63 28
🌐www.robertmondaviwinery.com
◷tägl. 10–17 Uhr, Führungszeiten wechseln (zum Redaktionsschluss im Umbau) 🎟ab 65 $, Reservierung erforderlich

Hess Collection
✈222 B1 ✉4411 Redwood Road, westlich vom Highway 29, Napa
☎1 707 2 55 11 44
🌐www.hesscollection.com
◷Fr–Mo 10-16.30 Uhr
🎟ab 85 $

㉝ Sonoma Coast & Mendocino

Was?	Reizvolle Küstenlandschaft
Warum?	Wildromantische Felsenküste mit schönem Hinterland
Wann?	Sommer und Herbst
Wie lange?	Mindestens 1 Tag
Was noch?	Fort Ross: restauriertes Fort russischer Pelzhändler
Resümee	Wilde Küste, nette Orte

Die Pazifikküste bei Navarro Point im Mendocino County ist spektakulär.

An der Küste nahe dem Highway 1 auf dem Weg durch die Countys Sonoma und Mendocino kann man Wale, Seelöwen, Fischadler, Wildblumen und Redwoods bestaunen. Die Attraktionen dieser felsenreichen Strände und ehemaligen Fischer- und Holzfällerorte sind schlicht, aber besuchenswert wie das aus dem 19. Jh. stammende Point Arena Lighthouse und die Mendocino Coast Botanical Gardens.

Alfred Hitchcock verwandelte für seinen Film »Die Vögel« das verträumte Dorf Bodega am Highway 12 unmittelbar neben Highway 1 und das ebenso friedvolle Fischerstädtchen Bodega Bay am Highway 1 in Orte des Grauens. Die Kirche und das Schulgebäude in Bodega stehen noch heute. Der Bar- und Essbereich im Tides Wharf Restaurant ist nicht mehr so atmosphärisch wie zu Hitchcocks Zeit, aber die Fischgerichte sind lecker. Richtung Norden im Terrapin Creek Café können Sie kalifornische Spezialitäten mit internationalem Touch kosten.

Ausblick mit Seelöwen

Seelöwen lümmeln sich am windigen Goat Rock Beach, 10 Meilen (16 km) nördlich von Bodega Bay in Jenner. Trapper, die auf die Felle von Fischotter aus waren, gründeten das 9 Meilen (14 km) weiter gelegene Fort Ross. Im Mai schmücken rosa Blütenkaskaden das in der Nähe gelegene Kruse Rhododendron State Reserve (www.parks.ca.gov).

Etwa 58 Meilen (93 km) nördlich von Fort Ross befindet sich das Point Arena Lighthouse und noch einmal 20 Meilen (32 km) weiter das niedliche Elk, ein guter Boxenstopp mit ein paar Geschäften und Cafés.

In den 1950- und 1960-Jahren zogen viele Künstler in das ca. 13 Meilen (21 km) nördlich von Elk gelegene Mendocino. Die Lage auf einer Landspitze sowie gute Restaurants und B&Bs laden zum Stopp ein. Durchstöbern Sie die Läden und Museen und besuchen Sie die Mendocino Coast Botanical Gardens. Ein Strand und kilometerlange Dünen gehören zu den Reizen des MacKerricher State Park (www.parks.ca.gov).

Das Weinbaugebiet inmitten der Redwood-Wälder östlich von Mendocino am Highway 128 ist für seine spätreifen roten Rebsorten wie Grenache, Syrah und Zinfandel bekannt. Husch und Roederer Estate sind gute Tipps für eine Weinprobe.

KLEINE PAUSE

Das **Café Beaujolais** (S. 101) in Mendocino ist zwar oft überlaufen, doch der herrliche Ausblick entschädigt dafür.

---

i

222 B2/B3

Tides Wharf Restaurant
835 Bay Highway, Bodega Bay
1 707 875 36 52 www.innatthetides.com tägl. 8–21 Uhr

Terrapin Creek Café
1580 Eastshore Rd, Bodega Bay
1 707 875 27 00 www.terrapincreekcafe.com Do–Mo 16.30–20.30 Uhr

Point Arena Lighthouse
45500 Lighthouse Road 1 707 882 28 09 www.pointarenalighthouse.com tägl. 10–15.30 Uhr, im Sommer bis 16.30 Uhr 5 $

Mendocino Coast Botanical Gardens
18220 N Highway 1, Fort Bragg
1 707 964 43 52
www.gardenbythesea.org
März–Okt. tägl. 9–17 Uhr, Nov.–Feb. 9–16 Uhr 20 $

Husch Vineyards & Winery
4400 Highway 128, Philo
1 800 554 87 24
www.huschvineyards.com
tägl. 10–17 Uhr

Roederer Estate
4501 Highway 128, Philo
1 707 895 22 88 www.roedererestate.com tägl. 11–17 Uhr

34 Sacramento & Gold Country

Was?	Kaliforniens Hauptstadt und Ort des kalifornischen Goldrauschs
Warum?	Hier kann man den Goldsuchern nachspüren.
Wann?	Frühjahr, Sommer, Herbst
Wie lange?	1–3 Tage
Resümee	Ein »Muss« für Geschichtsinteressierte

Nach Goldfunden in der Sierra wurde Sacramento die Hauptstadt Kaliforniens. Viele Sehenswürdigkeiten illustrieren das Leben zur Zeit des Goldrauschs, aber um echte Goldminen und Goldgräberstädte zu sehen, müssen Sie ins Gold Country reisen.

Das California State Railroad Museum präsentiert Lokomotiven aus der ganzen Geschichte der amerikanischen Eisenbahn.

Zu Besuch in der Hauptstadt

Das California State Railroad Museum zeigt Waggons und Lokomotiven der letzten 150 Jahre. Das Museum ist der Höhepunkt der ein wenig zu aufgeräumten Altstadt, wo hölzerne Gehwege, restaurierte Häuser und Schilder an die Zeiten des Goldrauschs erinnern.

Durch Gold, Silber und Handel wurde das im korinthischen Stil erbaute State Capitol (10th und L Street) mit seiner Rotunde und seinen Gärten finanziert. Sutter's Fort State Historic Park (www.parks.ca.gov/?page_id=485) mit dem State Indian Museum und das California Museum vermitteln regionale Geschichte.

Highlights im Gold Country

Zum »Goldland« nehmen Sie die I-80 East zum Highway 49, der die Region von Norden nach Süden durchquert. Nördlich der I-80, von Sacramento aus ungefähr 60 Meilen

(96 km) auf dem Highway 49, liegt Nevada City. In der Altstadt stehen noch viele Bauwerke, die aus der Zeit des Goldrauschs stammen. Nördlich der Stadt liegt der Malakoff Diggins State Historic Park (www.parks.ca.gov/?page_id=494).

Viele Minen waren rasch erschöpft. Die Empire Mine im Empire Mine State Historic Park (www.parks.ca.gov/?page_id=499) förderte jährlich 170 t Gold und war bis in die 1950er-Jahre in Betrieb. Der Highway 49 schlängelt sich von Grass Valley aus 24 Meilen (38 km) zurück zur I-80 und nach Auburn. Der Marshall Gold Discovery State Historic Park (www.parks.ca.gov/?page_id=484) liegt 18 Meilen (29 km) weiter südlich. Hier entdeckte James Marshall (S. 19) 1848 ein Nugget – und setzte den Goldrausch in Gang.

Hangtown

Placerville, südlich von Coloma und 44 Meilen (70 km) östlich von Sacramento auf dem Highway 49, war zur Zeit des Goldrauschs als »Hangtown« bekannt, ein Hinweis auf die bevorzugte Art ihrer Einwohner, Gerechtigkeit walten zu lassen. Der Rundgang durch die Gold Bug Mine vermittelt einen Eindruck von den harten Arbeitsbedingungen der Goldgräber. Sehenswert ist auch der Columbia State Historic Park (www.parks.ca.gov/?page_id=552) etwa 70 Meilen (113 km) südlich von Placerville, der das Leben während der Phase des Goldrauschs zeigt.

Paragary's: 1401 28th Street, Tel. 1916 4 57 57 37, www.paragarysmidtown.com, Mo–Do 16.30 bis 21, Fr 16.30 bis 21.30, Sa 10 bis 21.30, So 10 bis 21 Uhr

KLEINE PAUSE

Für einen Drink zur Happy Hour oder ein Abendessen in Sacramento empfiehlt sich **Paragary's.**

Visitors Center Sacramento
222 C1 1000 Second St., Old Sacramento
1916 8 08 76 44
www.visitsacramento.com
tägl. 10–17 Uhr

California State Railroad Museum
222 C1 125 I Street
1916 4 45 73 87
www.csrmf.org
tägl. 10–17 Uhr
12 $

California Museum
222 C1 1020 O Street
1916 6 53 75 24 www.californiamuseum.org Di–Sa 10–17, So 12–17 Uhr 10 $

Gold Bug Mine
223 D1 Highway 49, dann US 50 Ost und Bedford Avenue nach Norden, Placerville 1530 6 42 52 07
www.goldbugpark.org April–Okt. tägl. 10–16, Nov.–März Sa–So 12–16 Uhr
12 $

Nach Lust und Laune!

35 Redwood Country

Die größten Redwood-Bäume in Nordkalifornien wachsen im Mendocino County und weiter nördlich. Die 31 Meilen (50 km) lange Avenue of the Giants (Highway 254) schlängelt sich nördlich von Garberville parallel zur US 101 bis Pepperwood. Nördlich von Weott lädt der Humboldt Redwoods State Park zu einem Spaziergang durch die Redwoods ein.

Nördlich des Parks befinden sich die interessanten Städte Ferndale, Eureka (wo man am besten übernachten kann) und Arcata, mit ihren viktorianischen Häusern in den historischen Ortskernen (folgen Sie den Highway-Schildern). Noch weiter nördlich hinter Trinidad, liegt der Sue-Meg State Park mit Steilküste, von der man einen großartigen Blick auf den Ozean genießt.

Riesige Mammutbäume im Humboldt Redwoods State Park

Ungefähr 17 Meilen (27 km) hinter Patrick's Point kommt der Eingang zum Redwood National and State Parks in Sicht. Halten Sie am Thomas H. Kuchel Visitor Center (US 101, südlich von Orick, Tel. 1 707 465 77 65), um den Weg nach Tall Trees Grove und zu den Redwoods in der Lady Bird Johnson Grove zu erfragen. Crescent City, etwa 40 Meilen (64 km) nördlich von Orick, ist die letzte große Stadt vor der Grenze zu Oregon. Wenn Sie so weit nach Norden fahren sollten, lohnt sich ein Besuch des 1856 fertiggestellten Battery Point Lighthouse.

Humboldt Redwoods State Park
222 B4 ☎ 1 707 9 46 22 63
www.parks.ca.gov/?page_id=425, http://humboldtredwoods.org
durchgehend geöffnet, Visitor Center April–Okt. tägl. 9–17 Uhr, Nov.–März tägl. 10–16 Uhr frei

Sue-Meg State Park
222 B4 ☎ 1 707 677 35 70
www.parks.ca.gov/?page_id=417
Öffnungszeiten telefonisch erfragen
frei

Redwood National and State Parks
222 B5 ☎ 1 707 4 65 73 35
www.nps.gov/redw/
Park: tägl. Crescent City und Thomas H. Kuchel Visitor Center: Winter tägl. 9–16; sonst tägl. 9–17 Uhr frei

Battery Point Lighthouse
222 B5 ✉ Crescent City Battery Point Island, 235 Lighthouse Way
☎ 1 707 4 64 30 89
www.delnortehistory.org/lighthouse
April–Sept. tägl. 10–16, Okt–März Sa–So 10–16 Uhr (abhängig von Ebbe und Flut, anrufen) Spende ca. 3 $

Magischer Moment

Die Erde »lebt«

Es wirkt wie der Vorhof zur Hölle, und man kann sich eines mulmigen Gefühls nicht erwehren: Fumarolen zischen aus der Erde. Ein Schlammtopf blubbert im regelmäßigen Rhythmus eines Herzschlages. In Wasserbecken steigen feine Bläschen an die Oberfläche. Hier ist der Untergrund noch aktiv, keine Frage. Bei Bumpass Hell im Lassen Volcanic National Park führt ein Plankenweg, der regelmäßig erneuert werden muss, durch die Caldera eines (mehr oder weniger) schlafenden Vulkans. Vor gut 100 Jahren ist er das letzte Mal ausgebrochen – das beruhigt dann doch. Ein wenig.
38050 Hwy 36 E, Mineral

36 Shasta Cascade

Im äußersten Norden thront der Mount Shasta zwischen den Redwoods an der Küste und dem Kaskadengebirge. Mit ihrer frischen, klaren Luft und den einfachen bis anspruchsvollen Wanderwegen ist die Gegend ideal für ein- oder mehrtägige Touren. Der 4317 m hohe Gipfel des Mount Shasta ist das ganze Jahr über mit Schnee bedeckt. Auskünfte zu Wanderungen, Campingplätzen und zusätzliche Infos erhalten Sie bei dem Mount Shasta Visitors Bureau (Tel. 1 530 926 48 65, https://mtshastachamber.com/).

Südlich vom Mount Shasta sind die neben der I-5 liegenden Lake Shasta Caverns einen Besuch wert. An der Südwestspitze des Lake Shasta befindet sich neben der I-5 der Shasta Dam (Tel. 1 530 247 85 55). Der Staudamm, einer der größten der USA, veranstaltet einstündige Touren (tägl. 9–15 Uhr, www.usbr.gov/mp/ncao/dam-tours.html, Eintritt frei).

In Weaverville, 47 Meilen (75 km) westlich von Redding, steht das Joss House, ein 1874 von chinesischen Einwanderern errichteter taoistischer Tempel.

Der Lassen Volcanic National Park, 49 Meilen (79 km) östlich von Red Bluff, fasziniert mit schwefelhaltigen heißen Quellen, Aschekegeln, Lavateichen und kochenden Schlammlöchern. Der Lassen Peak Hike (anstrengend!) eröffnet Ausblicke auf die Seen und Bäume des Parks und den Mount Shasta. Der leichtere Bumpass Hell Trail führt zu Gebieten mit geothermaler Aktivität.

Information zur Region Shasta Cascade
222 C4 · I-5 · 1 530 365 75 00
www.upstateca.com

Lake Shasta Caverns
222 C4 · 20359 Shasta Caverns Road, Lakehead · 1 800 795 22 83
www.lakeshastacaverns.com
April, Mai, Sept. tägl. 9–15 Uhr (Führungen stündl.); Ende Mai bis Anfang Sept. 9–16 Uhr (halbstündl. Führungen); Okt.–März Führungen 10, 12, 14 Uhr
40 $ mit Shuttle, Bootstour und Tour

Joss House
222 C4 · 630 Main Street, Weaverville · 1 530 623 52 84 · Do–So 10–17 Uhr

Lassen Volcanic National Park
223 D3 · 1 530 595 44 80
www.nps.gov/lavo/index.htm
Park: ganzjährig; Visitor Center: April–30. Okt. tägl. 9–17 Uhr, 1. Nov.–28. April Mo/Di geschl.
30 $, Dez.–15. April 10 $

37 Lake Tahoe

Die Grenze der Bundesstaaten Kalifornien und Nevada verläuft durch den Lake Tahoe, den größten Bergsee Nordamerikas. Im Sommer strömen Besucher an seine Strände und in die nahen Berge. Im Winter werden die Hänge, die zu den besten Pisten Kaliforniens gehören, von Skifahrern bevölkert. 1960 fanden im Squaw Valley am Westufer des Lake Tahoe die Olympischen Winterspiele statt. Auf der Nevadaseite des Sees gibt es viele gut besuchte Kasinos.

Ein ganz besonderer Platz für Yoga-Übungen: ein Wasserfall am Lake Tahoe.

Um ein Gefühl für die Topografie zu bekommen, nehmen Sie am besten eine Gondel von Heavenly (Ski Run Boulevard, neben der US 50, South Lake Tahoe, Tel. 1 800 2 20 15 93 oder 1 775 5 86 70 00, www.skiheavenly.com). Das gesamte Bassin liegt vor Ihnen, wenn die Gondel, die Heavenly Mountain Gondola, über die Pisten des Heavenly Ski Resort bis auf eine Höhe von 2780 m hinauffährt. Oben können Sie wandern oder auch essen gehen.

Die etwa 71 Meilen (115 km) um den See können Sie bequem an einem Tag abfahren. Bei viel Verkehr im Sommer empfiehlt es sich, nur einen Teil, etwa die Pope-Baldwin Recreation Area und die Emerald Bay, beide auf der Südseite am Highway 89 gelegen, zu erkunden. Wenn die Emerald Bay Ihr Ziel ist, besuchen Sie auch Vikingsholm, ein rustikales Anwesen aus den 1920er-Jahren. Oder Sie fahren nach Norden zum Sand Harbor Beach (Highway 28) bzw. nach Tahoe City (Highway 89).

223 D2 ✉ US 50 (Lake Tahoe Süd, Kasinos in Nevada); Highway 89 (Tahoe City, West- und Nordufer) ☎ 1 530 5 41 52 55 (Süden), 1 775 5 88 45 91 (Nevada) und 1 530 5 81 69 00 (Norden, Infos für Besucher und zu Unterkünften) 🌐 visitlaketahoe.com

38 Mono Lake

Krustiges, korallenähnliches Tuffgestein ragt aus dem See, 13 Meilen (21 km) östlich vom Yosemite National Park. Vom South Tufa Trail (Highway 120, 5 Meilen (8 km) östlich der US 395), sehen Sie die bizarrsten Spitzen und Millionen Zugvögel, die sich hier versammeln. Die Geisterstadt Bodie (S. 24) ist 31 Meilen (50 km) nordöstlich von Lee Vining erreicht.

225 D5 ✉ Scenic Area Visitor Center, US 395, Lee Vining ☎ 1 760 6 47 65 95 🌐 www.monolake.org
🕘 tägl. 9–17 Uhr

Wohin zum ... Übernachten?

Preise für eine Nacht im Doppelzimmer (ohne Steuern):

$	unter 150 $
$$	150–250 $
$$$	über 250 $

SONOMA COAST & MENDOCINO

Jenner Inn & Cottages $$$
Der Ausblick über das Land lässt einen in Jenner an der Küste von Sonoma die Anstrengungen der Reise vergessen. Die Räume, Suiten und Hütten dieser Unterkunft kuscheln sich zwischen Bäume oder ans Ufer. Von hier aus können Sie die Umgebung genießen, an der Küste wandern, Weingüter besuchen oder anderen Freizeitaktivitäten nachgehen. In manchen Zimmern befinden sich Kamine, Saunen und Küchen. Kostenloses WLAN. Nur wenige Zimmer haben Fernseher, was das Abschalten erleichtert.
222 B2 10400 Coast Route 1, Box 69, Jenner 1 707 8 65 23 77 www.jennerinn.com

MacCallum House Inn $$$
Das 1882 erbaute Gebäude mit seiner auffälligen Fassade wurde wunderschön restauriert. Die 19 Räume verteilen sich auf das Haupthaus, sieben Häuschen und eine Scheune und sind mit Antiquitäten möbliert. Einige Zimmer haben Terrassen, Kamine und Kochnischen, und viele punkten mit der Aussicht auf das Meer oder die Gärten. Im Hotel gibt es ein gutes Restaurant.
222 B3 45020 Albion Street, Box 206, Mendocino 1 707 9 37 02 89 oder 1 800 6 09 04 92 www.maccallumhouse.com

Stanford Inn by the Sea & Spa $$$
Wenn Sie ein aktiver (und betuchter) Reisender sind, werden Sie dieses ländliche, stilvolle Hotel lieben. Das zweistöckige Gasthaus liegt direkt südlich der Stadt nahe dem Highway 1 und blickt auf den Fluss und den Ozean. Es bietet große Zimmer mit Kaminen und Dachterrassen. Nach einem Tag an der frischen Luft können Sie zum Kaminfeuer im Salon zurückkehren, wo Snacks und Wein serviert werden. Diese und das tolle vegetarische Frühstück sind im Preis enthalten.
222 B3 Coast Highway und 44850 Comptche-Ukiah Road, Box 487, Mendocino 1 707 9 37 56 15 oder 1 800 3 31 88 84 www.stanfordinn.com

WINE COUNTRY

Gaige House Inn $$–$$$
Dieses B & B befindet sich in einem im Stil des frühen 18. Jh.s erbauten italienisch angehauchten Gebäude von 1890. Einige der sonnigen Zimmer weisen aber südostasiatische Elemente auf. Sie können sich auf der Terrasse in einer Hängematte erholen oder abends in den Aufenthaltsräumen, an deren Wänden Bücherregale Platz haben, einen Wein auf Kosten des Hauses trinken. Einige Zimmer haben Kamine, Balkone und Whirlpools. Der Service ist engagiert und das reichhaltige Frühstück erstklassig.
222 B2 13540 Arnold Drive, Glen Ellen 1 707 9 35 02 37 oder 1 800 9 35 02 37 www.thegaigehouse.com

UpValley Inn & Hot Springs $$
Das Hotel am Rand von Calistoga ist einfach, für den Preis jedoch wunderbar. Geräumige, ordentliche Zimmer. In der Sauna, einem kleinen beheizten Pool oder dem Whirlpool können Sie sich von Ihrer Tour durch die Weingüter erholen. Kostenloses WLAN.
222 B2 1865 Lincoln Avenue, Calistoga 1 707 9 42 94 00 https://upvalleyinn.com/

Villagio Inn & Spa $$$
Wenn Sie es sich richtig gut gehen lassen möchten, suchen Sie dieses Luxushotel im unteren Napa Valley auf. Bei den Preisen kann man sich darauf freuen, von morgens bis abends verwöhnt zu werden. Dazu gehört eine Flasche Wein zur Begrüßung, das Champagnerfrühstück und der Nachmittagstee. Das Spa sollten Sie unbedingt besuchen, auch wenn Sie kein Gast sind.
222 B1 6481 Washington Street, Yountville 1 707 9 27 21 30 oder 1 800 3 51 11 33 www.villagio.com

SACRAMENTO & GOLD COUNTRY

Delta King Hotel $$

Lust auf ein wenig Abwechslung? Für diesen Fall bietet sich eine Übernachtung auf einem ehemaligen Schaufelraddampfer an, der nun vor der touristischen Altstadt von Sacramento vor Anker liegt. Gäste haben die Wahl aus 44 Kabinen, an Bord befinden sich außerdem ein Restaurant sowie ein kleines Theater.

222 C1 1000 Front St, Sacramento 9164 44 54 64 www.deltaking.com

Murphys Historic Hotel and Lodge $–$$$

Die historischen Räume und der Saloon versetzen die Gäste hier in die Zeit des Goldrauschs. Wer mag, kann in der Nähe sogar Gold schürfen. Sie können aber auch ganz modern Kunst- oder Antiquitäten shoppen gehen. Das Hotel eignet sich bestens als Ausgangspunkt für eine Weintour in die Ausläufer der Sierra: Probierstuben der Weingüter Black Sheep, Milliaire und Stevenot sind ganz in der Nähe. Die neun historischen Zimmer sind mit Antiquitäten möbliert und haben kein eigenes Bad; schon Mark Twain und der Räuber Black Bart waren zu Gast. Die modernen Zimmer verfügen über eigene Bäder.

223 D1 457 Main Street, Murphys 1209 7 28 34 44 oder 1800 5 32 76 84 www.murphyshotel.com

YOSEMITE

The Ahwahnee Yosemite $$$

Das Haus gehört zu den luxuriösesten Hotels in den amerikanischen Nationalparks. Die Gemeinschaftsbereiche sind mit riesigen Kaminen ausgestattet und bieten einen großartigen Blick auf den Park. Der Nachmittagstee in der Great Lounge ist ein Highlight. Die kleinen Gästezimmer sind stilvoll mit folkloristischen Motiven der amerikanischen Ureinwohner eingerichtet. 24 Häuschen liegen im Wald, naturnäher geht es kaum.

225 D1 Ahwahnee Drive, Yosemite National Park 1888 413 88 69 www.travelyosemite.com

Best Western Yosemite Gateway Inn $$

Wenn Sie im Park kein Zimmer finden, versuchen Sie es in diesem gut geführten Motel ca. 24 km vor dem Südeingang des Parks. Die Zimmer sind schön, zum Teil haben sie einen Balkon, eine Terrasse, eine Küche und Blick aufs Bergpanorama. Die Apartments mit zwei Schlafzimmern und Küche sind für Familien ein Schnäppchen (Maximalbelegung 6–8). Es gibt einen Garten, einen beheizten Pool innen und außen, einen Whirpool, einen Fitnessraum und Waschmaschinen.

225 D4 40530 Highway 41, Oakhurst 1559 6 83 23 78 oder 1888 2 56 80 42 www.yosemitegatewayinn.com

Yosemite Valley Lodge and Curry Village $$–$$$

Die Yosemite Valley Lodge hat 245 komfortable motelartige Zimmer, Restaurants, eine Bar und einen Swimmingpool mit olympischen Maßen. Das rustikale Curry Village besteht aus 60 Hütten mit Zimmern mit und ohne Bad, 403 Zelthütten mit Gemeinschaftsbädern und 18 Motelzimmern, hat aber keine Klimaanlagen. Auch bei diesen preiswerteren Unterkünften sind lange Vorbuchungsfristen angesagt.

225 D1 Northside und Southside Drive, Yosemite National Park 1888 413 88 69 (Reservierungen für alle Hotels im Yosemite Park) www.travelyosemite.com, www.travelyosemite.com/lodging/yosemite-valley-lodge, www.travelyosemite.com/lodging/half-dome-village

LAKE TAHOE

Lakeland Village Resort $$–$$$

Der moderne Hotelkomplex liegt in einem Waldgebiet mit eigenem Strand am Südufer des Lake Tahoe. Zu den Kasinos und Skigebieten in Nevada fahren gratis Shuttlebusse. Die Unterkünfte reichen von Hotelzimmern bis zu Stadthäusern mit vier Schlafzimmern, mit Küche, Kamin und Balkon oder Terrasse. Zudem gibt es Pools und Saunen.

223 D1 3535 Lake Tahoe Boulevard, South Lake Tahoe 1530 5 41 77 11 oder 1855 9 45 40 64 www.astonlakelandvillage.com

Wohin zum ... Essen und Trinken?

Preise für ein Hauptgericht (abends):

$	bis 15 $
$$	15-35 $
$$$	über 35 $

SONOMA COAST & MENDOCINO

Café Beaujolais $$-$$$

Mendocinos bekanntestes Restaurant ist rustikal, lässig und in einem von Gärten umgebenen viktorianischen Bauernhaus untergebracht. Aber der Ruf, den es sich wegen seiner frischen Zutaten und seiner innovativen kalifornischen Küche erworben hat, reicht weit über die Region hinaus. Die Karte wechselt mit den Jahreszeiten. Sie können mit vor Ort produzierten Bio-Zutaten, frischem Fisch und Meeresfrüchten, Fleisch von frei laufenden Tieren, eigenem Brot und einer exzellenten Weinkarte rechnen.
222 B3 961 Ukiah Street, Mendocino
1707 9 37 56 14 www.cafebeaujolais.com
mittags: Mi–Sa 17–21.30, So 9.30–12.30 Uhr

River's End Restaurant & Inn $$$

Beste Lage an der Mündung des Russian River mit Blick auf spektakuläre Sonnenuntergänge. Das innovative Menü mit viel Fisch und Schalentieren zeigt französische und asiatische Anklänge.
222 B2 11048 CA-1, Jenner
1707 8 65 24 84 www.ilovesunsets.com
Fr-Di 17-20 Uhr, Lunch wird je nach Saison angeboten

WINE COUNTRY

Bistro Don Giovanni $$-$$$

Entspannte italienische Atmosphäre mitten im Napa Valley. Im Speiseraum mit seiner hohen Decke brennt ein Kamin. Beliebt sind die Plätze auf der bedachten Terrasse, mit Blick auf die Weinfelder. Spezialitäten sind hausgemachte Pasta und köstliche Desserts.
222 B1 4110 Howard Ln., Napa 1707 2 24 33 00 http://bistrodongiovanni.com
tägl. 11.30-21 Uhr

Downtown Bakery $

Göttliche Frühstücksvariationen mit frisch gebackenem Brot und Gebäck sowie sündhaft leckeren Kuchen und Torten. Zum Lunch werden schmackhafte Sandwiches und Focaccia-Pizzas serviert.
222 B2 308 A Center Street, Healdsburg
1707 4 31 27 19
downtownbakeryhealdsburg.com
Di–Sa 7–16.30, So 8–15 Uhr

The French Laundry $$$

Thomas Kellers französisch-amerikanische Kreationen sind mit drei Michelin-Sternen ausgezeichnet. Die Zutaten der 9-gängigen Degustations-Menüs nach Art des Küchenchefs (auch vegetarisch) wechseln täglich und saisonal. Unter den Highlights sind Essenz von der geräucherten »foie gras«, Wirsing oder Maine-Hummerschwanz mit Buchweizenspätzle und Rote-Bete-Vinaigrette. Reservierungen sind bis zwei Monate im Voraus möglich.
222 B1 6640 Washington Street, Yountville 1707 9 44 23 80
www.frenchlaundry.com tägl. 16-20 Uhr

the girl and the fig $$-$$$

Auf einem noblen Anwesen nahe Sonoma Plaza bringt das einladende Restaurant einen Hauch provenzalischer Atmosphäre ins amerikanische Wine Country: mit frischen, saisonal-regionalen Zutaten, von Krustentier bis Safran-Eintopf. Auch einfache Gerichte

Ansprechend drapiert: Leckere Wurst-, Käse- und Feigenplatte in the girl and the fig

wie Schlachtplatte oder »Croques monsieur« (Schinken-Käse-Toast) stehen auf der Karte, neben einer guten Käse-Auswahl und kalifornischem Wein im Rhône-Stil.
222 B1 110 W. Spain Street, Sonoma
1 707 9 38 36 34 www.thegirlandthefig.com Mo–Fr 11.30–21, Sa, So 10–21 Uhr

Pizzeria Tra Vigne $$
Klassische Pizza Margherita in neapolitanischer Tradition, dazu noch einiges im Napa-Valley-Stil. Hausgemachte Pasta mit Pilzen, Shrimps oder Feigen. Die beliebte Terrasse ist am schnellsten ausgebucht. Die Bedienung ist freundlich und effizient. Die gut zusammengestellte Weinkarte konzentriert sich aber auf heimische Produkte.
222 B2 1016 Main Street, St. Helena
1 707 9 67 99 99 www.pizzeriatravigne.com So–Do 11.30–21 Uhr

SACRAMENTO & GOLD COUNTRY

Rio City Café $$–$$$
In der Altstadt, am Ufer des Sacramento, bietet das lebendige Lokal solide California Cuisine (mit asiatischem und italienischem Touch), wie Jambalaya-Reiseintopf, Ahi-Thunfisch-Nachos, Pasta, Fisch und Burger. Am schönsten speist es sich an warmen Sommerabenden auf der Terrasse und bei kühler Witterung innen am Kaminfeuer.
222 C1 1110 Front Street, Sacramento
1 916 4 42 82 26 www.riocitycafe.com
Mo–Fr 11–20, Sa 10–21, So 10–20 Uhr

YOSEMITE

Erna's Elderberry House $$$
Das Lokal gehört zu den besten Kaliforniens und ist die Fahrt vom Yosemite National Park wert. Es liegt in Oakhurst, über den Highway 41 ca. 23 km südlich vom Südeingang des Parks. Hier wird jeden Abend ein wechselndes, französisch und kalifornisch geprägtes Sechs-Gänge-Festpreismenü serviert.
225 D4 48688 Victoria Lane, Oakhurst
1 559 6 83 68 00
www.elderberryhouse.com abends: tägl. 17.30–20.30, Brunch: So 11–13 Uhr

The Ahwahnee Dining Room $$–$$$
Zwar zeichnet sich das Hauptrestaurant des Ahwahnee Hotel nicht durch eine besonders revolutionäre Küche aus, doch die sehr gut zubereiteten amerikanischen Gerichte passen zur klassischen Hotelumgebung. Wenn Sie das 10 m hohe Deckengewölbe, die Kronleuchter und die mit feiner Tischwäsche und herrlichem Porzellan eingedeckten Tische bewundern, werden Sie verstehen, dass hier Jeans oder kurze Hosen und Sportschuhe oder andere legere Kleidung nicht erwünscht sind.
Versuchen Sie, möglichst weit im Voraus zu reservieren (bis zu 60 Tage sind möglich). Besonders die Weihnachts- und Neujahrsdinner sind so beliebt, dass die Plätze sogar verlost werden.
225 D5 Ahwahnee Road, Yosemite National Park www.travelyosemite.com
Mo–Sa Frühstück: 7–10, mittags 11.30 bis 14, So Brunch: 7–14 Uhr, tägl. abends 17.30–21.30 Uhr

Mountain Room Restaurant $$–$$$
Das nur abends geöffnete, beste Restaurant in der Yosemite Lodge (S. 100) serviert Gerichte wie Steaks, Meeresfrüchte und fantasievoll zubereitete Pasta, kombiniert mit einem fantastischen Blick auf die Yosemite Falls. Sie können auch in die weniger formelle Mountain Room Lounge gehen, wo es leichtere Speisen gibt, oder im legeren Food-Court (ganztags) essen.
225 D5 neben dem Northside Drive, Yosemite National Park 1 888 4 13 88 69
www.travelyosemite.com/lodging/dining/yosemite-valley-lodge tägl. 17–22, Nov. bis März bis 21 Uhr

LAKE TAHOE

Sunnyside Restaurant & Lodge $$–$$$
Sommers wie winters ist das Lokal ein Besuchermagnet. Kein Wunder, denn es liegt in zauberhafter Umgebung an den Ufern des Lake Tahoe. Im gehoben eingerichteten Speisesaal dominieren Steaks das lukullische Geschehen, während im lässigeren Lakeside Grill auch Kleinigkeiten wie

Zucchini-Sticks, gebackene Calamari, Burger, Sandwiches und knackige Salate auf den Tisch kommen. Ein Dessert-Traum ist der »Hula Pie« (Schoko-Cookie, Macadamia-Eis, heißer Vanilla-Fudge, Schlagsahne und gehackte Macadamia-Nüsse). Gäste in legerer Kleidung sind dort ebenso willkommen wie kleine Schlemmermäuler.
223 D2 1850 W Lake Boulevard, West Shore 1 530 583 72 00 www.sunnysidelodge.com tägl. ab 16 Uhr, mit Specials wie Taco Tuesday oder Burger & Beer im Lakeside Grill

Wohin zum … Einkaufen?

Kunst und Kunsthandwerk, Wein, Delikatessen, Antiquitäten und Sportartikel rangieren ganz vorne.

MENDOCINO

Man kann durch Mendocinos Straßen spazieren und in den Läden nach Kunst, Kunsthandwerk und handgearbeitetem Schmuck suchen. Lohnend: das **Mendocino Art Center** (45200 Little Lake Street, Tel. 1707 9 37 58 18, www.mendocinoartcenter.org).

SONOMA

Den Hauptplatz der Stadt säumen mehrere Lebensmittelgeschäfte und Bäckereien, so auch die **Sonoma Cheese Factory** (2 Spain Street, Tel. 1707 9 96 19 31, www.sonomacheesefactory.com), die örtliche Käseprodukte zum Verkauf anbietet.

SACRAMENTO

In den historischen Gebäuden am Flussufer von Sacramento finden Sie Andenken- und Kunsthandwerksläden.
Evangeline's (113 K Street, Tel. 916 4 43 21 81) verkauft im prall gefüllten Laden Schnickschnack aller Art, von knallbunten Perücken und gewagten Kleidchen bis zu Vampir-Weinkelchen.

WINE COUNTRY

Jedes Weingut, das Führungen und Weinproben anbietet, verkauft Wein in Flaschen oder Kisten. Die historische **Oakville Grocery** führt Spitzenweine und Delikatessen. Das Originalgeschäft ist im **Napa Valley** (7856 St. Helena Highway, Oakville, Tel. 1707 9 44 88 02) beheimatet, wo sich neben exzellenten Weinen auch regionaler Käse und andere picknicktaugliche Leckereien in den Regalen befinden.

Wohin zum … Ausgehen?

Nordkalifornien ist nicht gerade für ausschweifendes Nachtleben bekannt. Doch die faszinierende Natur macht dies leicht wett.

MUSIK

Unter den alljährlichen Musikfestivals ist das **Mendocino Music Festival** (Juli; klassische Musik, Gospel, Jazz und Oper, http://mendocinomusic.org), das **Valhalla Art, Music & Theatre Festival** (Juni–Sept., https://valhallatahoe.com) und das **Jazz and Blues Festival** (Juni; ein Wochenendereignis am Johnson's Beach am Russian River, http://russianriverfestivals.com). In Sacramento lohnt ein Blick in die Veranstaltungstipps der Zeitung »Sacramento Bee« (www.sacbee.com) oder auf www.sacramento365.com.

SPORT

Die **Kings**, Sacramentos NBA-Basketballmannschaft, spielen in der Sleep Train Arena (1 Sports Parkway, www.nba.com/kings).

Nordkalifornien mit seinen faszinierenden Landschaften ist eine tolle Gegend, um selbst Sport zu treiben. In der warmen Jahreszeit stehen Wanderern, Mountainbikern und Reitern Hunderte Meilen von Wegen zur Verfügung. Kanu-, Kajak- und Floßfahrer können die vielen Wasserläufe der Region befahren. Im Winter ist Nordkalifornien ein Paradies für Skifahrer und Snowboarder.

Der Leadbetter Beach am westlichen Rand von Santa Barbara ist ein beliebtes Ziel bei Surfanfängern – aber auch für Strandwanderungen ist er bestens geeignet.

Die Zentralküste

An dieser Küste gibt es wild geformte Klippen, herrliche Sandstrände und noch dazu viele Orte mit wechselvoller Geschichte.

Seite 104–131

Erste Orientierung

Viele Orte zwischen San Francisco und Los Angeles tragen spanische Namen: Santa Cruz, Monterey, San Simeon, San Luis Obispo oder Santa Barbara. Kein Wunder, vor 200 Jahren gehörte dieser Teil Kaliforniens noch zum spanischen Kolonialreich. Die meisten Küstenorte sind inzwischen von Urlaubern erobert. Im fruchtbaren Hinterland gedeihen Weintrauben, Avocados und Nüsse.

Der Highway 1 entlang der Pazifikküste gehört zwischen Monterey und Morro Bay zu den schönsten Straßen der Welt. Die einsame Schönheit der Strecke zwischen Carmel und San Simeon, mit immer neuen Ausblicken auf die Klippen, Schluchten und Einschnitte der Santa Lucia Mountains, die hier auf den Pazifik treffen, hat schon viele Künstler inspiriert.

Entlang dieser Strecke liegen Städtchen, die jeweils einen ganz eigenen Charakter aufweisen: Santa Cruz gilt wegen seiner konstanten, lang gezogenen Dünung als ein Paradies für Surfer. In Monterey zeigt eines der besten Aquarien der Welt, wie der Pazifik unter Wasser aussieht. Carmel präsentiert sich als frühere Künstlerenklave heute eher gut betucht und mit einem sehenswerten Missionskloster. Bei San Simeon erhebt sich, wie ein Neuschwanstein Kaliforniens, der Traumpalast des einstigen Zeitungszaren William R. Hearst – heute ein State Park, den jeder besichtigen kann.

Auch die Städte südlich von Morro Bay lohnen den Besuch: Bei Pismo Beach versammeln sich im Winter Zehntausende Monarchfalter, die aus Kanada heruntergeflattert sind, und im Sommer brausen Dune Buggies durch die Dünen von Oceano. Und das zauberhafte Santa Barbara präsentiert sich leicht und luftig, in einem mediterranen Baustil, mit tollen Restaurants und einem bestens erhaltenen Gotteshaus, das als »Perle der Missionskirchen« gilt.

TOP 10

7 ★★ Big Sur

8 ★★ Santa Barbara

Nicht verpassen!

39 Monterey Peninsula

40 Hearst Castle

Nach Lust und Laune!

41 Santa Cruz

42 Cambria

43 Morro Bay

44 Avila Beach/Pismo Beach

Mein Tag in »Spanien« und »Dänemark«

Santa Barbara hat nicht nur eine wunderschöne Küste. Auch das Hinterland mit Gebirgsausläufern und dem Weinbaugebiet des Santa Ynez Valley zieht alle in den Bann. Das Örtchen Solvang mit seiner dänischen Architektur ist das Sahnehäubchen auf dieser Tour.

8.30 Uhr: Frühstück bei Lighthouse Coffee

Köstliche Bowls und Sandwiches machen Lighthouse Coffee in ❽ ★★ Santa Barbara zum perfekten Ort für den Start in den Tag. Echte Kalifornier trinken dazu einen Cold Brew.

9.30 Uhr: Zuspruch von oben I

Zunächst hält man für einen Kurzbesuch an der Old Mission Santa Barbara (S. 119), wo spanische Mönche versuchten, die amerikanischen Ureinwohner zum »richtigen« Glauben zu bekehren.

10 Uhr: Start in die Santa Ynez Mountains

Von der Old Mission fährt man – immer den Schildern »Scenic Drive« folgend – entlang der State Road 154, die hier San Marcos Pass Road heißt, nach Nordwesten.

Ein kleiner Abstecher auf der Painted Cave Road führt zum Chumash Painted Cave State Park. Die Chumash, die lange vor den europäischen Eroberern hier lebten, haben vor knapp 400 Jahren die Wände der kleinen Höhle mit farbkräftigen Bildern mit unterschiedlichen Symbolen verziert. Zurück

10 Uhr: Start in die Santa Ynez Mountains

18.30 Uhr: Patio Dining

Ein Damm staut den Santa Ynez River zum Cachuma Lake auf, einem Wasserreservoir, das zugleich ein gut besuchtes Freizeitziel ist.

auf dem Scenic Drive und über den 674 m hohen San Marcos Pass auf dem Gebirgskamm der Santa Ynez Mountains ist der Cachuma Lake schnell erreicht. Ein ausgeschilderter Aussichtspunkt (Vista Point) bietet Panoramablicke auf See und Landschaft.

Der Bradbury-Damm hat den Santa Ynez River hier zu einem Wasserreservoir aufgestaut, für die Landwirtschaft und die durstigen Städte des Südens. Ist der Wasserstand hoch genug, herrscht an diesem Ort eigentlich immer Betrieb. Kajaks und Segelboote, aber keine Motorboote kreuzen auf dem Gewässer, an seinen Ufern werden Forellen geangelt.

12 Uhr: Rotwein und Oliven

Die San Marcos Pass Road (SR 154) führt schnurstracks nach Los Olivos. Hier wird Wein angebaut, begünstigt durch ein Mikroklima, das kühle Winde vom Pazifik durch das Tal streichen lässt.

Im Hollywood-Streifen »Sideways«, einem Beziehungsdrama, spielt der Rotwein Pinot noir aus dem Santa Ynez Valley mehr als eine Nebenrolle. Er hat die Burgundertraube in ganz Nordamerika populär gemacht.

Selbstverständlich gibt es im Wine Merchant & Cafe wunderbare rote Tropfen, die zu leichten Salaten, einer Käseauswahl oder geröstetem Gemüse gereicht werden.

Vom 17. bis zum 19. Jh. errichteten spanische Missionare in Kalifornien 21 Missionsstationen – zwei davon liegen an dieser Tour: die Old Mission Santa Barbara (oben) und die Old Mission Santa Inés (unten).

Das Wine Merchant & Café in Los Olivos eignet sich wunderbar für einen mittäglichen Stopp mit einem leckeren Essen – und eine gute Flasche Wein kann man gleich auch noch mitnehmen.

Beliebt ist auch der Teller mit neun unterschiedlich eingelegten Oliven – der Name des Weinörtchens ist hier Programm. Viele Weine aus dem Santa Ynez Valley können im angeschlossenen Laden gleich gekauft und im Auto mitgenommen werden.

14 Uhr: Zuspruch von oben II

Auch die Old Mission Santa Inés kurz vor Solvang stammt noch aus spanischen Kolonialzeiten. Im Jahre 1804 von Franziskanermönchen gegründet, hat diese Mission nicht nur diverse politische Umbrüche, sondern auch mehrere Erdbeben überstanden.

Heute gehört sie dank aufwendiger Restaurierungsarbeiten zu den am besten erhaltenen Missionskirchen in Kalifornien, ist Museum und Zentrum einer aktiven katholischen Gemeinde zugleich.

Alles Dänisch oder was? Solvang vermarktet seine dänischen Ursprünge auf typisch amerikanische Art – auch das Birkholm's Bakery & Cafe macht da keine Ausnahme.

15 Uhr: Mange tak!

»Sonnige Wiesen«, Solvang, tauften dänische Immigranten ihre Siedlung vor mehr als 100 Jahren. Inzwischen wird hier das skandinavische Erbe gnadenlos vermarktet, mit der Nachbildung der Kleinen Meerjungfrau, dem Runden Turm aus Kopenhagen im Maßstab 1:3, Fachwerkfassaden und allgegenwärtigen Dannebrog-Wimpeln.

Bei Birkholm's Bakery & Cafe lohnt sich ein kurzer Stopp. Die Kopenhagener, Apfeltaschen oder Zimtschnecken schmecken zu einem (italienischen) Kaffee köstlich.

17.30 Uhr: Kalifornische Riviera

Diese Bezeichnung ist zwar leicht übertrieben, aber schön ist dieser Küstenabschnitt auf jeden Fall: Bei Gaviota erreicht die US 101 den Pazifischen Ozean. Die geschützten und wenig besuchten Inseln des Channel Islands National Park (✣224 B/C1) – San Miguel, Santa Rosa, Santa Barbara, Anacapa und Santa Cruz – liegen einige Kilometer weiter draußen im Meer. Am Festland wechseln vereinzelte Sandbuchten mit Steilküsten ab.

Der Leadbetter Beach, der erste breite Strand entlang der Strecke, liegt schon am westlichen Ende von Santa Barbara. Er ist beliebt bei den Studierenden des Santa Barbara City College, dessen Campus gleich hinter dem Shoreline Drive beginnt.

Santa Barbara lädt zu einem gemütlichen Bummel ein – Downtown wie in Einkaufszentren, in denen sich zahllose Geschäfte und Restaurants in den geschmackvoll gestalteten Innenhöfen und Laufwegen verstecken.

18.30 Uhr: Patio Dining

Nach einem Bummel durch Downtown Santa Barbara zieht es uns dort ins Milk and Honey, ein angenehmes spanisches Lokal, wo wir Tapas mit kalifornischem Einschlag genießen – und das im Patio unter freiem Himmel.

Lighthouse Coffee Santa Barbara
224 C1 711 Chapala St, Santa Barbara 1 805 324 49 73 www.lighthousecoffeesb.com tägl. 6–17 Uhr

Los Olivos Wine Merchant & Cafe
224 C2 2879 Grand Ave, Los Olivos 1 805 688 72 65 www.winemerchantcafe.com Do–Mo 11.30–20.30 Uhr

Old Mission Santa Inés
224 C2 1760 Mission Dr, Solvang 1 805 688 48 15 http://missionsantaines.org tägl. 9–15.30 Uhr 8 $

Birkholm's Bakery & Cafe
224 C2 460 Alisal Rd, Solvang 1 805 688 8188 www.birkholmsbakery.com Mo–Do 7–17, Fr, Sa 7–18, So 7–17.30 Uhr

Milk and Honey
224 C1 30 West Anapamu St., Santa Barbara 1 805 275 4232 milknhoneytapas.com Di, Mi 17–22, Do–Sa bis 23 Uhr

❼ ★★ Big Sur

Was?	Spektakuläre Küstenlandschaft an einer traumhaften Straße
Warum?	Um die wilde Schönheit der Natur zu genießen
Wann?	Frühjahr, Herbst, Winter
Wie lange?	Mindestens ein halber Tag
Was noch?	Panoramaausblicke auf den Pazifik
Resümee	Inspirierende Einsamkeit

An der Küste von Big Sur eröffnen sich immer wieder grandiose Ausblicke.

Die Natur herrscht in Big Sur, einer Landschaft von wilder Schönheit, die Ansel Adams in seinen Fotografien verewigt hat. Henry Miller beschrieb die Gegend als »das Gesicht der Erde, so wie der Schöpfer es aussehen lassen wollte«. Jeden Winter zerren Sturmfluten am Highway 1, während im Sommer der Wind über die Felsen heult und sich nach jeder Kehre der Straße neue atemberaubende Perspektiven auftun.

Big Sur beginnt südlich von Carmel und erstreckt sich fast 90 Meilen (ca. 145 km) bis zum Hearst Castle nach Süden. Die Straße schlängelt sich zwischen dem Gebirgszug der Santa Lucia Range und der wilden Pazifikküste, immer den endlosen Ozean im Blick. Erst in den 1930er-Jahren schlugen chinesische Bauarbeiter und Sträflinge aus kalifornischen Gefängnissen eine Trasse für die Küstenstraße in die Felsen.

»El Pais Grande del Sur«, das Große Land im Süden, nannten die Spanier das unwirtliche Terrain südlich ihrer Kolonialhauptstadt Monterey. Bis heute verführt die einsame Szenerie mit kleinen Flüssen, die dem Ozean zustreben, sandigen Buchten, Wasserfällen, Klippen sowie Wäldchen und Hainen mit uralten Sequoia-Bäumen zu Stopps oder Wanderungen.

Die spektakuläre Küste hat zahlreiche Dichter, Maler und Lebenskünstler fasziniert. Henry Miller hat hier mehr als ein Dutzend Jahre in der Einsamkeit gelebt, Jack Kerouac fand in seiner Dichterklause Inspirationen, selbst ernannte Heiler, Hippies und New-Age-Gemeinden versuchten, aus der Natur Anregungen für ihr Leben zu gewinnen. Orson Welles trug 1944 bei Nepenthe seine Braut Rita Hayworth über die Schwelle ihres Blockhauses.

Die Bixby Bridge, ca. 13 Meilen (21 km) südlich von Carmel, ist eine der höchsten einbogigen Brücken der Welt. Parken Sie an der Nordseite, um sie zu bewundern. 6 Meilen (10 km) weiter südlich steht das Point Sur Lighthouse auf einem Sandsteinkegel. Den Leuchtturm kann man im Rahmen einer Führung besichtigen.

9 Meilen (14 km) weiter südlich befindet sich die Big Sur Station am Westeingang des Pfeiffer-Big Sur State Park (www.parks.ca.gov/?page_id=570). Hier erhalten Sie Karten, und Ranger geben Tipps zu Wanderwegen. Eine Tour verläuft durch Redwoods zu einem 18 m hohen Wasserfall, eine andere über die Pfeiffer Ridge zu unvergleichlichen Küstenpanoramen. Etwa 12 Meilen (19 km) südlich der Station liegt der Julia Pfeiffer Burns State Park (www.parks.ca.gov/?page_id=578).

In der jüngeren Vergangenheit wurde die Straße an mehreren Stellen von Erdrutschen fortgespült, daher sollte man sich besser vor Reiseantritt über den Zustand der Strecke informieren.

KLEINE PAUSE

Essen oder trinken Sie drinnen oder draußen im **Nepenthe**, etwa 2,5 Meilen (4 km) südlich der Big Sur Station. Das zugehörige **Café Kevah** ist ein guter Tipp für einen Brunch oder fürs Mittagessen.

Nepenthe: 48510 Highway 1, www.nepenthe.com, tägl. 11.30–22 Uhr
Café Kevah: Mitte Feb.–Dez. tägl. 9–16 Uhr

224 B4

Bus 22 von Monterey nach Big Sur und Nepenthe zweimal tägl.

Point Sur Lighthouse
Highway 1, Meile 54,1
1 831 6 25 44 19 www.pointsur.org
Mi 13, Sa, So 10 Uhr 15 $

❽ ★★ Santa Barbara

Was?	Pittoreske Küstenstadt
Warum?	Hier erlebt man mediterranes Ambiente mitten in Kalifornien.
Wann?	Frühling, Sommer, Herbst
Wie lange?	1–3 Tage
Resümee	Ein entspanntes, kulturell interessantes Reiseziel

Das bezaubernde Santa Barbara ist nur eineinhalb Fahrstunden von L. A. entfernt – und so ist es seit Jahrzehnten auch ein Zufluchtsort für Hollywoods Geldadel. Ronald Reagan, Michael Douglas, Oprah Winfrey und Michael Jackson leb(t)en hier. Doch die Stadt ist sehr bodenständig geblieben.

Das Bezirksgericht, die Mission Santa Barbara und das Hafenviertel gehören zu den Glanzstücken, die man nicht auslassen sollte – aber alles ganz entspannt! Lassen Sie sich Zeit bei einem Mittagessen mit Hafenblick, genießen Sie die Zeit im Santa Barbara Botanic Garden und faulenzen Sie am East Beach oder am Butterfly Beach im Sand. Dies ist ein Ort, um sich auszuruhen und sich wunderbar zu fühlen.

Los geht's an der Stearns Wharf

Während sich an der Westküste die Häfen und Strände meist nach Westen ausrichten, sind sie in Santa Barbara Richtung Süden gewandt. Die mehrere Hundert Meter in den Santa Barbara Channel hineinragende, hölzerne Stearns Wharf ist ein guter Startpunkt für einen Rundgang. Parken Sie am Cabrillo Boulevard, spazieren Sie zur Spitze des Kais, setzen Sie sich auf eine Bank und blicken Sie aufs Meer hinaus oder zurück zur Stadt. Das Santa Barbara Museum of Natural History Sea Center informiert über die Meeresbewohner. In der Nähe der Wharf gibt es auch viele Restaurants und Shops.

Rund um den Hafen

Begeben Sie sich vom Kai aus auf dem Cabrillo Boulevard ca. 3 km in Richtung Süden zum Andree Clark Bird Refuge. Schilder an den Fuß- und Radwegen erklären einheimische

Vögel und Zugvögel, die sich in dem ruhigen Garten und an der friedlichen Lagune einfinden. Es macht Spaß, hier mit dem Rad zu fahren. Vom Vogelpark aus kann man den Santa Barbara Zoo (nichts Besonderes, aber nett) sehen.

Auf der anderen Seite des Cabrillo Boulevard liegt der belebte East Beach, wo die braun gebrannten Einwohner Santa Barbaras Frisbee oder Strandvolleyball spielen. Das Cabrillo Pavilion Bathhouse stellt Duschen und Umkleidekabinen zur Verfügung, aber keine Handtücher.

Gehen Sie anschließend auf dem Cabrillo Boulevard wieder zurück nach Westen an der Stearns Wharf vorbei zum Santa Barbara Yacht Harbor, wo die Fischer ihren Fang anlanden, darunter Seeigel für den Export nach Japan.

Im Stadtzentrum

Vom Hafenviertel aus können Sie den State Street Shuttle die State Street hinauf nehmen. Oder Sie fahren die Chapala Street entlang und stellen Ihren Wagen auf einem der öffentlichen Parkplätze nördlich der Gutierrez Street ab. Die State Street, die Hauptschlagader von Santa Barbaras Zentrum, ist so attraktiv, dass am Wochenende sogar Leute aus Los Angeles hierherkommen, um durch die Boutiquen, Antiquitäten- und alle möglichen anderen Läden zu bummeln.

Sportliches Santa Barbara: Surfer unterwegs zum nächsten Ritt auf den Wellen.

Die vielleicht schönste der spanischen Missionsstationen: Mission Santa Barbara

Santa Barbara Courthouse und Mission

In den Hallen und Räumen des Santa Barbara County Courthouse, einen Block östlich der State Street an der Ecke Anapamu und Anacapa Street gelegen, ist noch immer ein Hauch der wilden Stummfilmzeit Hollywoods zu spüren. Dieses Bauwerk im spanisch-maurischen Stil wurde 1929 fertiggestellt. Buchen Sie eine Führung oder schauen Sie sich nur ein wenig um. Nehmen Sie anschließend den Aufzug zum Glockenturm, von wo aus Sie einen herrlichen Rundumblick auf die Stadt haben. Die selbstgeführte Red Tile Tour startet hier. Sie führt u. a. zu Gebäuden im Adobe-Stil, also mit den im Westen und Südwesten der USA typischen Lehmziegeln (Pläne im Visitor Center).

Die Old Mission Santa Barbara erreichen Sie mit dem Wagen oder dem Bus. Wenn Sie nur eine Mission besuchen wollen, dann diese. Die für die Architektur des 1820 errichteten Bauwerks verantwortlichen Pater (die Mission wurde 1786 gegründet) ließen sich von einem römischen Tempel inspirieren. Das Erdbeben von 1925 verwüstete zwar die Mission, aber bei der Restaurierung wurde sehr darauf geachtet, den Originalzustand wiederherzustellen. Man kann die Hauptkirche, eine Kapelle, einen Schlafraum und eine Küche besichtigen.

Mit dem Auto gelangen Sie von hier aus in nicht einmal 10 Minuten zum Santa Barbara Botanic Garden, auf dessen 32 ha Sie die Flora Kaliforniens erforschen können (auch mit Führung).

KLEINE PAUSE

Das **Brophy Brothers Clam Bar and Restaurant** ist ein beliebter Treffpunkt am Hafen. Alternativ können Sie sich bei **D'Angelo's Bread** in der Gutierrez Street etwas Gebäck oder einen kleinen Snack gönnen.

Brophy Brothers: 119 Harbor Way, Tel. 1805 9 66 44 18, www.brophybros.com, tägl. 11–22 Uhr
D'Angelo's Bread: 25 W Gutierrez Street, Tel. 1805 9 62 54 66, https://dangelobread.com, tägl. 7–14 Uhr

---

224 C1 Downtown Shuttle (vom Hafenviertel zur Sola Street)

Santa Barbara Visitors Center
1 Garden Street 1 805 9 65 30 21
tägl. 10–15 Uhr

Stearns Wharf
E. Cabrillo Boulevard, Südende der State Street www.stearnswharf.org
Waterfront oder Downtown Shuttle
frei

Santa Barbara Museum of Natural History Sea Center
211 Stearns Wharf 1 805 9 62 25 26
www.sbnature.org
tägl. 10–17 Uhr 14 $

Andree Clark Bird Refuge
1400 E. Cabrillo Boulevard neben der US 101 1 805 5 64 54 18
Waterfront Shuttle (zum Zoo; kurzer Fußweg zum Vogelpark oder an der Milpas Street umsteigen in Bus 14), tägl. 8–22 Uhr frei

Santa Barbara Yacht Harbor
Westende des Cabrillo Boulevard
Waterfront Shuttle

East Beach
E. Cabrillo Boulevard und Milpas Stree Waterfront Shuttle frei

Santa Barbara County Courthouse
1100 Anacapa Street
1 805 882 45 20
www.sbcourts.org
Mo–Fr 10.30 u. tägl. 14 Uhr
Downtown Shuttle (zur Anapamu Street; dann einen Block nach Osten)
frei, Spende

Old Mission Santa Barbara
2201 Laguna Street Führungen: 1 805 682 47 13
www.santabarbaramission.org
tgl. 9.30–17 Uhr Bus 22 (vom Transit Center im Zentrum, Chapala und Carillo Street) 15 $

Santa Barbara Botanic Garden
1212 Mission Canyon Road
1 805 682 47 26 www.sbbg.org
März–Okt. tägl. 10–18 Uhr, Nov.–Feb. tägl. 10–17 Uhr keine Busverbindung
20 $

㊴ Monterey Peninsula

Was?	Reizvolle Halbinsel mit Geschichte(n)
Warum?	Wegen der Strände, eines Aquariums und der Kultur
Wann?	Frühling, Sommer, Herbst
Wie lange?	1–4 Tage
Resümee	Landschaftliche Schönheit und eine freundliche Stadt mit historischen Gebäuden

»Erzähl es bitte nicht weiter!«, flehte ein Maler im 19. Jh., der seinem soeben eingetroffenen Freund von den Reizen Montereys vorschwärmte. Es hat nichts genutzt, die schlimmsten Befürchtungen des Künstlers haben sich bewahrheitet. Die natürliche Schönheit dieser Region ist aber so groß, dass selbst der übelste Einbruch der Zivilisation ihr letztlich nichts anhaben kann. Zwei Dinge sollten Sie auf dieser Halbinsel keinesfalls auslassen: das Monterey Bay Aquarium und den 17-Mile Drive.

Monterey – Ölsardinen und Aquarium

Ein guter Startpunkt für einen Rundgang durch Monterey ist das Monterey State Historic Park Office. Hier bekommt man Broschüren zu dem 3 km langen Path of History und Tickets für die historischen Sehenswürdigkeiten am Weg. An der touristischen Fisherman's Wharf einige Hundert Meter nördlich vom Custom House finden Sie T-Shirt-Läden, Fischrestaurants (darunter einige gute), aber kaum Fischer. Die haben sich alle auf andere Piers zurückgezogen.

Der Monterey Bay Recreational Trail windet sich von der Fisherman's Wharf etwa 1,6 km in nordwestlicher Richtung zur Cannery Row. Sie können zu Fuß gehen oder den Bus nehmen. Viele Gebäude der einst übel riechenden Fischfabriken stehen noch heute. Die schrulligen Einwohner inspirierten John Steinbeck zu seinem Roman »Cannery Row« (»Die Straße der Ölsardinen«). Mit ihren unspektakulären Geschäften und Restaurants wirkt die Straße etwas zu »normal«, als dass sie noch die Vergangenheit heraufbeschwören könnte.

Das Monterey Bay Aquarium gibt am Pazifik einen spektakulären Einblick in das Leben über und unter Wasser.

Das A Taste of Monterey vertritt die hiesige Weinindustrie. Hier können Sie heimische Rebsorten probieren.

Das Monterey Bay Aquarium liegt am Westende der Cannery Row. Fast die komplette Meeresfauna und -flora der Bucht ist an diesem Ort vertreten. Zu den Highlights gehören die Seeotter-Anlage, ein sich über drei Stockwerke erstreckender Seetangwald und faszinierende Riesenkraken. Die Hauptattraktion ist das gigantische, 4,5 Mio. Liter fassende Becken der »Open Seas Galleries« mit Haien, Rochen, Blauflossen-Thunfischen und anderen Meerestieren des Pazifiks.

Pacific Grove – Strände

Westlich vom Aquarium wird die Cannery Row zum Ocean View Boulevard: Sie haben Pacific Grove erreicht. Diese freundliche Stadt ist für ihre Häuser aus dem späten 19. Jh. und für die an der Bucht gelegenen Attraktionen bekannt, unter ihnen Lovers Point Park Beach (gut zum Picknicken) und der Point Piños Leuchtturm. Der Asilomar State Beach (www.parks.ca.gov/?page_id=566) südlich vom Leuchtturm, ist der Inbegriff der ungezähmten Pracht dieses Teils der Pazifikküste. Von Oktober bis März bevölkern wandernde Monarchfalter das Monarch Grove Sanctuary (Lighthouse Avenue und Ridge Road, Bus 1).

17-Mile Drive – eine einsame Zypresse

Angesichts der atemberaubenden Küste im Norden und im Süden mag es zunächst absurd erscheinen, dass man bezahlen muss, um den 17-Mile Drive genannten Abschnitt zu besichtigen. Aber er ist wirklich etwas Besonderes. Einsam und dramatisch schlängelt sich die Straße an windigen Stränden vorbei, an die meist schäumende Wogen krachen. Bird Rock, ein von Robben, Seelöwen, Möwen, Kormoranen und anderen Wildtieren bevölkerter Granitfelsen, ist ein weiterer Glanzpunkt, ebenso die 200 Jahre alte Lone Cypress, die ihre bizarre Form dem Seewind verdankt. In der Broschüre, die Sie am Eingang erhalten, sind die wesentlichen Highlights beschrieben.

Weitere Attraktionen

Carmel ist an sonnigen Wochenenden überlaufen. Der Ocean-Avenue-Einkaufsbezirk westlich vom Highway 1 ist ziemlich hochpreisig. Sowohl der Carmel River State Beach (www.parks.ca.gov/?page_id=567) als auch das Point Lobos State Natural Reserve (www.parks.ca.gov/?page_id=571) bieten tolle Wanderwege. Am Point Lobos können Sie vom Sea Lion Point Trail aus Seelöwen beobachten oder zwischen den Bäumen des Cypress Grove Trail spazieren.

Die schöne Carmel Mission bildete einst die Zentrale der 21 kalifornischen Franziskanermissionen.

Café Fina: 47 Fishermans Wharf # 1, Tel. 1 831 372 52 00, www.cafefina.com, tägl. ab 12 Uhr

KLEINE PAUSE

Pasta, Pizza und Fisch im legeren **Café Fina** mit Blick auf den Hafen von Monterey

---

i

224 B4

Monterey State Historic Park Office
20 Custom House Plaza
1 831 649 71 72 www.parks.ca.gov/?page_id=575 Gärten tägl. Mai–Sept. 9–17, Okt.–April 10–16 Uhr, Museum und historische Gebäude: abweichende Öffnungszeiten Wave Shuttle (im Sommer); Bus 1

Monterey Bay Recreational Trail
zwischen Drake und David Avenue
Wave Shuttle (im Sommer); Bus 1

A Taste of Monterey
700 Cannery Row 1 831 646 54 46
www.atasteofmonterey.com
So–Do 12–18, Fr, Sa 12–19 Uhr

Monterey Bay Aquarium
886 Cannery Row
1 831 648 48 00 www.montereybayaquarium.org Sommer tägl. 9.30–18, sonst 10–17 Uhr Wave Shuttle (im Sommer); Bus 1 54,95 $

17-Mile Drive
fünf Eingänge, darunter Sunset Drive in Pacific Grove und Highway 1 in Carmel Grove www.pebblebeach.com Bus 1, 2, 67 11,25 pro Pkw, Rückerstattung bei Konsum von über 35 $ in den Restaurants

Carmel Mission
Rio Road und Lasuen Drive
1 831 624 12 71 www.carmelmission.org Mi, Do 10–16, Fr, Sa 10–17, So 11.30–17 Uhr 13 $

40 Hearst Castle

Was?	Der Palast eines Zeitungsmoguls
Warum?	Alles hier ist großartig und maßlos zugleich.
Wann?	Jederzeit
Wie lange?	Ein paar Stunden
Was noch?	Seeelefanten-Kolonie bei San Simeon
Resümee	Kunsthighlights in überbordender Kulisse

Griechischer Tempel? Nein, der Neptune Pool mit venezianischen Kacheln gehört zum Hearst Castle!

Hearst Castle liegt majestätisch inmitten der Santa Lucia Mountains. Das Schloss zählt(e) zu den prachtvollsten Privatanwesen der USA und hätte selbst einem König zur Ehre gereicht. Und etwas Ähnliches war der Zeitungsmagnat William Randolph Hearst (1863–1951) bis 1919, als er mit dem Bau dieses Fantasiegebäudes begann, zweifellos geworden. Als man die Arbeiten 1947 schließlich beendete, war das Anwesen immer noch nicht fertig, obwohl es mittlerweile 165 Zimmer, 51 ha Garten und zwei luxuriöse Pools umfasste.

Die Kiefer-, Eichen- und Walnussmöbel des Haupthauses Casa Grande mit seinen 115 Zimmern geben ihm eine gewisse Schwere. Aber sie reflektieren den damaligen medi-

Magischer Moment

Urwüchsige Kraft

Ein faszinierender Anblick: Die massigen Säugetiere liegen eng beieinander. Einige schlafen, andere aalen sich im Sand. Tausende Seeelefanten haben einen Strand bei San Simeon okkupiert. Sie ähneln Riesenrobben, die rüsselartige Nase der erwachsenen Männchen hat ihnen ihren Namen eingebracht. Sie sehen knuffig aus, doch die dominanten Bullen schützen ihren »Harem« von 10 bis 20 weiblichen Tieren mit brutaler Kraft. Also, besser auf dem sicheren Ausblick bleiben. *Piedras Blancas Rookery, Plaza del Cavalier, 250 San Simeon Ave, San Simeon; www.elephantseal.org*

terran beeinflussten kalifornischen Geschmack und Hearsts Erinnerungen an europäische Schlösser, die er besucht hatte. Die Gästehäuser sind im Vergleich dazu luftiger.

Eine prächtige Sammlung

»Der Häuptling«, wie Hearst von Freunden und Angestellten genannt wurde, war ein begeisterter Kunst- und Antiquitätensammler. In den 1930er-Jahren musste er während einer Liquiditätskrise zwar die besten Stücke seiner Sammlung verkaufen, aber ihm blieben eindrucksvolle Werke wie die Wandteppiche in der großen Eingangshalle der Casa Grande. Während des Rundgangs sollten Sie die Holzdecken beachten, die William Randolph Hearst von europäischen Anwesen und Klöstern kaufte.

Prunkvolle Möbel zieren das Gästehaus von Hearst Castle.

Sowohl der hauseigene Führer durch die Ausstellung als auch der Film, der zu Tour 1 gehört, präsentieren Randolph Hearst als liebenswerten Visionär und Kunstliebhaber und nicht als skrupellosen Geschäftsmann, der unliebsame Zeitgenossen mit allen Mitteln ausschaltete – die Wahrheit liegt wie immer wahrscheinlich irgendwo dazwischen.

KLEINE PAUSE

Es gibt zwar eine Snackbar im Besucherzentrum, aber zum Essen fährt man besser nach **Cambria** (S. 126).

---

224 B3 Highway 1, San Simeon
☎ 1800 4 44 44 45
www.hearstcastle.org
tägl. ab 9 Uhr; Abendführungen (zu wechselnden Zeiten) März–Mai und Sept.–Dez. 30 $; es gibt unterschiedliche Touren, alle Touren im Sommer besser im Voraus buchen.

Nach Lust und Laune!

41 Santa Cruz

Santa Cruz ist ein Dorado für Surfer, Studierende, New-Age-Jünger und Outdoorfans. Nostalgischer Blickfang am Beach Boardwalk (Beach Street) sind das Looff-Karussell von 1911 und die Achterbahn Giant Dipper von 1924, denen bei Sonnenuntergang allerdings die Natur die Schau stiehlt. Wie in Santa Barbara kann man hier sommers herrlich baden, ohne zu erfrieren, zudem vom Lighthouse Point (West Cliff Drive) Surfern bei ihren Kunststücken in der Brandung zusehen.

Im Mystery Spot erfährt man Erstaunliches über Physik und Gravitationsgesetze. Auf der Pacific Avenue mit ihren vielen Bars, Restaurants und Läden lässt sich wunderbar bummeln.

224 B5 Highway 1 & 17, 74 Meilen (119 km) südl. von San Francisco

The Mystery Spot
465 Mystery Spot Road ☎ 1 831 4 23 88 97 www.mysteryspot.com
Mo–Fr 10–16, Sa, So 10–17 10 $

42 Cambria

Die größte Stadt in der Nähe des Hearst Castle lockt mit Geschäften, Galerien, Restaurants, Unterkünften und schönen Stränden. Die Wanderwege im Hearst San Simeon State Park (www.parks.ca.gov/?page_id=590) führen am tiefblauen Ozean mit weißen Gischtkronen

Unterwegs zum Surfen am Strand des Natural Bridges State Park in Santa Cruz

und im Wasser wogenden Tang entlang. Bei Leffingwell Landing kommt bei Ebbe die Unterwasserwelt ans Tageslicht. Südlich von Cambria lohnt ein Abstecher über den Highway 46 in das Weinanbaugebiet um Paso Robles und Templeton. Beim Chamber of Commerce erhalten Sie hierzu Karten und Broschüren. Zu Besichtigung und Picknick auf der Veranda lädt die Eberle Winery ein, neben anderen Weingütern der Gegend, wie Turley, Justin, Bella Luna, Windward und Midnight Cellars.

224 B3 Highway 1, 6 Meilen (10 km) südlich von Hearst Castle

Chamber of Commerce
767 Main Street ☎ 1 805 9 27 36 24
www.cambriachamber.org
Mo–Fr 9–17, Sa 11–15 Uhr

Eberle Winery
3810 Highway 46 East ☎ 1 805 2 38 96 07 www.eberlewinery.com

43 Morro Bay

Beim Flanieren über den Embarcadero des Fischerdörfchens werden Sie sich in alte Zeiten zurückversetzt fühlen. Geologisch stimmt das auch: Das Wahrzeichen der Stadt, der 175 m hohe Morro Rock, ist einer von mehreren inaktiven Vulkanen. Die Bucht ist eine Zuflucht für bedrohte Tierarten wie Falken und andere Vögel sowie für Fische.

224 B3 Highway 1, 20 Meilen (32 km) südlich von Cambria
1 805 772 61 01
www.parks.ca.gov/?page_id=594

44 Avila Beach/Pismo Beach

Avila Beach und Pismo Beach sind die ersten weitläufigen zentralkalifornischen Strände mit Wassersportmöglichkeiten, die einen an Südkalifornien denken lassen. Ein Spaziergang am Strand und über das Pismo Beach Pier wird Sie die Kurven des Highway 1 schnell vergessen lassen. Von Ende Oktober bis hinein in den Februar können Spaziergänger bis zu 30 000 Monarchfalter sehen, die hier in den Bäumen rasten, um sich, ähnlich wie Zugvögel, nach einem 4000 km langen Flug, der sie von der Grenze zu Kanada hierherbrachte, zu erholen. (Für einen Einkaufsbummel folgen Sie den Schildern zu den Premium Outlets.)

224 B2 Highway 1, 47 Meilen (75 km) südl. von Cambria

Romantik pur: Fahren Sie zum Morro Rock, wenn die Sonne im Meer versinkt.

Wohin zum … Übernachten?

Preise für eine Nacht im Doppelzimmer (ohne Steuern):

$ unter 150 $
$$ 50-250 $
$$$ über 250 $

MONTEREY PENINSULA

Green Gables Inn $$$
Das 1888 erbaute Gebäude mit Blick über die Felsenküste gehört zu den auffälligsten Häusern von Pacific Grove. Das Innere ist mit den Holzarbeiten, Stuckdecken, Bögen und Buntglasfenstern nicht minder eindrucksvoll. Die ehemalige Kutschenremise verfügt über größere, modernere Zimmer, alle mit eigenem Bad (vier Zimmer im Haupthaus haben nur ein Gemeinschaftsbad). Ein reichliches Frühstücksbüfett, Wein und Snacks am Nachmittag sind im Preis enthalten.
224 B4 ✉ 301 Ocean View Boulevard, Pacific Grove ☎ 1 831 375 20 95 www.greengablesinnpg.com

Monterey Plaza Hotel and Spa $$$
Der luxuriöse Wellnessbereich auf dem Dach und andere Annehmlichkeiten machen deutlich, warum dieses Gebäude den Ruf hat, Montereys bestes Hotel zu sein. Die Blicke vom Dach auf die Bucht, von den Zimmerbalkonen und von der Veranda sind traumhaft. Die Architektur des Hotels am ehemaligen Standort einer Fisch verarbeitenden Fabrik ist von frühen kalifornischen und mediterranen Vorbildern beeinflusst.
224 B4 ✉ 400 Cannery Row, Monterey ☎ 1 877 8 62 75 52 www.montereyplazahotel.com

Old Monterey Inn $$$
Das in einer ruhigen Wohngegend Montereys gelegene Haus im Tudorstil ist eines der besten B&Bs Kaliforniens, der Service ist legendär. Die Zimmer sind thematisch eingerichtet. So enthält das Zimmer »Library« (Bibliothek) Bücherregale und Federbetten. Sie können Ihr Frühstück im Speisesaal zu sich nehmen, aber auch im Rosengarten, im Zimmer, vor Ihrem Kamin oder während Sie in der Whirlpool-Badewanne baden.
224 B4 ✉ 500 Martin Street, Monterey ☎ 1 831 375 82 84 www.oldmontereyinn.com

Pine Inn $$
Das 1889 erbaute Pine Inn war das erste Gasthaus von Carmel. Es liegt direkt an einer der Haupteinkaufsstraßen und nur vier Blocks vom Strand. Es verströmt einen Hauch Luxus bei annehmbaren Preisen für die normalen Zimmer. Die Einrichtung mit Antiquitäten und Gobelins erinnert ans 19. Jahrhundert. Das zugehörige Restaurant Il Fornaio serviert gute italienische Küche.
224 B4 ✉ Ocean Avenue und Monte Verde, Box 250, Carmel ☎ 1 831 6 24 38 51 www.pineinn.com

Red Roof Inn $
Gute, preiswerte Übernachtungsadresse. Alle 55 Zimmer haben freien Internetzugang. Manche sind außerdem mit Whirlpool, Kamin und einer Kitchenette ausgestattet.
224 B4 ✉ 2227 N Fremont Street, Monterey ☎ 1 831 3 72 75 86 oder 1 800 733 76 63 www.redroofinnmonterey.com

BIG SUR

Alila Ventana $$$
Das Inn auf einem Hügel am spektakulärsten Abschnitt der Küste ist wohl der luxuriöse Zufluchtsort in Big Sur. Die Zimmer sind auf mehrere Gebäude verteilt. Man genießt einen Topservice und entspannt an den Pools. Es gibt diverse Wellnessbehandlungen, Massagen können Sie auch auf Ihrem Zimmer erhalten. Frühstück, nachmittäglicher Wein und Käse sind im hohen Preis inbegriffen.
224 B4 ✉ 48123 Highway 1, Big Sur ☎ 1 831 6 67 23 31 oder 1 800 6 28 65 00 www.ventanabigsur.com

CAMBRIA

Pelican Cove Inn $–$$
Die Pelican Suites befinden sich nah am Meer, Strand und an Hearst Castle. Alle 26

Das im spanischen Stil gehaltene Four Seasons Biltmore Santa Barbara verspricht Luxus pur.

Suiten mit eigenem Balkon oder Terrasse bieten vollen oder teilweisen Meerblick, Kamin und Kochnische. Die größeren und dafür teureren Zimmer verfügen neben Meerblick über einen Whirlpool. Weitere 22 Zimmer sind in einem separaten Gebäude untergebracht. Frühstück sowie ein Snack und Wein am Nachmittag sind inklusive.
224 B3 6316 Moonstone Beach Drive, Cambria ☎ 1 805 9 27 15 00 oder 1 800 966 64 90 www.pelicansuites.com

SANTA BARBARA

Four Seasons Biltmore Santa Barbara $$$
Diese tolle Anlage im spanischen Stil blickt auf den Pazifik und ist von Grün umgeben. Seit den späten 1920er-Jahren ist hier viel Prominenz abgestiegen. Alle Zimmer sind luxuriös. Am komfortabelsten sind die Häuschen hinter dem Haupthaus mit Kaminen und Veranden. Das Haus wird zum Redaktionsschluss umfassend renoviert, soll dann in neuem Glanz wiedereröffnen.
224 C1 1260 Channel Drive, Montecito ☎ 1 805 9 69 22 61 www.fourseasons.com/santabarbara

Inn by the Harbor $$$
In Santa Barbaras Hafenviertel stehen diverse tolle, aber teure Hotels und Motels. Wer bereit ist, drei Blocks vom Hafen entfernt zu wohnen, kann in diesem fast korrekt benannten Gasthaus Komfort genießen und sparen. Die meisten der im französischen Stil gestalteten Zimmer haben Kochnischen.
224 C1 433 W. Montecito Street, Santa Barbara ☎ 1 805 9 63 78 51 oder 1 800 626 19 86 www.innbytheharbor.com

West Beach Inn $$
Nur einen Steinwurf von der Küste entfernt, bietet dieses Dreisternehaus angenehme Zimmer mit kleinen Kochzeilen zu erschwinglichen Preisen. Zum Anwesen gehört ein Pool, viele Zimmer verfügen über Meerblick. Ein kleines Frühstück ist im Zimmerpreis inbegriffen.
224 C1 306 West Cabrillo Blvd., Santa Barbara ☎ 1 805 9 63 42 77 www.coasthotels.com

Wohin zum … Essen und Trinken?

Preise für ein Hauptgericht (abends):

$	bis 15 $
$$	15–35 $
$$$	über 35 $

MONTEREY PENINSULA

Baja Cantina $–$$
Das Restaurant im Carmel Valley serviert mexikanische Klassiker wie Burritos und Enchiladas, aber auch Kalifornisches, wie köstliche Garnelen im Speckmantel, Enchiladas mit Mangosauce oder einen Salat mit Ziegenkäse und süßen Äpfeln. Fast ebenso opulent wie die Speisekarte ist die Auswahl an Getränken, vom Tequila bis zu den Weinen. Memorabilia nostalgischer Edelkarossen dominieren die Einrichtung.
224 B4 7166 Carmel Valley Road, Carmel ☎ 1 831 6 25 22 52 www.carmelcantina.com
Mo–Fr ab 11.30, Sa, So ab 11 Uhr

Casanova $$$
Mit diesem Restaurant in Carmel, für das in den 1970er-Jahren ein altes Haus umgebaut wurde, haben Sie eine romantische Wahl getroffen. Hier werden Speisen der südfranzösischen und norditalienischen Küche serviert. Bekannt ist es u. a. für sein gebratenes Lachsfilet an Dijonsenf-Zitrusolivenöl und

seine Kalbfleischmedaillons mit einer Sauce aus Schalotten, Kapern, Zitrone und Weißwein, dazu werden Polenta und gedünsteter Mangold gereicht.
✈224 B4 ✉5th Ave zwischen Mission und San Carlos, Carmel ☎1 831 6 25 05 01 🌐www.casanovacarmel.com ⏰Di–Sa 16.30–21.30 Uhr

Rio Grill $$–$$$

Seit den frühen 1990er-Jahren gehört der Rio Grill mit seiner von südwestlichen Elementen durchdrungenen kreativen kalifornischen Küche zu den Pionieren neuer amerikanischer Kochkunst in Carmel. Kunstwerke an den Wänden tragen zur festlichen, aber entspannten Atmosphäre bei.
✈224 B4 ✉Highway 1 und Rio Road, Carmel ☎1 831 6 25 54 36 🌐http://riogrill.com ⏰tägl. 11.30–20, Fr, Sa bis 21 Uhr

Tarpy's Roadhouse $$–$$$

Tarpy's liegt außerhalb von Monterey in einem alten, steingedeckten Bauernhaus. An kalten Tagen können Sie drinnen am Kamin sitzen und an warmen im Hof. Die innovative Rasthausküche setzt mittags auf Sandwiches, Salate und Nudeln. Abends gibt es Anspruchsvolleres wie Ente, Schweinekoteletts, Steaks sowie Fisch und Meeresfrüchte, die auf einem Holzgrill zubereitet werden.
✈224 B4 ✉2999 Monterey-Salinas Highway (Highway 68), Monterey ☎1 831 6 47 14 44 🌐www.tarpys.com ⏰tägl. 11.30–21 Uhr

BIG SUR

The Sur House Restaurant $$$

Das Restaurant ist etwa 45 km südlich von Carmel in einem Gasthaus beheimatet. Man serviert kalifornische Gerichte, vor allem Fisch, Wild, Nudeln und vegetarische Kost. Sie können entweder drinnen essen, die Räume haben Panoramafenster und Balkendecken, oder auf der netten Terrasse, wo mittags häufig sehr viel los ist.
✈224 B4 ✉48123 Highway 1, Big Sur ☎1 831 6 67 23 31 und 800 6 28 65 00 🌐www.ventanabigsur.com ⏰Frühstück 7.30–10.30, Lunch 11.30–16, Dinner 18–21.30 Uhr

CAMBRIA

Sea Chest Oyster Bar $$–$$$

Das auf einer Klippe thronende Sea Chest serviert Essen, das ebenso toll ist wie sein Meeresblick. Sie werden so nahe bei Hearst Castle kein besseres Fischrestaurant finden. Frische Austern und vor Ort gefangener Fisch sind dabei die Höhepunkte. Da man nicht reservieren kann, empfiehlt es sich, früh zu kommen. Bringen Sie Bargeld mit, da man hier keine Kreditkarten akzeptiert.
✈224 B3 ✉6216 Moonstone Beach Drive, Cambria ☎1 805 9 27 45 14 🌐https://seachestoysterbar.com/ ⏰abends: Mi–Mo ab 17.30 Uhr

SANTA BARBARA

The Harbor Restaurant $$–$$$

Inhaber des ersten Restaurants am Pier war der Schauspieler Ronald Colman, ihm folgte James Cagney. Auf der Speisekarte dominieren Steaks, Fisch und Meeresfrüchte, zum Lunch werden auch Burger und Salate serviert. Hervorragende Wein- und Cocktailkarte mit diversen Martini-Drinks.
✈224 C1 ✉201 Stearns Wharf, Santa Barbara ☎1 805 9 63 33 11 🌐theharborrestaurant.com ⏰Do, Fr 16–21, Sa, So 10–21 Uhr

Palace Grill $$–$$$

Hier spürt man, bei delikater Cajun- und kreolischer Küche, einen Hauch von New Orleans und Mardi Gras. Zu den Spezialitäten des Hauses gehören Jambalaya, Crawfish Etouffée (geschmorte Langusten), New Orleans Barbecue Shrimps und italienisch-kreolische Pasta-Varianten. Freundlicher Service, Livemusik Donnerstag bis Samstagabend und am Faschingsdienstag.
✈224 C1 ✉8 E Cota Street, Santa Barbara ☎1 805 9 63 50 00 🌐www.palacegrill.com ⏰tgl. 17–21 Uhr

Petit Valentine $$

Kleine entzückende Bistroküche in einer Fußgängerpassage nahe der State Street. Die französischen Einflüsse sind unverkennbar und werden von Wohlfühlatmosphäre

ergänzt. Die Zutaten stammen zur Hälfte aus dem Meer und (fast) vollständig aus der Region. Überraschung: Sa und So wird mittags ein äthiopisches Lunchmenü serviert.
224 C1 1114 State Street, Santa Barbara
1 805 9 66 02 22 www.petitvalentine.com
Di–So 11.30–14.30 u. Di–Sa ab 17.30 Uhr

Tee-Off $$–$$$
Einrichtung und Dekor geben sich sportlich in diesem Lokal mit Golf-Motiven und Bildschirmen, auf denen man Spiele verfolgen kann, frei nach dem hiesigen Motto: »Where the drinks are stiff but the people aren't.« (Wo die Drinks hart sind, aber nicht so die Leute.) Auf der Karte begegnen sich (nach dem Prinzip Surf 'n' Turf) Steaks, Rippchen und Lamb Chops vom Grill, Austern, Jakobsmuscheln oder Scampi.
224 C1 3627 State Street, Santa Barbara
1 805 6 87 16 16 http://teeoffsb.com
Mo–Do 16–22, Fr–Sa 16–23, So 16–21 Uhr

Wohin zum ... Einkaufen?

In Carmel und Santa Barbara finden Sie die meisten Geschäfte. Bei den Weingütern in der Gegend um Monterey und Santa Barbara lässt sich guter Wein kaufen.

In Carmel gibt es viele Kunstgalerien, vor allem an der Dolores Street. Die Carmel Art Association (Dolores Street, Tel. 1 831 6 24 61 76, www.carmelart.org) ist ein guter Tipp. Wenn Sie nach günstiger Markenware suchen, halten Sie in Pacific Grove im American Tin Cannery Outlet Center (125 Ocean View Boulevard, www.americantincannery.com). Jeden Dienstag ab 16 Uhr bieten Dutzende Stände auf dem »Old Monterey Farmers Market« bei der Alvarado Street Bio-Gemüse und -Früchte an, dazu Backwaren und Leckereien aus der ganzen Welt.

Die Haupteinkaufsmeile von Santa Barbara ist die State Street. Das Angebot reicht von elegant bis unkonventionell. Der Paseo Nuevo (State und de la Guerra Street; www.paseonuevoshopping.com) ist ein Einkaufszentrum unter freiem Himmel mit mehreren Kaufhäusern und interessanten Spezialgeschäften. Im nahen El Paseo, einer ältere Einkaufspassage entlang der Cannon Perdido Street zwischen State und Anacapa Street, finden sich Boutiquen und diverse Galerien. Zwei Blocks westlich der State Street wird die Brinkerhoff Avenue von einer Reihe Häuser aus dem späten 19. Jh. gesäumt, in denen sich Antiquitäten- und Geschenkläden angesiedelt haben.

Wohin zum ... Ausgehen?

Aktuelle Veranstaltungen, die in Monterey stattfinden, stehen in der Wochenendausgabe des »Monterey Herald«, unter www.montereyherald.com und www.monterey.com.

In Santa Cruz informiert Sie die Zeitung »Good Times« (http://goodtimes.sc), in Santa Barbara »The Independent« (www.independent.com).

MUSIK UND THEATER

Jedes Jahr werden in Santa Cruz im Sommer zwei große Festivals veranstaltet: Das Cabrillo Festival of Contemporary Music (Orchestermusik, http://cabrillomusic.org) und das Shakespeare Santa Cruz (www.santacruzshakespeare.org).

Auf der Halbinsel Monterey finden im Sommer ebenfalls Festivals statt, z. B. das Carmel Bach Festival (www.bachfestival.org), das Monterey International Blues Festival (http://montereyinternationalbluesfestival.com), das Castroville Artichoke Food & Wine Festival (http://artichokefestival.org) und das berühmte Monterey Jazz Festival (www.montereyjazzfestival.org), das jedes Jahr Ende September steigt.

NACHTLEBEN

In Santa Cruz gastieren in den Clubs an der Pacific Ave häufig Rock- und Bluesgruppen. Das meiste spielt sich in Monterey rund um die Cannery Row ab. In Santa Barbara finden Sie viele Bars an der Lower State Street.

Star-Architekt Frank Gehry schuf mit der Walt Disney Concert Hall ein Architektur-Highlight in Downtown Los Angeles.

Los Angeles und Umgebung

Widersprüchliche Mega-City: Top-Restaurants und Fast Food, Reiche und Arme, tolle Museen und Vorstadtbrei.

Seite 132–169

Erste Orientierung

Kilometerlange Sandstrände, dahinter Dutzende Stadtquartiere mit jeweils eigenem Charakter. Die Stadt breitet sich über fünf Countys aus, von der pazifischen Küste bis zu den Berg- und Hügelketten der Santa Monica, San Gabriel und San Jacinto Mountains.

1781 gründeten die Spanier »El Pueblo de Nuestra Señora la Reina de los Ángeles« (Die Stadt unserer Lieben Frau, der Königin der Engel) dort, wo bislang nur Ureinwohner des Tonva-Volkes lebten. Aus zunächst 44 Siedlern sind gut 240 Jahre später knapp 14 Mio. geworden, davon allein 4 Mio. im engeren Stadtbereich. Die Goldfunde im westlichen Vorland der Sierra Nevada, ertragreiche Silberminen in Süd-Kalifornien und Erdölquellen sogar im Stadtgebiet trieben die Entwicklung voran. Als u. a. das sonnige Klima und die Landschaften zu Beginn des 20. Jh.s die Filmindustrie in den Westen und nach Hollywood lockten, war die Entwicklung nicht mehr aufzuhalten.

Trotz Naturkatastrophen, sozialer Unruhen und vieler anderer Probleme zeigt sich die »Stadt der Engel« weiterhin dynamisch und attraktiv für rund 10 Mio. Besucher im Jahr.

TOP 10

2 ★★ Hollywood

3 ★★ Disneyland® Park

9 ★★ Getty Center

Nicht verpassen!

45 Beverly Hills

46 Universal Studios

Nach Lust und Laune!

47 Malibu

48 Getty Villa

49 Santa Monica

50 Venice Beach

51 Museum of Tolerance

52 Downtown Los Angeles

53 Museums in Downtown

54 Pasadena

55 Long Beach

56 Newport Beach

57 Laguna Beach

58 Catalina Island

Mein Tag zu Fuß durch das »alte« L. A.

Mehr als 800 km an Autobahnen durchziehen L. A. Aber heute machen Buslinien, U-Bahnen-Strecken, Fahrradrouten und Gehwege in Downtown einen Spaziergang möglich – dort, wo die Stadt einst entstand.

9 Uhr: Frühstück zwischen Hochhäusern

Im Silverback Coffee of Rwanda gibt's leckeren Kaffee, Smoothies, Gebäck – alles, was man für einen guten Start in den Tag braucht.

9.30 Uhr: Bücherwelten in Downtown

Die Los Angeles Public Library ist ein imposantes Gebäude mit (natürlich) vielen Büchern und Kunst. Kunstvoll ist an sich schon der Jugendstil-Bau aus den 1920er-Jahren mit einer Art Pyramidendach aus farbigen Kacheln. Ein Fries außen listet große Namen aus der Literatur und Philosophie auf. Auch Goethe und Kant sind deutlich zu erkennen (S. 158).

10.30 Uhr: Skulpturen und viele Bücher

Ganz in der Nähe befindet sich mit Pershing Square eine multifunktionale Fläche mit Skulpturen, die mal Austragungsort von Yoga-Kursen, dann wieder Bühne für Konzerte ist. Überhaupt ist Downtown L. A. alles andere als ein kulturloser Ort. Bester Beweis: The Last Book Store, eine fantastische Buchhandlung, in der selbst die Kassentresen aus Büchern gebaut sind. Griechische Säulen in der Raummitte verleihen dem Ganzen noch mehr Würde.

17.30 Uhr: Auf zu den Ursprüngen!
15.30 Uhr: Himmlische Klänge
9 Uhr: Frühstück zwischen Hochhäusern
17.30 Uhr
Cathedral of Our Lady of the Angels
Music Center
Dorothy Chandler Pavilion
Old Plaza
Arcadia St.
Union Station
Union Station
Walt Disney Concert Hall
15.30 Uhr
200 m
200 yd
Grand Park
Main Street
The Broad
Grand Ave.
Olive St.
Civic Center
Hope St.
2nd St.
City Hall
Museum of Contemporary Art
Broadway
California Plaza
Hill St.
9 Uhr
Angel's Flight
erback Coffee of Rwanda
11.30 Uhr
Murals
13 Uhr
Public Library
Start
Grand Central Market
Bradbury Building
.30 Uhr
5th St.
Pershing Square
Perch
Pershing Square
Spring St.
19 Uhr
Ende
The Last
10.30 Uhr
11.30 Uhr: Auf Engelsflügeln
) Uhr: Bücherwelten owntown
10.30 Uhr: Skulpturen und viele Bücher
13 Uhr: Kunst an der Wand und unterm Dach
19 Uhr: Dinner auf dem Dach

Ja, man kann natürlich auch die Treppe nehmen. Aber ehrlich, die Fahrt mit der alten Standseilbahn Angels Flight macht deutlich mehr Spaß!

Fast hochhausgroß ist das Wandgemälde »The Bride and the Groom« (Die Braut und der Bräutigam), das sich in einer kleinen Gasse versteckt.

11.30 Uhr: Auf Engelsflügeln in die Markthalle

Gleich über der S Grand Avenue und hinter der California Plaza mit Wasserspielen erwartet die über 100 Jahre alte Standseilbahn Angels Flight müde L.A.-Besucher. Für 1 $ geht es ca. 100 m zur S Hill Street hinunter. Auf der anderen Straßenseite sind die Tore zum rund 100 Jahren alten Grand Central Market (S. 168) geöffnet. Ein guter Ort für einen Lunch. Beim großen Angebot fällt die Entscheidung schwer.

13 Uhr: Kunst an der Wand und unterm Dach

Verlassen Sie die Markthalle am entgegengesetzten Ende zum Broadway. Das vierstöckige Bradbury Building gleich links stammt von 1893. Falls es Ihnen bekannt vorkommt: Es hat von »Blade Runner« bis »Lethal Weapon 4« bereits in diversen Hollywood-Streifen als Kulisse gedient.

Eine schmale Passage auf Höhe von 240 S Broadway weist zwei riesige Wandgemälde auf. »El nuevo fuego« versucht ein aztekisches Feuerritual für die Neuzeit zu deuten, »The Bride and the Groom« zeigt ein mexikanischstämmiges Paar mit einem leicht herausfordernden Blick. Insgesamt prunken im Raum von L.A. mehr als 1000 teils großflächige »murals« an den Hauswänden.

An der 2nd Street links abbiegen und bei der S Olive Street eben-

Das private Museum The Broad zeigt rund 2000 Kunstwerke, die der Milliardär Eli Broad und seine Frau Edythe gesammelt haben. Der Bau des spektakulären Museums verschlang rund 140 Mio. Dollar.

falls. Vor dem Komplex des Omni Hotels führt eine Treppe nach oben zum Museum of Contemporary Art (S. 159) mit seiner markanten Fassade aus rotem Sandstein. Innen ist zeitgenössische Kunst vom Feinsten zu sehen, beginnend 1940.

Schräg gegenüber an der S Grand Avenue fällt das Museum The Broad ins Auge, ein rechteckiges Gebäude, mit wabenförmig-poröser Außenfläche. Es beherbergt seit 2017 die Kunstsammlung des Philantropen Eli Broad. Die Liste der ausgestellten Künstler liest sich wie ein »Who's who« der modernen Kunst, von Jean-Michel Basquiat, Joseph Beuys bis Roy Lichtenstein, Neo Rauch oder Andy Warhol. Der Eintritt ist frei, eine Reservierung notwendig.

15.30 Uhr: Himmlische Klänge

Gleich neben der bildenden hat die darstellende Kunst ihr spektakuläres Gebäude. Dabei wirkt die vom Stararchitekten Frank Gehry geschaffene Walt Disney Concert Hall (S. 157) mit ihren verschlungenen Wänden aus Edelstahl selbst wie eine ins Gigantische vergrößerte Plastik. Im Dorothy Chandler Pavilion, Teil des anschließenden Los

Die 1928 fertiggestellte City Hall von Los Angeles ist dank zahlloser Filme und Fernsehserien zu einem weltweit bekannten Gebäude geworden.

Angeles Music Center, wurden viele Jahre lang die Oscars verliehen.

Etwas weiter entlang der Grand Avenue beeindruckt der gewaltige und doch bescheiden anmutende Bau aus sandfarbenem Sichtbeton der Cathedral of Our Lady of the Angels (S. 157), Sitz des römisch-katholischen Erzbistums Los Angeles. Der Bau des 3000 Plätze fassenden Gotteshauses war wegen der hohen Kosten von Kritik begleitet.

17.30 Uhr: Auf zu den Ursprüngen!

Schräg gegenüber dem Dorothy Chandler Pavilion erstrecken sich von der Grand Avenue aus die Terrassen des Grand Park bis zum Rathaus. Die 32 Stockwerke und 138 m hohe City Hall war lange das höchste Gebäude der Stadt. Die markante Silhouette des Gebäudes diente bereits in vielen Hollywood-Filmen, TV-Produktionen und Computerspielen als Hintergrund.

Geht man hinter dem Rathaus einige Schritte die N Main Street entlang, über den brausenden Verkehr auf dem Santa Ana Freeway hinweg, erreicht man bald die Keimzelle von L.A.: Old Plaza, Olvera Street (S. 157) oder das Pico House präsentieren sich als unterhaltsame Mischung von mexikanischer Folklore und historischen Gebäuden.

Dazu passt, dass der nahe Hauptbahnhof Union Station

Ein Abendessen unter einer Kulisse aus Wolkenkratzern als würdiger Abschluss eines langen, anstrengenden Tages - das Rooftop Bistro Perch direkt am Pershing Park macht's möglich.

(S. 157) 1939 im dekorativen Spanish Mission Revival Stil erbaut wurde. Weiter geht es von hier aus mit der Roten Linie der Metro (einfache Fahrt 1,75 $) bis zur Station Pershing Square, ganz in der Nähe des Startpunkts der Tour.

19 Uhr: Dinner auf dem Dach

Von der Station sind es nur ein paar wenige Schritte bis zum Pershing Park. An der Ecke S Hill Street und W 5th Street klettert ein Fahrstuhl in die 15. Etage hinauf zum Perch. Hier im Rooftop Bistro und in der Rooftop Bar darüber werden französisch-kalifornische Küche, Weine und Cocktails serviert. Später am Abend legt ein DJ auf.

i

Silverback Coffee of Rwanda
228 C2 ✉ 400 S Hope Street ☎ 1 213 47 31 28, www.silverbackdoffee.com Mo-Fr 6-16 Uhr

Los Angeles Central Library
228 B2 ✉ 630 W. 5th Street www.lapl.org/branches/central-library Mo-Do 10-20, Fr & Sa 9.30-17.30, So 13-17 Uhr

Pershing Square
228 B2 ✉ 532 South Olive Street www.laparks.org

The Last Bookstore
228 B2 ✉ 453 South Spring Street ☎ 1 213 488 05 99 www.lastbookstorela.com tägl. 11-20 Uhr

The Broad
228 C3 ✉ 221 S Grand Ave ☎ 1 213 2 32 62 50 www.thebroad.org Di, Mi, Fr 11-17, Do 11-20, Sa, So 10-18 Uhr, Mo geschl.

Perch
228 C2 ✉ 448 S Hill Street ☎ 1 213 8 02 17 70 www.perchla.com Mo-Mi 16-1, Do-Fr 16-1.30, Sa 10-1.30, So 10-1 Uhr

❷ ★★ Hollywood

Was?	Legendäre Filmmetropole
Warum?	Ein kleines Himmelreich für Filmfans
Wann?	Wann immer man Filmluft schnuppern will
Wie lange?	1–3 Tage
Was noch?	Eine Vorstellung in einem der alten Filmpaläste besuchen
Resümee	Der berühmteste Stadtteil der Riesenstadt lohnt den Besuch.

Wessen Name hier verewigt wird, der hat es geschafft: Ganze 18 Häuserblocks nimmt die V.I.P.-Meile mit fast 2800 Sternen ein.

In den letzten Jahrzehnten des 20. Jh.s. konnte man durchaus Mitleid mit Hollywood haben. Die meisten Filmstudios waren weggezogen, einige davon ins nahe San Fernando Valley, und so manches, vor allem der berühmte Hollywood Boulevard, war ziemlich heruntergekommen. Dann jedoch beschloss man, die glamouröse Filmvergangenheit wieder aufleben zu lassen, und begann mit der Restaurierung von Bauwerken an dieser (film)geschichtsträchtigen Straße. Und spätestens als zu Beginn des neuen Jahrtausends die Oscarverleihung aus Downtown L.A. wieder hierher zurückverlegt wurde, war klar, dass man auf dem richtigen Weg war – was noch größere Investitionen folgen ließ, sodass der Boulevard als Zentrum Hollwoods heute wieder im alten Glanz erstrahlt.

Ein legendäres Kino

Das Grauman's Chinese Theatre, dessen kaum gebräuchlicher offizieller Name inzwischen TCL Chinese Theatre lautet, gehört zu den Glanzpunkten des Hollywood Boulevard. Sid Grauman, ein Impresario aus Hollywood, ließ 1927 dieses Kino errichten. Jahrelang fanden in dem kuriosen, pagodenartigen Bauwerk mit seinem wilden, drachenbewehrten Äußeren große Hollywoodpremieren statt.

Stars von heute und aus vergangenen Tagen haben ihre Abdrücke – von Hand, Fuß oder sonst etwas (Jimmy Durantes Nase, Lassies Pfote) – im Zement des Vorhofs des Theaters hinterlassen. Einer Legende nach trat eine Schauspielerin (Norma Talmadge oder Mary Pickford) während der Bauarbeiten versehentlich in den nassen Zement, woraufhin Grauman sofort den potenziellen Werbeeffekt erkannte. In den 1940er-Jahren fanden in dem Theater die Academy Awards (Oscar-Verleihung) statt; seit 2002 ist jedoch das nahe Dolby Theatre, das damals noch Kodak Theatre hieß und zum Komplex des Unterhaltungszentrums Hollywood & Highland gehört, der Schauplatz der Verleihung.

Obwohl nicht mehr so glamourös wie in den 1920er-Jahren, fällt das gegenüber gelegene Hollywood Roosevelt Hotel (7000 Hollywood Boulevard) mit seinen spanisch-maurischen Bögen und bemalten Keramikziegeln auf. Eine Ausstellung auf dem Mezzanin gibt einen Überblick über die ruhmreichen Tage Hollywoods.

Hollywood Walk of Fame

Beide Bauten liegen nahe dem Westende des Hollywood Walk of Fame. Hier wurden die Namen von Stars in Messingbuchstaben auf grauem Terrazzogrund in den Gehsteig eingelassen und von pinkfarbenen Sternen eingefasst. Fünf Logos (Kamera, Mikrofon, Fernsehgerät, Theatermaske oder Schallplatte) symbolisieren jeweils den Beruf des Geehrten. In der Nähe des Chinese Theatre befinden sich die Sterne von Barbara Streisand, Jack Nicholson, Elton John, Pink und Mariah Carey.

Am Hollywood Boulevard

Wenn Sie auf dem Hollywood Boulevard weiter nach Osten gehen, werden Sie bald an dem im spanischen Kolonialstil erbauten El Capitan Theatre (6838 Hollywood Boulevard) vorbeikommen, einem wunderbar alten, üppig verzierten Theater. Hier zeigt die Walt Disney Company ihre Filme.

Ein wenig weiter östlich steht das Egyptian Theatre (6712 Hollywood Boulevard). Nach der Entdeckung des Grabes von Tutenchamun 1922 war alles Ägyptische in Mode, und Sid Grauman wollte daraus Kapital schlagen. Palmenreihen säumen den Außenhof des restaurierten Filmpalasts.

Auf der anderen Straßenseite und östlich vom Egyptian Theatre befindet sich der Musso & Frank Grill, der seine Pforten 1919 öffnete und zu dessen Kunden Drehbuchautoren wie Lillian Hellman, Dashiell Hammett und William Faulkner gehörten. Genehmigen Sie sich ihnen zu Ehren einen Martini. Das Essen ist in Ordnung, doch vor allem die Atmosphäre ist fantastisch.

An der Kreuzung Hollywood Boulevard/Vine Street trieben sich die Stars in den Nachtclubs und Esslokalen herum, und Newcomer wurden (zumindest laut Werbetrommel) auf der Straße entdeckt. Zwei Spielstätten aus dieser Zeit, das frühere Kino Pantages (6233 Hollywood Boulevard) und das einstige Theater und TV-Studio Avalon (früher Palace, 1735 N. Vine Street), sind mehr oder weniger im Originalzustand erhalten und dienen heute als Theater bzw. Nachtclub.

Das in den 1950er-Jahren nördlich der Kreuzung errichtete Capitol Records Building (1750 N. Vine Street) soll angeblich so entworfen worden sein, dass es einem Stapel Schallplatten gleicht.

Griffith Park und Observatorium

Auf dem Hollywood Boulevard in östlicher und auf der Vermont Avenue in nördlicher Richtung liegt der 1662 ha große Griffith Park. Eine James-Dean-Büste vor dem Griffith Observatory (im Park, den Wegweisern folgen) ruft Szenen aus seinem Film »Denn sie wissen nicht, was sie tun« in Erinnerung. Weil Sie sich hier häufig oberhalb der Dunstglocke der Stadt befinden, können Sie zuweilen sogar blauen Himmel sehen. Ebenfalls im Griffith Park liegen ein Zoo, das Autry Museum of the American West (4700 Western Heritage Way) und das Greek Theatre für Open-Air-Konzerte.

Das Observatorium ist einer der Orte (wie auch der Hollywood Freeway), von denen aus sich ein guter Blick auf das berühmte HOLLYWOOD-Schild bietet. Von 1920 bis 1940 konnte man am Hang des Mount Lee »Hollywoodland« lesen, womit Wohngrundstücke und -gebäude angepriesen werden sollten. Die Buchstaben sind 15 m hoch.

Falls Sie mit dem Wagen unterwegs sind, fahren Sie vom Observatorium auf den West Observatory Drive (wenn Sie den Schildern oben gefolgt sind, müssten Sie über den East Observatory Drive hierhergelangt sein). Biegen Sie links auf den Canyon Drive ab, der zur Western Avenue wird und Sie südlich aus dem Park herausführt.

Der wohl berühmteste Schriftzug der USA ist zu einem Symbol für die Filmindustrie geworden.

Hollywood Forever

Fahren Sie weiter nach Süden auf den Santa Monica Boulevard und biegen Sie rechts ab. Auf dem Hollywood Forever Cemetery haben u. a. die Regisseure Cecil B. DeMille und John Huston, die Schauspieler Rudolph Valentino, Judy Garland und Tyrone Power und sogar der Gangster Bugsy Siegel ihre letzte Ruhestätte gefunden.

KLEINE PAUSE

In den 1930er-Jahren war der **Farmers Market** ein Freiluftmarkt. Heute ist er zu einer bekannten Ansammlung von Imbiss- und Souvenirständen angewachsen. Dauerbrenner sind das **Bennett's Icecream**, das **Magee's Kitchen** und das **Du-par's.**

Farmers Market: 6333 W. 3rd Avenue, Tel. 1 323 9 33 92 11, www.farmersmarketla.com, Mo–Fr 9–21, Sa 9–20, So 10–19 Uhr

---

i

225 D1 Metro B-Line (Hollywood & Highland) MTA Bus 212/312, 217, 222; DASH-Busse fahren nördlich und südlich des Hollywood Boulevard

Grauman's Chinese Theatre
6925 Hollywood Boulevard
1 323 461 33 31
www.tclchinesetheatres.com
frei (Zugang zum Innenhof; Innenräume nur für Kinobesucher)

Musso & Frank Grill
6667 Hollywood Boulevard
1 323 4 67 77 88
http://mussoandfrank.com

Griffith Observatory
2800 East Observatory Road (der Südeingang zum Park befindet sich am Los Feliz Boulevard und der Vermont Street; folgen Sie der Beschilderung)
1 213 473 08 00
www.griffithobservatory.org
Di–Fr 12–22, Sa–So 10–22 Uhr
DASH Observatory (Vermont/Sunset Metro B-Line)
frei; Vorführungen des Planetariums: 10 $

Hollywood Forever Cemetery
6000 Santa Monica Boulevard
www.hollywoodforever.com
tägl. 8.30–17 Uhr

❸ ★★ Disneyland® Park

Was?	Vergnügungspark
Warum?	Die »Mutter der Themenparks« erfindet sich immer wieder neu.
Wann?	Jederzeit
Wie lange?	Ein halber bis ein ganzer Tag
Resümee	Hier regiert die Fantasie, perfekt in Szene gesetzt

Ein Schild am Eingang dieses berühmten Freizeitparks weist darauf hin, dass man nun die reale Welt verlässt und einen Ort betritt, wo die Fantasie regiert. Und tatsächlich, trotz aller Kommerzialität hat man eine andere Welt betreten.

Die Main Street, U.S.A. führt auf die Central Plaza und von dort in verschiedene, »Länder« genannte Themenbereiche, u.a. Fantasyland, Frontierland, Tomorrowland und Star Wars: Galaxy's Edge.

Nicht versäumen sollte man das Indiana Jones™ Adventure, in dem Sie sich in Szenen aus den Filmen wiederfinden. Die Matterhorn Bobsleds, eine 1:100-Nachbildung des Originals, ist Disneylands älteste Achterbahn – und immer noch eine der besten. Im Space Mountain, der Achterbahn im Tomorrowland, verliert man schon mal die Orientierung. Die Buzz Lightyear Astro Blasters, ebenso im Tomorrowland, schickt Sie in einem kleinen Sternenkreuzer gegen das Böse in den Kampf. Der Höhepunkt der Splash-Mountain-Fahrt in ausgehöhlten Baum-

Oben: Im Zentrum von Disneyland steht das Sleeping Beauty's Castle (Dornröschenschloss).
Rechts: Mickey Mouse begrüßt seine Gäste.

stämmen in Critter Country ist ein Sturz aus der fünften Etage ins erfrischende Wasser. Sehr beschaulich fällt dagegen die Jungle Cruise im Adventureland aus, eine Bootsfahrt durch den Dschungel. Ein erneuerter Klassiker ist die Bootstour Pirates of the Caribbean, die am New Orleans Square beginnt. Ein Spaß für die Kleinen ist »It's a Small World« im Fantasyland, bevölkert von Disney- und Pixar-Figuren, die mit Ländern rings um den Erdball bekannt machen, zudem Mickey's House sowie die Mad Tea Party (aus »Alice im Wunderland«).

Natürlich gibt es noch den Themenbereich Star Wars: Galaxy's Edge, der mit zwei Hightech-Attraktionen zur bekannten Filmserie aufwartet: Millennium Falcon: Smugglers Run und Star Wars: Rise of the Resistance.

Riesenspaß auf schnellen Kurven: Die Achterbahn Radiator Springs Racers in Disney California Adventure ist vom Pixar-Film »Cars« inspiriert.

Ein zweiter Park

Der Disneyland direkt gegenüberliegende Park Disney California Adventure wurde nach zwischenzeitlich schwächeren Besucherzahlen für über 1 Mrd. $ umgebaut und hat sich erneut zum Publikumsmagneten gemausert. Er ist teilweise dem klassischen Hollywood der 1930er-Jahre nachempfunden, verbindet aber das nostalgische Ambiente mit modernsten Attraktionen wie Guardians of the Galaxy – Mission-Breakout (weitere auf den Marvel-Comics und -Filmen basierende Attraktionen werden folgen), Soarin' Around the World oder der Achterbahn Incredicoaster.

KLEINE PAUSE

Diverse Imbisse und Restaurants sind über den Park verteilt. Testen Sie das **Blue Bayou** (New Orleans Square), das **Carnation Cafe** (Main Street) und den **Alien Pizza Planet** (Tomorrowland).

ℹ

226 C2 1313 Harbor Boulevard (bei der I-5), Anaheim ☎ 1 714 7 81 46 36 www.disneyland.com Öffnungszeiten wechseln (öffnet zw. 8 und 10 Uhr; schließt zw. 18 Uhr und Mitternacht); genaue Infos auf der Website https://disneyland.disney.go.com MTA Bus 460 (vom Stadtzentrum); Orange County Transit (OCTA) 43 $–$$$ ab 104 $ (1 Park) und 169 $ (beide Parks)/Tag, tagesabhängige Preise

9 ★★ Getty Center

Was?	Kunstmuseum in einem großartigen Gebäudekomplex
Warum?	Eines der besten Museen seiner Art weltweit
Wann?	Jederzeit
Wie lange?	2 Stunden bis ein Tag
Was noch?	Herrlicher Blick auf L.A. und den Pazifik
Resümee	Hier bilden Kunst und Architektur eine Einheit.

Dem hohen Standort entspricht die sichtbare Macht des Getty Centers als die reichste private Kunststiftung der Welt.

Angesichts der herrlichen Umgebung am Fuße der Santa Monica Mountains, der beeindruckenden modernen Architektur und diverser Kunstgalerien, die miteinander in Konkurrenz treten, muss man vielleicht erst einmal selbst den Blick freibekommen für die verschwenderische Fülle der Exponate des Getty Center, das wiederum als Gebäude ein Kunstwerk für sich darstellt.

Das hellbeige Gebäude aus roh behauenem Travertin, entworfen von Richard Meier, wirkt wie die modernistische Version der Akropolis. Robert Irwin schuf den kontrovers diskutierten Central Garden. Meier soll ihn aufgrund seiner

dunklen Farben und des unruhigen Laubwerks gehasst haben. Hierfür sprechen auch Meiers strukturierter Kaktusgarten und die Baumarrangements in der Nähe der Hauptgebäude. Der französische Architekt Thierry Despont entwarf für die 14 Galerien mit Kunsthandwerk Vitrinen. Von wenigen architektonischen Brüchen abgesehen, ist das Getty Center wirklich ein toller Anblick und bietet zugleich einen atemberaubenden Blick Richtung L.A. und auf den Pazifischen Ozean.

Eine Schienenbahn fährt vom Parkplatz zu einer Haltestelle, von der aus Treppen hinauf zur Main Plaza führen, die von fünf zweistöckigen Pavillons gesäumt wird. Vier davon enthalten die ständige Sammlung, im fünften Pavillon sind Wechselausstellungen zu sehen. Die Malerei befindet sich auf der oberen Etage, Kunsthandwerk, Zeichnungen, Manuskripte und Fotografien auf der unteren.

Die Highlights der Sammlung

Der Ölmagnat und Kunstsammler J. Paul Getty hatte eine besondere Vorliebe für antike griechische, römische und etruskische Kunstwerke (diese sind in der Getty Villa in Malibu ausgestellt, S. 155) und mittelalterliche illuminierte Handschriften. Im Lauf der Jahre haben die Kuratoren die Lücken in der in erster Linie europäisch ausgerichteten Sammlung geschlossen, die sich u.a. aus Gemälden, Zeichnungen, Skulpturen, angewandter Kunst und europäischen und amerikanischen Fotografien des 19. und 20. Jh.s zusammensetzt. Sie enthält beispielsweise Werke von Tizian, Gainsborough, Rembrandt, Turner, Monet und Cézanne. Van Goghs »Schwertlilien« ist das populärste unter den postimpressionistischen Bildern.

KLEINE PAUSE

Im Getty Center gibt es ein **Restaurant** und **zwei Cafés**, davon eines mit Selbstbedienung. Sie können auch draußen sitzen; das Essen ist recht gut.

Restaurant: Tel. 1 310 4 40 68 10, Di–Fr 11.30 bis 14.30, Sa 11.30 bis 14.30 u. 17 bis 20, So 11–15 Uhr; Selbstbedienungscafé: Di–So 11.30 bis 15 Uhr; Terrassencafé: wechselnde Öffnungszeiten

---

226 C3 1200 Getty Center Drive, bei der I-405, Brentwood
1 310 4 40 73 00 www.getty.edu

Di–Fr, So 10–17.30, Sa 10–20 Uhr
MTA Bus 734 (Mo–Fr), 234 (Sa, So)
frei; Parken: 20 $

Getty Center

Wie eine postmoderne Tempelanlage, in der man der Kunst huldigt, liegt der von 1984 bis 1997 errichtete, hell leuchtende und milliardenteure Bau des Stararchitekten Richard Meier auf einer Kuppe der Brentwood Hills. Die Innenräume wurden vom prominenten Innenarchitekten Thierry Despont gestaltet.

1 Bahnstation: Eine Tram pendelt zwischen dem Parkplatz und den Gebäuden. Ein paar Schritte den Hügel hinauf, erreicht man das Getty Center.

2 Museumsfassade: Rund 16 000 t italienischer Travertin wurden für die raue hell beigefarbene Plattenverkleidung verwendet. Sie steht im Kontrast zum glatt geschnittenen Stein und getönten Metall, das an gerundeten Flächen und an den übrigen Bauten vorherrscht.

3 Lobby: Die als Rundbau angelegte und lichtdurchflutete Lobby bietet Ausblick auf einen Brunnenhof, um den die Ausstellungspavillons angeordnet sind.

4 Sammlungen in den Pavillons: Paul Getty (1892–1976) erwarb sein Vermögen im Ölgeschäft und investierte es als leidenschaftlicher Sammler von europäischer Malerei, Skulpturen und kunsthandwerklichen Arbeiten – mit Schwerpunkt auf Werken von der Renaissance bis zum Postimpressionismus.

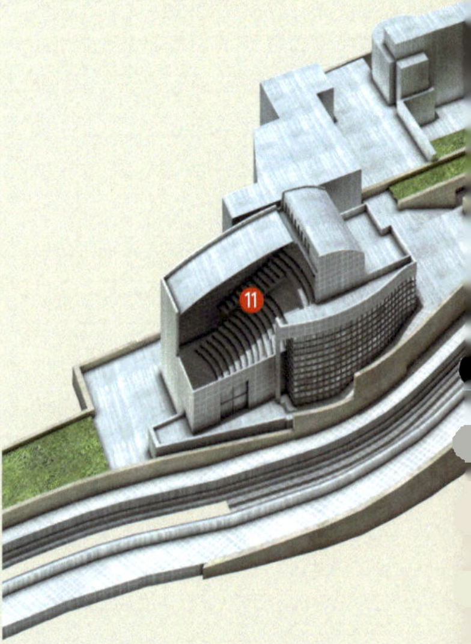

❺ Nordpavillon: Hier sind Handschriften aus dem 6. bis 16. Jh. ausgestellt, Meisterwerke aus der byzantinischen und ottonischen Periode sowie aus Romanik, Gotik und Renaissance.

❻ Ostpavillon: Kunstwerke von 1600 bis 1800, im Erdgeschoss Skulpturen und Zeichnungen, im Obergeschoss Gemälde. Von diesem Pavillon hat man auch einen schönen Blick auf Bel Air und den San Diego Freeway.

❽ Westpavillon: Dieser Pavillon ist der Kunst nach 1800 gewidmet: Skulpturen, Kunsthandwerk, Fotografie und Malerei.

❾ Zentraler Garten: Der Garten wurde von Robert Irwin angelegt. Hunderte Azaleen gedeihen hier prächtig, Wasser fällt über eine Stufenwand in ein formschönes Becken.

❿ Forschungsinstitut: In diesem Gebäude werden renommierte Wechselausstellungen gezeigt.

❼ Südpavillon: Im Erdgeschoss ist Kunsthandwerk ausgestellt, im Obergeschoss sind Gemälde aus der Zeit von 1600 bis 1800 zu sehen.

⓫ Auditorium: Hier gibt es Filmvorführungen und Musikdarbietungen, das Programm erhält man in der Eingangshalle.

45 Beverly Hills

Was?	Eine Stadt inmitten von L.A.
Warum?	Stilvolles Refugium von Betuchten und Berühmten
Wann?	Wann immer man möchte.
Wie lange?	2 Stunden bis 1 Tag
Was noch?	Rodeo Drive als exklusives (Window-)Shopping Ziel
Resümee	Dank zahlloser Spielfilme erscheinen einem viele Orte hier seltsam vertraut.

Nur wenige Orte werden so unmittelbar mit Reichtum und Glamour assoziiert wie Beverly Hills. Die Anwesen der Filmstars haben die Welt seit den Zeiten des Stummfilms fasziniert. Ein Besuch in Beverly Hills eröffnet Ihnen die Möglichkeit, einen kleinen Einblick in das Leben dieser Reichen und Berühmten zu gewinnen und einmal am Rodeo Drive zu shoppen.

Stars, Filmproduzenten und Fernsehmogule mögen es überhaupt nicht, wenn plötzlich Fans hereinschneien. Aber zumindest die Fassaden und Gärten lassen sich vom Sunset Boulevard, der Roxbury und vom Summit Drive aus bewundern. Die prächtigsten Paläste stehen unmittelbar jenseits der Stadtgrenze. In den 1990er-Jahren baute Aaron Spelling, Produzent von TV-Serien wie »Beverly Hills 90210« oder »Melrose Place«, ein 5253 m^2 großes Anwesen mit 123 Zimmern in Holmby Hills. »Größer als das Taj Mahal«, schwärmte eine Zeitung. (Den Beweis, dass alles relativ ist, trat Tochter Tori an, indem sie das Nest verließ, weil sie mehr »Platz« brauchte.) Medienmogul David Geffen zahlte für sein in der Nähe liegendes Refugium 47,5 Mio. $.

Stilvolles Beverly Hills

Um mit dem süßen Leben auf Tuchfühlung zu gehen, werfen Sie sich in Schale und gehen zum Frühstück oder auf einen Drink in die Polo Lounge des Beverly Hills Hotels. 1921 eröffnet, war es schon mondän, bevor die Stadt es wurde

Die elegantesten Boutiquen Südkaliforniens reihen sich südlich des Sunset Boulevard am Rodeo Drive. Zwar ist die

Straße nicht mehr so exklusiv wie früher, doch treffen sich hier nach wie vor die Reichen zum Shopping und die Mieten gehören zu den höchsten der Welt.

Frank Lloyd Wright entwarf das kleine Einkaufszentrum am North Rodeo Drive 332, mit einer kühn geschwungenen Rampe zu den oberen Stockwerken. Am Rodeo Drive und Wilshire Boulevard sind die Designer-Meile Via Rodeo mit Läden von Versace, Jimmy Choo etc. beheimatet sowie das piekfeine Hotel Beverly Wilshire. Richard Meier, Architekt des Getty Center (S. 150), schuf auch die stilvollen Gebäude des Mr. Brainwash Art Museum. Es ist der Arbeit des französischen Street-Art-Künstlers Thierry Guetta gewidmet, der unter dem Namen Mr. Brainwash populär geworden ist.

Elegante Boutiquen säumen den Rodeo Drive.

KLEINE PAUSE

Genießen Sie die internationale Küche des **208 Rodeo**, von wo aus man auch einen guten Blick auf den Rodeo Drive und den Wilshire Boulevard hat.

208 Rodeo: 208 N Rodeo Drive, Tel. 1 310 275 24 28, www.208rodeo.com, So–Do 11 bis 20, Fr, Sa bis 21 Uhr

226 C3 Sunset, Santa Monica und Wilshire Boulevard, westlich vom Doheny Drive MTA Bus 2, 302 (Sunset Boulevard); MTA Bus 4, 16, 17, 316 (Santa Monica Boulevard); MTA Bus 20 (Wilshire Boulevard) u. v. a.

Beverly Hills Conferences & Visitors Bureau
9400 S. Santa Monica Boulevard
1 310 248 10 15 www.lovebeverlyhills.com tägl. 10–17 Uhr

Beverly Hills Hotel
9641 Sunset Boulevard
1 310 276 22 51
www.dorchestercollection.com/los-angeles/the-beverly-hills-hotel

Mr. Brainwash Art Museum
465 N. Beverly Drive
https://mrbrainwashartmuseum.com
Mi–So 13–18 Uhr
MTA Bus 4, 20, 704 20 $

㊻ Universal Studios

Was?	Filmstudios mit angeschlossenem Vergnügungspark
Warum?	Perfekte Unterhaltung, die auf bekannten Filmen basiert
Wann?	Jederzeit
Wie lange?	3 Stunden bis zu einem Tag
Resümee	Ein Muss für Filmfans

Ganz im klassischen Hollywood-Design gehalten: der Eingangsbereich der Universal Studios

Die legendären, 1913 von dem Schwaben Carl Laemmle begründeten Universal Studios konnten schon bald von Gästen besucht werden. Der den Studios angegliederte Themenpark kam 1964 dazu.

Eine der beliebtesten Attraktionen des Parks ist die Studio Tour, bei der eine Tram-Fahrt über das 168 ha große Gelände einen Blick hinter die Kulissen der Kino- und TV-Industrie ermöglicht. Dabei besucht man Sets von Filmen und TV-Serien wie »Krieg der Welten«, »Psycho« oder »Fast & Furious«. Hinzu kommen (von Hightech unterstützte) Begegnungen mit King Kong und dem Weißen Hai.

Weitere Highlights sind der »Simpsons Ride«, »Fast & Furious«, »Transformers«, »Revenge of the Mummy« und »Jurassic World«, eine Wasserachterbahn. Für große Begeisterung sorgt der Bereich »The Wizarding World of Harry Potter«, der mit ansprechenden Kulissen und zwei durchaus nervenaufreibenden Attraktionen aufwartet.

Nach 3-D-Fahrten und Hogwarts Express lohnt ein Abstecher in das Vergnügungs- und Einkaufszentrum Universal CityWalk Hollywood neben den Universal Studios.

Buca di Beppo: Universal City-Walk, Tel. 1 818 509 94 63, www.bucadibeppo.com, tägl. 11–22, Fr, Sa, bis 23 Uhr

KLEINE PAUSE

Trendy ist der Italiener **Buca di Beppo.**

i 226 C3 ✉ Universal Center Drive, neben dem Hollywood Freeway (US 101), Universal City ☎ 1 800 864 83 77 🌐 www.universalstudioshollywood.com ● wechselnde Öffnungszeiten, Infos per Telefon oder Internet Metro Red Line (Universal City) MTA Bus 150, 155, 224, 240, 750 109–129 $

Nach Lust und Laune!

47 Malibu

Das exklusive Viertel ist für seine Promi-Paläste, gelegentlich für Schlammlawinen und Feuersbrünste bekannt. Trotz der vielen Stars geht es ruhig zu. Die Küste entlang des Pacific Coast Highway (PCH) ist die Hauptattraktion. Surfer strömen zum Carrillo State Beach (35000 PCH), an dem bei Ebbe viele Meerestiere zu sehen sind. Eine Treppe führt die Klippen hinunter zum abgeschiedenen El Matador State Beach (32215 PCH). Sonnengebräunte Girls und muskelbepackte Adonisse vergnügen sich am Zuma Beach (30000 PCH). Das 1929 gebaute Adamson House (heute Museum) blickt auf den Malibu Lagoon State Beach (23200 PCH am Serra Road). Es wurde im Stil des spanisch-kolonialen Revivals gebaut und ist mit Kacheln geschmückt, die vor Ort produziert wurden.

226 C3 PCH, nördlich von Santa Monica und Pacific Palisades MTA Bus 534 (entlang des PCH)

48 Getty Villa

Beeindruckend ist bereits die Anfahrt über den PCH hinauf in die Malibu Hills zum fantastisch gelegenen J. Paul Getty Museum.

Das Haus von 1953 ist ein Nachbau der Villa dei Papiri in Herculaneum. Hier ist Gettys Sammlung griechischer, römischer und etruskischer Altertümer untergebracht. Von den rund 44 000 Objekten, die sie umfasst, sind rund 1200 ausgestellt – inzwischen fehlen diverse Gegenstände, die nach einem Beutekunstskandal an die Heimatländer zurückgegeben werden mussten. Das Gros seiner allgemeinen Kunstsammlung ist seit 1997 im Getty Center (S. 150) zu sehen. Zu den schönsten seiner Antiken in Malibu gehört die Bronze eines Jünglings

Stelzenhäuser am Pazifikstrand Malibus

mit Siegerkranz: Die kostbare Rarität ist in einem klimatisierten Raum im zweiten Stock, in dem auch Sonderausstellungen stattfinden, zu bewundern.

Im Family Forum des ersten Stocks gibt es Kunst zum Anfassen für die Kids. Sehenswert ist auch der Park, besonders das Äußere Peristyl, mit Wegen um ein Wasserbecken in Form eines Spiegels. In einem Amphitheater finden Konzerte und andere Veranstaltungen statt.

226 C3 17985 PCH, Malibu
1 310 4 40 73 00 www.getty.edu
Mi–Mo 10–17 Uhr MTA Bus 534
frei (mit vorgebuchtem Ticket); Parkplatz: 20 $

49 Santa Monica

Mit seinem unkonventionellen Stil ist Santa Monica unabhängig und ansprechend. Obwohl die Stadt bürgerlicher geworden ist, zieht sie nach wie vor die unterschiedlichsten Menschen an: Yuppies, Touristen, Obdachlose, Straßenkünstler, Strandliebhaber, Teenager und ältere Menschen. Sie alle tummeln sich am Strand und auf der 3rd Street Promenade, der Fußgängerzone zwischen Broadway und Wilshire Boulevard. Fahren Sie auf dem Wilshire ein paar Blocks nach Westen zum Santa Monica State Beach, wo der Sand sauber und das Panorama großartig ist. Der Santa Monica Pier bietet viele Unterhaltungsmöglichkeiten. Südlich der Main Street gibt es trendy Boutiquen und Restaurants.

226 C3 westliches Ende der I-10
MTA Bus 4, 20, 534, 33 (und andere)

50 Venice Beach

Auf dem Ocean Front Walk, der gepflasterten Promenade, die den Venice Beach begrenzt, herrscht eine Atmosphäre wie im Karneval. Spazieren Sie über den Abschnitt südlich der Rose Avenue: Hier haben Sie gute Chancen, auf dressierte Papageien, begabte und weniger begabte Musiker und Vertreter aller möglichen weltanschaulichen und gesellschaftlichen Bewegungen zu treffen. An einem sonnigen Tag ist der Muscle Beach an der 18th Street angesagt. In Läden und an Straßenständen werden Sonnenbrillen, Bekleidung, Schallplatten und vieles mehr angeboten. Zu essen gibt es hier fast alles: von der »focaccia« bis zur Gänseleberpastete. Im Figtree's Café (431 Ocean Front Walk) lässt sich wunderbar eine kurze Pause einlegen.

Ungewöhnliches Haustier in Santa Monica

↦226 C3 ✉Ocean Front Walk (ist am interessantesten zwischen Rose Avenue und Venice Boulevard) 🚌MTA Bus 33 (und andere)

51 Museum of Tolerance

Das Museum des Simon Wiesenthal Center führt vor allem die Bösartigkeit von Menschen vor Augen. Die Holocaust Section, für deren Besuch man allein eine Stunde benötigt, zeigt mit Dokumenten, Tondokumenten und Projektionen die düstere Zeit der Gewaltherrschaft der Nationalsozialisten in Europa.

↦226 C3 ✉9786 W. Pico Boulevard ☎1 310 553 84 03 🌐www.museumoftolerance.com 🕐So–Do 10–17 Uhr (Nov. bis März Fr bis 15.30); letzter Einlass 1,5 Std. vor Schließung 🚌Santa Monica Big Blue Bus 7 🎟16 $

52 Downtown Los Angeles

Der 274-Mio.-Dollar-Bau der 2003 eröffneten Walt Disney Concert Hall mit seinen kühn geschwungenen, schiffsähnlichen Komponenten ist ein Werk des Stararchitekten Frank Gehry und die Heimat des Los Angeles Philharmonic Orchestra. Bis auf das Auditorium kann man es mithilfe eines Audio-Guide erkunden.

Ästhetisch wie auch hinsichtlich der Baukosten umstritten, ist ein weiteres Gebäude jüngeren Ursprungs: die römisch-katholische Cathedral of Our Lady of the Angels, entworfen von dem Spanier José Rafael Moneo. Sehenswert ist diese futuristische Bischofskirche aber sicherlich (Besucher sind willkommen, Führungen gibt es zurzeit jedoch nicht).

Zu den schönsten öffentlichen Gebäuden in L. A. gehört die Union Station (1939), ein Juwel des späten Art déco mit spanisch-maurischen Elementen. Eindrucksvoll ist besonders die kirchenschiffartige Wartehalle, Schauplatz legendärer Filme wie »Sunset Boulevard« (1950) von Billy Wilder und »Blade Runner« (1982). Gegenüber der Union Station, jenseits der North Alameda Street, liegt als historische Wiege der Stadt die Olvera Street. Der lebendige Platz wirkt mit Straßenlokalen, Mariachi-Musikern und Folkloretänzern wie ein Stück altes Mexiko. In der Tat waren es spanisch-mexikanische Siedler, die hier 1781 das spätere Los Angeles gründeten. Nördlich davon befindet sich Chinatown mit Souvenirshops und Restaurants, das im Vergleich zu den Pendants in New York oder San Francisco kaum attraktiv ist.

Walt Disney Concert Hall
↦228 C3 ✉111 S. Grand Avenue ☎1 323 850 20 00 (Programminfos) 🌐www.laphil.com 🚇Metro Red Line (Civic Center) 🚌MTA Bus 2, 60, 14, 37; DASH Route A (wochentags), DD (am Wochenende)

Cathedral of Our Lady of the Angels
↦229 D4 ✉555 W. Temple Street ☎1 213 680 52 00 🌐www.olacathedral.org 🕐Mo–Fr 6–18, Sa 9–18, So 7–18 Uhr 🚇Metro Red Line (Civic Center) 🚌MTA Bus 2, 4, 78, 81, 94 (und andere); DASH Route B (wochentags), D (am Wochenende)

Goethe in Los Angeles

In dem sich wieder belebenden Zentrum von L. A. lassen sich auch einige wunderbare ältere Schätze entdecken. Die öffentliche Bibliothek Los Angeles Public Library gehört dazu. Ein Palast für die Bücher, in den 1920er-Jahren im Jugendstil erbaut. Das nach seinem Architekten Goodhue Building benannte Zentralgebäude zieren reliefartige allegorische Skulpturen, z. B. eine Fackel, die das Licht der Wissenschaft symbolisieren soll. Im umlaufenden Fries mit Schriftzügen von »Sehern des Lichts« finden sich auch die Namen von Goethe und Kant. *630 W 5th St., Los Angeles, www.lapl.org*

Union Station
229 F3 800 N. Alameda Street
Metro Red und Gold Lines (Union Station) MTA 33, 40; DASH Route B (wochentags), DD (am Wochenende)

Olvera Street/Chinatown
229 E3/E5 westlich der Alameda Street, zwischen Aliso Street und Cesar E. Chavez Avenue 1 213 485 68 55
www.olvera-street.com
Metro Red Line (Union Station)
MTA Bus 2, 4, 81, 94 (und andere); DASH Route B (wochentags), DD (am Wochenende)

53 Museums in Downtown

Das Museum of Contemporary Art (MOCA Grand) hat sein Haupthaus an der California Plaza: Hier findet sich eine hervorragende Sammlung von nach 1940 entstandener internationaler Kunst, vertreten sind unter anderen Robert Rauschenberg, Jasper Johns, Joseph Beuys, Mark Rothko und Richard Serra). Der Ableger im MOCA Geffen (einem alten Speichergebäude, das von dem Architekten Frank Gehry umgestaltet wurde) zeigt »große« Kunst: Bilder, Skulpturen und Installationen im Riesenformat und Ausstellungen etwa zu Barbara Kruger.

MOCA Grand
228 C3 250 S. Grand Avenue
1 213 626 62 22 www.moca.org
Di, Mi, Fr 11–17, Do 11–20, Sa, So 11–18 Uhr Metro Red Line (Pershing Square) DASH Route B (wochentags), D (am Wochenende); oder Shuttle vom Geffen Contemporary frei, Sonderausstellungen 18 $

The Geffen Contemporary at MOCA
229 E2 152 N. Central Avenue
1 213 625 43 90 www.moca.org
Di, Mi, Fr 11–17, Do 11–20, Sa, So 11–18 Uhr Metro Red Line (Civic Center)
MTA Bus 30, 40, 330; DASH Route A (wochentags), D (am Wochenende)
Eintritt frei, Sonderausstellungen 18 $

54 Pasadena

Die gesamte um 1920–1940 entstandene Altstadt des schmucken Orts im San Gabriel Valley ist im National Register of Historic Places eingetragen. Sein lebendiges Zentrum mit Boutiquen, Restaurants und Cafés bilden der Colorado Boulevard und dessen Seitenstraßen zwischen Pasadena Avenue und Arroyo Parkway. Am Neujahrstag findet in Pasadena die berühmte Tournament of Roses Parade (Rosenparade) statt.

Das von Charles und Henry Greene erbaute Gamble House ist ein Paradebeispiel der Craftsman-Architektur des frühen 20. Jahrhunderts. Gelungen wirkt in dem schönen Bau vor allem die Kombination verschiedener Holzarten. Ein besonderer Blickfang ist der Eingang mit seiner exquisiten Buntverglasung.

»Besuchen Sie das Getty der Architektur und das Norton Simon Museum der Kunst wegen.« Dieses Kompliment aus Kennermund gilt dem erlesenen Geschmack, mit dem der Industrielle Norton Simon eine der besten privaten Kunstsammlungen der USA zusammentrug. Sie umfasst Werke von der Renaissance bis zum frühen 20. Jh., z. B. von Raf-

Pasadenas City Hall wurde in einem Stil errichtet, der an die italienische Renaissance erinnert.

fael, Rubens, Goya, Rembrandt, Renoir, Manet, Degas, Picasso und Kandinsky.

Mit den säulenbestandenen South Asian Galleries schuf Architekt Frank Gehry einen modernen und zugleich fast tempelartigen Ort für die meist sakralen Kunstwerke. Als Vorbild des Skulpturenparks diente der Garten Claude Monets im französischen Giverny.

In San Marino, südöstlich von Pasadena, befindet sich die Huntington Library, mit angegliederter Kunstsammlung und einem Botanischen Garten, der zum Spazierengehen einlädt. Zu den herausragenden Exponaten gehören ein Pergamentexemplar der Gutenberg-Bibel, das Ellesmere-Manuskript von Geoffrey Chaucers »Canterbury Tales«, Thomas Gainsboroughs »Knabe in Blau« und der »Pinkie« von Sir Thomas Lawrence.

Zu den Höhepunkten des 48 ha großen Botanischen Gartens zählen Japan-, Rosen- und Wüstengarten. Für die feine Teestunde im Rose Garden Tea Room ist allerdings meist eine Reservierung erforderlich.

226 C3 nordöstlich vom Zentrum von Los Angeles, neben Freeway 110
Metro Gold Linie (mehrere Stationen)
MTA Bus 78, 79, 378

Gamble House
4 Westmoreland Place, neben Orange Grove Boulevard (Westseite, nördlich der Walnut Street) 1 626 793 33 34
www.gamblehouse.org
Di 11.30–13.30, Do, Fr 11.30–16, Sa, So 12–16 Uhr, Touren: Do, Fr 11.30–15, Sa, So 12–15 Uhr MTA 267 15 $

Norton Simon Museum
411 W. Colorado Boulevard
1 626 449 68 40 www.nortonsimon.org Mo, Do, So 12–17, Fr, Sa 12–19 Uhr MTA Bus 180, 181 20 $

Huntington Library, Art Collections and Botanical Gardens
1151 Oxford Road, neben der San Marino Avenue (südlich der I-210)
Information: 1 626 405 21 00
www.huntington.org; Tea Room: 1 626 683 81 31 Mi–Mo 10–17 Uhr
MTA Bus 79 (vom Zentrum von Los Angeles; steigen Sie an der Marino Avenue aus und gehen Sie etwa 400 m zu Fuß) 25 $, am Wochenende 29 $ (am ersten Do im Monat frei, vorgebucht)

55 Long Beach

Die Ära der luxuriösen Überseedampfer erreichte in den 1930er-Jahren mit der im Art-déco-Stil ausgestatteten Queen Mary ihren Höhepunkt, die heute als Hotelschiff fest an der Pier vertäut ist. Die weiteren Hauptattraktionen von Long Beach sind neben den langen Stränden das Aquarium of the

Pacific und das Museum of Latin American Art (MOLAA, 628 Alamitos Ave), das v.a. interessante moderne Kunst und keine Folklore zeigt.

> ✈ 226 C2 ✉ 1126 Queens Highway (folgen Sie am Südende der I-710 den Schildern), Long Beach ☎ 1 877 3 42 07 38 🌐 www.queenmary.com 🕐 Führungen tägl. 11–18 Uhr 🚆 Metro Blue Line (Haltestelle Transit Mall, steigen Sie in den kostenlosen Passport Shuttle C: »Aquarium/Queen Mary« um) 🎟 Führungen ab 40 $, Zutritt vor 11 und nach 18 Uhr 10 $

56 Newport Beach

Die Anwesen, Jachten, Autos und luxuriösen Hotels machen Newport Beach zu einem der vornehmsten Orte Kaliforniens. Gleichwohl hat sich die Stadt die heimelige Atmosphäre eines Badeorts erhalten, der schon seit mehr als einem Jahrhundert die Urlauber anzieht. Breite Strände mit weißem Sand erstrecken sich vom Santa Ana River aus meilenweit nach Süden bis zur Spitze der Halbinsel Balboa, die die Newport Bay vom Ozean trennt.

Der Newport Boulevard führt vom Coast Highway erst nach Süden und dann nach Osten auf die Halbinsel Balboa. Suchen Sie sich einen Parkplatz, wenn Sie die ersten Schilder zum Newport Pier sehen, das wie das 3 km entfernte Balboa Pier mehrere Hundert Meter in den Ozean hineinragt. In der Nähe der Piers kann man Fahrräder und Inlineskates ausleihen.

Zwei kleine Blocks weiter östlich steht der Balboa Pavilion aus dem Jahr 1906. Das Restaurant bietet einen wundervollen Hafenblick.

In der Nähe liegen der Vergnügungspark Balboa Fun Zone und die Ticketschalter für 45- bis 90-minütige Hafenrundfahrten. Die Boote fahren an Wohnpalästen (einige von Prominenten) und anderen Attraktionen vorbei. Spaßig ist auch die fünfminütige Fährfahrt nach Balboa Island. Die Fähre legt zwei Blocks westlich vom Pavillon an der Palm Street ab. An der Marine Avenue auf der Insel gibt es eine Reihe netter Geschäfte und Cafés.

> ✈ 226 C2 ✉ Fashion Island 401 Newport Center Dr. ☎ 1 855 5 63 97 67 🌐 www.visit newportbeach.com 🚌 OCTA Bus 1, 55, 57, 79

57 Laguna Beach

Das Blätterwerk, das Newport Beach am Coastal Highway schmückt, wird, je mehr sich die Straße südwärts zum Laguna Beach schlängelt, immer grüner und üppiger. Parken Sie auf einem öffentlichen Parkplatz neben dem Broadway und gehen Sie zum Main Beach (Coast Highway und Broadway), einer kleinen Sandbucht, an der ein Grasstreifen mit schattigen Bäumen und Picknicktischen lockt. Wenn Sie ein Weilchen am Strand verbracht haben, können Sie über die Forest und die Ocean Avenues flanieren, an denen sich Boutiquen, Kunstgalerien, Restaurants und Cafés reihen. In der

Tourist Information (381 Forest Avenue) gibt's Broschüren für Rundgänge. Im Juli und August findet jährlich das Festival of Arts (650 Laguna Canyon Road) statt.

Nördlich vom Main Beach und zu Fuß erreichbar liegt der Heisler Park (Cliff Drive, neben dem Coast Highway). Hier verläuft ein toller Weg an den Klippen entlang. Las Brisas (361 Cliff Drive, www.lasbri saslagunabeach.com) ist ein ganztägig geöffnetes mexikanisches Fischrestaurant. Am Nordende vom Heisler Park liegt Driver's Cove, ein prima Ort zum Schnorcheln.

Crescent Bay (nördlich vom Zentrum, neben dem Coast Highway) gehört zu den weniger bevölkerten Stränden, ebenso wie der Victoria Beach (südlich). Robben versammeln sich auf Seal Rock in der Crescent Bay. Nördlich der Stadt kann man im Crystal Cove State Park, der einen 6 km langen Küstenabschnitt umfasst, wandern, schwimmen, surfen, angeln und vieles mehr.

226 C2 ✉ Coast Highway, am Highway 133 (Broadway) ☎ Touristeninformation: 1 949 4 97 92 29 oder 1 800 877 11 15 🌐 www.visitlagunabeach.com 🚌 OCTA Bus 1 (Umsteigemöglichkeit zum Laguna Beach Transit)

58 Catalina Island

Catalina Island (offiziell Santa Catalina Island) ist zum größten Teil ein Naturschutzgebiet und ein Ruhepunkt im stark besiedelten Südkalifornien. An einem klaren Tag ist die nur 35 km vor der Küste liegende Insel vom Festland aus sichtbar.

Im Hafenort Avalon oder am nahe gelegenen Descanso Beach kann man gut einen Tag verbringen. Falls Sie nur einen Tagesausflug planen, nutzen Sie Ihre Zeit optimal, indem Sie an einer Tour an Land oder auf dem Meer teilnehmen. Santa Catalina Island Company (www.visitcatalinaisland.com) benutzt für manche der Führungen ein besonderes Boot, mit dem man das vielfältige Leben im Meer fast so gut betrachten kann, als schnorchelte man selbst. Aktivurlauber können tauchen, reiten und Golf oder Tennis spielen. Zu den populären Sehenswürdigkeiten gehört das Wahrzeichen der Insel, das fantastische Casino – angeblich der größte runde Ballsaal der Welt. Im Prachtbau am Hafen befindet sich das Avalon Diving History Museum (hds.org), das sich mit diversen Aspekten des Tauchsports befasst.

Nehmen Sie die Catalina-Express-Fähre (Tel. 1 800 6 13 12 12 oder www.catalinaexpress.com), um von San Pedro, Long Beach oder Dana Point auf die Insel zu gelangen, oder steigen Sie vom am Newport Beach gelegenen Balboa Pavilion (S. 161) in den Catalina Flyer (www.catalina info.com).

226 C2 ✉ Visitors Bureau: 1 Green Pleasure Pier, Avalon ☎ Touristinformation: 1 310 5 10 15 20 🌐 www.lovecatalina.com

Wohin zum ... Übernachten?

Preise für eine Nacht im Doppelzimmer (ohne Steuern):

$	unter 150 $
$$	150-250 $
$$$	über 250 $

The Ambrose $$$
Mit Feng Shui und asiatischer Kunst wurde dieses Boutique-Hotel geschaffen, das sofort seine Liebhaber fand. Ruhige Farbtöne, italienische Bettwäsche, Aveda-Kosmetikprodukte und Hightech-Internetanschluss: Das Hotel kann punkten. Auch wenn man den Komfort hier vielleicht nicht braucht, so beweist dies doch Liebe zum Detail.
226 C3 1255 20th Street, Santa Monica 1 310 315 15 55 www.ambrosehotel.com

Hotel Aurora $$-$$$
Elegantes Hotel mit hübschen Zimmern nur wenig Schritte von der Avalon Bay auf Santa Catalina Island. Davon profitieren die Bewohner einiger Zimmer, denn sie blicken aufs Wasser. Im Winter gibt es gute Sonderangebote mit günstigen Raten und Transport vom Festland. Von der Dachterrasse aus ist bei klarer Sicht das kalifornische Festland zu sehen.
226 C2 137 Marilla Avenue, Santa Catalina Island 1 310 510 05 45 www.auroracatalina.com

Beverly Hills Hotel and Bungalows $$$
Das 1912 eröffnete Hotel gab es noch vor der Stadt Beverly Hills. Hier haben schon Marilyn Monroe und Charlie Chaplin gewohnt. Doch das Haus gilt bis heute als bevorzugte Anlaufstelle für die sogenannte »A-List« der Prominenten – inklusive Oprah Winfrey, die hier gerne zum Essen hinkommt. Das Hotel ist eine rosafarbene Schönheit in einer vornehmen Gegend. Die Zimmer haben Marmorbäder und Stereoanlagen, die Bungalows Kamine.
226 C3 9641 Sunset Boulevard, Beverly Hills 1 310 276 22 51 www.beverlyhillshotel.com

Das Beverly Hills Hotel ist ein echter Klassiker unter den Luxushotels im Großraum L. A.

Beverly Laurel Motor Hotel $$
Mitten im Wilshire-Viertel von L. A., nahe der Miracle Mile, bietet dieses Hotel 52 ordentliche Zimmer mit Klimaanlage, Kabel-TV und Mikrowelle (manche auch mit Kitchenette). Ein kleiner Pool ist vorhanden. Als weiteres Plus liegt das Swingers Diner gleich im Haus.
226 C3 8018 Beverly Boulevard, Los Angeles 1 800 947 76 66 www.beverlylaurelhotel.com

Carlyle Inn $$$
Best-Western-Hotel mit gutem Preis-Leistungs-Verhältnis in der Nähe von Beverly Hills. Das vierstöckige 32-Zimmer-Hotel im europäischen Stil bietet die üblichen Annehmlichkeiten dieser Kette, mit High-Speed-Internet, Kaffeemaschine, Bügelbrett und -eisen sowie Safes auf den Zimmern. Außerdem gibt es einen Warmwasserpool sowie einen Fitnessraum.
226 C3 1119 S. Robertson Boulevard, West Los Angeles 1 310 275 44 45 oder 1 800 322 75 95 www.carlyle-inn.com

Casa Loma Beach Hotel $$$
Dieses Hotel thront auf einer Klippe über dem Pazifik inmitten einer Blumenoase. Dabei kombiniert es den Stil von Strandbungalows mit den Annehmlichkeiten unserer Zeit. Die meisten Zimmer haben Meerblick. Kühlschrank, Bademäntel, Haartrockner, Bügeleisen und -bretter; Zeitungen und kontinentales Frühstück sind inklusive. Außerdem gibt es einen beheizbaren Pool und einen Whirlpool auf der Terrasse.

🗺226 C2 ✉211 N. Pacific Coast Hwy, Laguna Beach ☎1 949 497 97 22 oder 1 800 544 44 79 🌐https://casalomalagunabeach.com

Disneyland® Resort $$$
Die Hotels des Disney-Komplexes sind ein Universum für sich: Sie liegen praktisch, die Zimmer sind tadellos und Sie dürfen als Gast vor der offiziellen Öffnungszeit in die Parks. Ablenkung gewünscht? Es gibt Pools, Entertainment-Center, Shops und Restaurants, wo Sie Burger, aber auch Haute Cuisine bekommen. Disney's Grand Californian ist das schönste (und teuerste) der Hotels, aber auch das Disneyland Hotel und das Disney's Paradise Pier Hotel sind zu empfehlen.
🗺226 C2 ✉Disneyland Hotel: 1150 Magic Way, Anaheim; Disney's Grand Californian: 1600 S. Disneyland Drive, Anaheim; Disney's Paradise Pier Hotel: 1717 S. Disneyland Drive, Anaheim ☎1 714 956 64 25 (alle Hotels) 🌐http://disneyland.disney.go.com/hotels

The Georgian Hotel $$$
Das historische Hotel wird Ihnen mit seinem türkis-goldenen Art-déco-Stil an Santa Monicas Ocean Avenue sofort auffallen. Die Architektur stammt aus den 1930er-Jahren, aber die Räume sind modern ausgestattet und die meisten haben Meerblick. Verbringen Sie den späten Nachmittag bei einem Drink in den Rattanstühlen auf der Veranda, wie es Clark Gable und Carole Lombard einst taten. Freundlicher Service.
🗺226 C3 ✉1415 Ocean Avenue, Santa Monica ☎1 310 395 9945 🌐www.thegeorgian.com

London West Hollywood $$$
Stylishes Vier-Sterne-Haus mit Flair nahe dem Sunset Strip, mit 200 modernen, großzügigen Suiten, einem Pool auf dem Dachgarten und Fitnessgeräten im Haus und draußen. Das Hotelrestaurant Boxwood serviert moderne kalifornische Küche, die London Bar mixt klassische Cocktails. Der opulente »Breakfast Table« im Boxwood Restaurant ist im Zimmerpreis enthalten.
🗺226 C3 ✉1020 N. San Vicente Boulevard, West Hollywood ☎1 844 489 96 60 🌐www.thelondonwesthollywood.com

Sunset Plaza Hotel $$$
Auch wenn mehrere Tophotels den Sunset Strip säumen, müssen Sie in diesem Haus keine Wahnsinnspreise bezahlen, um hier abzusteigen. Das zur Best-Western-Kette (Plus) gehörende Haus verbindet zivile Preise mit vielen Annehmlichkeiten in den sauberen, freundlich eingerichteten Zimmern: Kühlschrank, TV, Highspeed-Internet und Zeitungen. Viele Zimmer bieten zudem eine Küche. Angenehm sind der Pool und der begrünte Innenhof.
🗺226 C3 ✉8400 Sunset Boulevard, West Hollywood ☎1 323 654 07 50 🌐http://sunsetplazahotel.com

Wohin zum … Essen und Trinken?

Preise für ein Hauptgericht (abends):

$	bis 15 $
$$	15–35 $
$$$	über 35 $

Antico Nuovo $$$
Warum sollten die Kalifornier vorzügliche italienische Landküche den Südeuropäern überlassen? Diese Frage haben sich Küchenchef Chad Colby und sein Team gestellt, um Los Angeles fortan mit ihrer Interpretation von Wohlfühlgerichten aus Bella Italia zu erfreuen. Auch wenn Primi und Secondi Piatti noch so gut klingen, sollte man auf das hausgemachte Foccacia nicht verzichten.
🗺226 C3 ✉4653 Beverly Blvd., Los Angeles, ☎1 323 510 30 93 🌐www.anticonuovo-la.com 🕐tägl. 17.30–22 Uhr

Birdie G's $$/$$$
Küchenchef Jeremy Fox hat europäisch-jüdische Wurzeln. Er zog jedoch schließlich in die USA, lebte an diversen Orten in den Südstaaten sowie im Mittleren Westen. All dies fließt in sein kulinarisches Konzept ein, wobei er vorzugsweise mit Gemüse kocht. Sehr angesagt!

⊹226 C3, 2421 Michigan Avenue, Santa Monica ☎ 1 310 310 36 16 ⊕www.birdiegsla.com ◔tägl. 17–21, Fr, Sa bis 21.30 Uhr, Happy Hour 17–18 Uhr in The Bird's Nest

Celistino Ristorante & Bar $$–$$$

Gediegenes Lokal in Pasadena mit exzellenter Küche, schöner Terrasse und legerer Atmosphäre, trotz blütenweiß gedeckter Tische und Kellnern mit Fliege. Hier geht es sogar recht laut und lebhaft zu, bei Köstlichkeiten wie hausgemachter Pasta und Fleischgerichten wie Kalbskeule mit Safran-Risotto oder gebratenem Kaninchen in Olivensauce. Italienisch geprägte Weinkarte mit guten Tropfen aus Umbrien, Sizilien und Sardinien.
⊹226 C3 ✉141 S. Lake Avenue, Pasadena ☎1 626 795 40 06 ⊕www.celestinopasadena.com ◔mittags: Mo–Fr 11.30–14.30, abends: Mo–Do 16.30–21.30, Fr , Sa 16.30–22, So 16.30–21.30 Uhr

El Cholo Cafe $$

Sie können in L. A. billiger und authentischer mexikanisch essen gehen. Aber das El Cholo, das älteste mexikanische Restaurant der Stadt, ist ein fröhlicher Ort: Hier schmecken die Texmex-Küche und geradezu »explosive« Margaritas besonders gut. Man kann sich seine Tortillas selbst zusammenstellen. Eine Alternative sind von Mai bis Oktober die hausgemachten grünen Mais-Tamales. In Santa Monica gibt es eine Filiale (1025 Wilshire Boulevard, Tel. 1 310 8 99 11 06).
⊹226 C3 ✉1121 S. Western Avenue, Los Angeles ☎1 323 734 27 73 ⊕www.elcholo.com ◔tägl. ab 11.30 Uhr

Cut $$$

Das elegante Restaurant des aus Kärnten stammenden Celebrity Kochs und Gastro-Großunternehmens Wolfgang Puck im Beverly Wilshire Hotel gehört zu den besten Steakhäusern der Stadt. Gestaltet wurde es von Richard Meier (Architekt des Getty Center) mit Eichendielen, weißen Wänden und großen Fenstern. Neben dem einfallsreichen Umgang der Küche mit Steaks, Saucen und Beilagen und einer Weinkarte von internationalem Anspruch erlebt man einen Service der Sonderklasse mit fachkundiger Beratung.
⊹226 C3 ✉9500 Wilshire Boulevard, Beverly Hills ☎1 310 276 85 00 ⊕www.wolfgangpuck.com/dining/cut-beverly-hills/ ◔Di–Do 17.30–22, Fr, Sa 17–23 Uhr

El Floridita $$

Fleischlastige kubanische Spezialitäten wie »Ropa Vieja« (Rindfleischstreifen in Tomatensauce) oder »Churrasco« (Filet Mignon) in einer folkloristisch geprägten Umgebung in West Hollywood. Wem dies als Argument nicht genügt, der lässt sich womöglich von der Anekdote überzeugen, dass Ernest Hemingway und Gary Cooper hier 1952 gemeinsam Silvester gefeiert haben.
⊹226 C3 ✉1253 Vine St., Los Angeles ☎1 323 871 86 12 ⊕https://elfloridita.com ◔ tägl. 11.30–22 Uhr

230 Forest Avenue $$–$$$

An den Wänden hängen hier ständig neue Bilder, so steht das Bistro ganz in der Tradition des kunstbegeisterten Laguna Beach. Serviert wird California Cuisine in großen Portionen, mit Flair und Raffinesse – etwa Tenderloin-Steak mit Zuckerrohr, Schälrippchen-Ravioli oder Meeresfrüchte-Salat. Neben einer ordentlichen Wein- und Bier-Auswahl ist man an der Bar auf Martinis spezialisiert. Dem Trubel des quirligen Lokals kann man auf der Terrasse entfliehen.
⊹226 C2 ✉230 Forest Avenue, Laguna ☎1 949 494 25 45 ⊕www.230forestavenue.com ◔mittags: tägl. ab 11, abends: ab 16 Uhr

Guisados $

Tacos sind eine Kunstform. Den Beweis dieser These tritt dieser in einer Einkaufspassage verborgene Imbiss an, den man am besten mit leerem Magen besucht. Sowohl die vegetarischen Kreationen wie »Frejoles con Queso« (mit gebackenen Bohnen und Käse) als auch Klassiker wie »Mole Poblano« (mit Hühnchen und einer pikanten Schokoladensoße) sind vorzüglich.
⊹228 C1 ✉541 South Spring St. (Unit 101), L.A. ☎1 213 627 7656 ⊕www.guisados.co ◔ Mo–Do 9–22, Fr, Sa 9–1.30, So 9–20 Uhr

Holbox $$
Mexikanische Küche ist eine Einheitspampe auf Reis und Bohnen? Wer dieses Vorurteil hegt, sollte sich in diesem Lokal unbedingt vom Gegenteil überzeugen. Tacos und Ceviche gehören zu den besten von Los Angeles, Hauptgerichte wie der Pulpo Asado sind auf dem Teller zudem ausgesprochen instagramtauglich angerichtet. Es gibt auch ein Probiermenü.
226 C3 3655 South Grand Avenue, Los Angeles 1213 9 86 99 72 www.holboxla.com Di–So 11.30–21 Uhr

Jar $$$
Das auf alt gemachte Steakhaus mit holzvertäfelten Wänden und einfachem Mobiliar ist spezialisiert auf Rindfleisch mit asiatischer Note – vor allem serviert als Steak (Rib-Eye, Porterhouse, Filet). Man bekommt aber auch Schmorbraten und Schweinshaxe und dazu fantasievolle Cocktails wie »Serengeti« (Whiskey, Ingwer, Limettensirup) oder »Koh Samui« (Wodka, Litschisaft und Litschimus).
226 C3 8225 Beverly Boulevard, West Hollywood 1323 6 55 65 66 www.thejar.com Mi–So 17.30–21 Uhr

Kato $$$
Ein absolutes Ausnahmerestaurant: Das Kato verbindet auf höchstem Niveau die taiwanesische Küche mit der kalifornischen. Die Gäste können sich auf ein Probiermenü freuen, das mit rund einem Dutzend kleiner Gänge als sorgfältig choreografierte Food-Inszenierung daherkommt. Sehr hochpreisig, aber andernorts in dieser Form nicht erlebbar.
226 C3 777 S. Alameda Street (Suite 114), Los Angeles 1 213 7 97 57 70 www.katorestaurant.com Di–Sa 17.30–22 Uhr

Matsuhisa $$–$$$
Dieses exklusive japanische Restaurant ist bei den Einwohnern von L. A. sehr beliebt, die gerne eine Stange Geld für ein denkwürdiges Essen bezahlen. Das nach dem Spitzenkoch Nobu Matsuhisa benannte Restaurant serviert außergewöhnlich frische und einfallsreiche, oft geradezu hervorragende Kreationen aus Fisch und Meeresfrüchten.
226 C3 129 N. La Cienega Boulevard, West Hollywood 1 310 6 59 96 39 http://matsuhisabeverlyhills.com mittags: Mo–Fr 11.45–14.15 Uhr, abends: tägl. 17.45–22.15 Uhr

Philippe the Original $
An den langen Tischen dieses zentralen Restaurants aus alten Zeiten sitzen alle beieinander: Geschäftsleute, Polizisten und Obdachlose. Alle kommen wegen der französischen Dip-Sandwiches hierher, die der Gründer des Restaurants 1908 erfunden hat: Roastbeef, Lamm, Schwein und Truthahn auf einem Baguette, das man in Bratensaft tunkt. Wer es eher schicker mag, ist hier falsch: Der Boden ist mit Sägemehl bedeckt, und die Gäste stehen Schlange, um an der Theke bestellen zu können. Aber die Preise sind sehr niedrig – der Kaffee kostet nur 45 Cent – und ein Besuch hier ist eine tolle Erfahrung.
226 C3 1001 N. Alameda Street, Los Angeles 1 213 6 28 37 81 www.philippes.com tägl. 6–22 Uhr

République $$–$$$
Walter Manske, ein renommierter Chefkoch aus San Diego, und seine auf den Philippinen geborene Frau Margarita haben in Manila mehrere Bäckereien und in Kalifornien

Atmosphäre und Gestaltung des Bäckerei-Bistros République sind einzigartig.

Restaurants eröffnet. Das République ist eine Mischung daraus: tagsüber Bäckerei und Café, abends französisches Bistro.
✢226 C3 ✉624 S. La Brea, Los Angeles
☎1 310 362 61 15 🌐http://republiquela.com
🕐tägl. 8–14, Di–Fr 17.30–22, Sa 17–22 Uhr

Spago Beverly Hills $$$
Diese Filiale des original Spago Hollywood (mittlerweile geschlossen) ist das prunkvollste der Kette von Wolfgang Pucks Restaurants. Es ist gut möglich, dass Sie hier Filmstars und Studiobosse sehen. Stellen Sie sich, selbst wenn Sie reserviert haben, auf Wartezeit und eine laute Geräuschkulisse ein. Die kalifornische Küche mit asiatischen, mediterranen und österreichischen Akzenten enttäuscht nur selten. An der Bar kann man Pucks berühmte Pizzas essen.
✢226 C3 ✉176 N. Cañon Drive, Beverly Hills
☎1 310 385 08 80 🌐https://wolfgangpuck.com/restaurants/spago-beverly-hills/
🕐Di-Do 17-22, Fr, Sa 17-22.30, So 17-22 Uhr

Wohin zum ... Einkaufen?

Ob Sie nach ultraeleganter oder Mode im Retrostil, nach feinen Antiquitäten, Hollywood-Souvenirs, Importen aus Mexiko oder einer Surfausrüstung suchen – das Angebot in Los Angeles ist überwältigend.

Beverly Hills ist die bekannteste Einkaufsgegend, vor allem der **Rodeo Drive** zwischen dem Santa Monica und dem Wilshire Boulevard. Hier finden Sie exklusive Schmuck- und Modegeschäfte: Armani, Christian Dior, Harry Winston, Tiffany & Co., Van Cleef & Arpels, Valentino; Bijan, Dolce & Gabbana, Prada, Chanel, Gucci, Hermès, Jimmy Choo und Versace. Am Brighton Way, beim Rodeo Drive, liegen ein Cartier-Schmuckgeschäft und andere Nobelläden.

Unterschiedlichste Dinge, von Schmuck bis Mode, finden Sie in der **Westfield Century City Mall** (10250 Santa Monica Boulevard, Los Angeles, http://westfield.com), in der ca. 100 Geschäfte (z. B. Macy's und Bloomingdales) versammelt sind.

Am Wilshire Boulevard, im Bereich der Blocks 9500 bis 9900, liegen mehrere große Kaufhäuser, etwa Neiman-Marcus und Saks Fifth Avenue.

Auch an **Melrose Avenue** und am Sunset Boulevard gibt es trendige Läden, in denen man sich unter anderem mit Vintage-Mode eindecken kann.

Im **Fred Segal Center** 8500 Sunset Blvd., www.fredsegal.com) finden Sie Top-Designerboutiquen von Ron Herman und anderen. **Wasteland** (7428 Melrose Avenue, www.shopwasteland.com) bietet Secondhand-klamotten für sie und ihn. Am Westende der Straße befindet sich der durch eine Fernsehserie bekannt gewordene schicke Melrose Place, den mehrere teure Antiquitätenläden rahmen.

Drei angesagte Gegenden für legere Klamotten und Retromode sind **North La Brea Avenue, Robertson Boulevard** in West Hollywood und der **Sunset Boulevard** in Los Feliz.

Book Soup (8818 Sunset Boulevard, www.booksoup.com), der beste Buchladen in L. A., hat bis 21 Uhr geöffnet und hat ein riesiges Angebot an einheimischen und ausländischen Zeitschriften.

Der **Hollywood Boulevard** hat sich von Jahrzehnten der Schäbigkeit erholt. Im modernen Ovation Hollywood, in dessen Dolby Theatre jedes Jahr die Oscar-Verleihung stattfindet, sind um einen Innenhof auf mehreren Ebenen mehr als 70 Shops von Forever 21 bis zu Hot Topic und diverse kleinere Boutiquen für Mode, Schmuck oder Accessoires gruppiert (6801 Hollywood Boulevard, www.ovationhollywood.com).

Für echte Filmfans lohnt der Abstecher zum Filmbuch-Antiquariat **Larry Edmunds Bookshop** (6644 Hollywood Boulevard).

Die **Citadel Factory Stores** (5675 E. Telegraph Road, www.citadeloutlets.com) im markanten Gebäude neben der I-5 bieten reduzierte Markentextilien. Am **Farmers Market** (6333 W. 3rd Street) konzentrieren sich Dutzende von Läden und ein Lebensmittelmarkt. Im benachbarten **Grove** gibt es jede Menge Läden, Restaurants und Kinos.

Mexikanische Souvenirs finden Sie in der **Olvera Street** im historischen El Pueblo. Der

Der hübsche Uhrenturm ist das Wahrzeichen des Farmers Market.

ebenfalls im Zentrum liegende Grand Central Market (317 S. Broadway) bietet Stände mit exotischen Waren und Lebensmitteln.

Am Universal CityWalk nahe den Universal Studios liegen ausgefallene Geschäfte, die vor allem Kinder begeistern.

In Santa Monica ist die 3rd Street Promenade von Boutiquen, Restaurants und Kinos gesäumt. Ecke Broadway lädt der Santa Monica Place mit Terrasse zum Speisen ein, besonders schön bei Sonnenuntergang!

Wohin zum … Ausgehen?

Über Konzerte und andere Veranstaltungen informieren »L. A. Weekly« (www.laweekly.com), die Wochenendausgabe der »Los Angeles Times« (www.latimes.com) oder das »Los Angeles Magazine« (www.lamag.com). Zu Musik und Theater – im Dorothy Chandler Pavilion, Ahmanson Theater und Mark Taper Forum – finden Sie Informationen unter www.musiccenter.org. In der Walt Disney Concert Hall gastiert regelmäßig das hervorragende Los Angeles Philharmonic Orchestra.

HOTELBARS

Angesichts des meist guten Wetters sind die Bars an den Pools der Hotels von Los Angeles sehr beliebt, wie die Cameo Bar im Viceroy (1819 Ocean Avenue, Tel. 1 310 260 75 00) in Santa Monica.

Interessant ist auch die Lounge der Skybar im Mondrian (8440 Sunset Boulevard, Tel 1 323 848 60 30).

Wer klassische Diners mag, ist im Denae's (550 Flower St., www.denaesdiner.com) gut aufgehoben.

Wunderbare Cocktails mit Meerblick schlürfen kann man im Penthouse (1111 2nd Street, Tel. 1 310 393 80 80) im 18. Stock des Santa Monica's Huntley Hotel.

Eine gute Adresse in Santa Monica ist auch die Veranda Bar der Casa del Mar (1910 Ocean Way, Tel. 1 310 581 55 33), wo man in elegantem Ambiente in bequemen Korbsesseln zu leiser Piano- oder lauter Livemusik abhängt.

BARS UND LIVE MUSIC

Gemütlich Livemusik genießen kann man im Hotel Café (1623 ½ N. Cahuenga Boulevard, kein Telefon, www.hotelcafe.com), das u. a. mit Panini und Espresso für das leibliche Wohl des Gastes sorgt.

Stand-up-Comedians sind die Zugnummern im Comedy Store (8433 Sunset Boulevard, Tel. 1 323 650 62 68, www.thecomedystore.com). Das beliebte The Groundlings (7307 Melrose Avenue, Tel. 1 323 934 47 47, www.groundings.com) glänzt an fünf Abenden der Woche mit improvisierten Shows.

Gut besuchte Bars in Santa Monica und Venice sind etwa Father's Office (1018 Montana Avenue, Tel. 1 310 736 22 24, https://fathersoffice.com), ein Gastro-Pub mit über 30 Biersorten vom Fass.

In der Bodega Wine Bar in Santa Monica (814 Broadway, Tel. 1 310 394 35 04) dreht sich alles um den Rebensaft, dazu gibt es leckere Snacks. Angenehm bewirtet wird man auch im Townhouse Venice (52 Windward Ave.) sowie diversen schicken Lokalen auf der Main Street von Santa Monica.

Das Troubadour gehört bereits seit 1957 zu den Klassikern der Musikklubs. Im »Troub« traten schon Joni Mitchell, Elton John und Guns N' Roses auf (9081 Santa Monica Boulevard, www.troubadour.com).

Zur besten Gay-Bar der Welt wurde einst von Logo, MTV und anderen das gigantische The Abbey (692 N. Robertson Boulevard, Tel. 1 310 2 89 84 10, www.theabbeyweho.com) in West Hollywood gekürt. Dort findet man am Santa Monica Boulevard weitere LGBTQ-Clubs.

NACHTCLUBS

Zentrum des Nachtlebens in Los Angeles mit beständig wechselnden In-Adressen sind die Stadtteile Hollywood und West Hollywood. Die meisten Clubs schließen um 2 Uhr morgens, wenn das Ausschankverbot für Alkoholika einsetzt.

Seit jeher eine Amüsiermeile in West Hollywood ist der Sunset Strip, wo auch das Whisky A-Go-Go (8901 Sunset Boulevard, Tel. 1 310 6 52 42 02, www.whiskyagogo.com), der Viper Room (8852 Sunset Boulevard, Tel. 1 310 3 58 18 81, www.viperroom.com), die Rainbow Bar (9015 Sunset Boulevard, Tel. 1 310 2 78 42 32, www.rainbowbarandgrill.com) und das Roxy Theatre (9009 W. Sunset Boulevard, Tel. 310 2 78 94 57) als Top-Adressen für Rock, Blues und Jazz beheimatet sind.

Zum Ausgehen eignen sich zudem die Szeneviertel Los Feliz und Silver Lake und, traditioneller Treffpunkt der LGBTQ-Szene, die Lokale am Santa Monica Boulevard in West Hollywood.

FILMTHEATER

Die alten Filmtheater zählen zu den Sehenswürdigkeiten Hollywoods, wie das Grauman's Chinese Theatre (6925 Hollywood Boulevard, Tel. 1 323 4 61 33 31, www.tclchinesetheatres.com) oder El Capitan (6838 Hollywood Boulevard, Tel. 1 818 8 45 31 10, http://elcapitantheatre.com). Hier einen Film anzusehen, ist wirklich ein Erlebnis.

Ein interessantes Konzept haben die Alamo Drafthouse Cinemas (700 West 7th Street, Los Angeles, Tel. 1 213 2 17 90 27, https://drafthouse.com/los-angeles). Hier können Cineasten nicht nur Filme, sondern auch kunstvoll gemixte Cocktails konsumieren. Außerdem gibt es mehr als 30 Biere vom Fass.

Ausländische Streifen und Autorenfilme bringt das Nuart Theatre (11272 Santa Monica Boulevard, Tel. 1 310 4 73 85 30). Anspruchsvolle Filmkunst zeigen die mehrfach in L. A. vertretenen Kinos der Laemmle-Kette (Infos zu Kinos und Spielplänen: Tel. 1 310 4 78 38 36, www.laemmle.com).

THEATER UND KONZERTE

Karten erhalten Sie bei Ticketmaster (www.ticketmaster) und Ticketnetwork (Tel. 1 88 84 56 84 99, www.ticketnetwork.com).

Konzerte und Opernaufführungen bieten Walt Disney Concert Hall (111 S. Grand Avenue, https://tickets-center.com) und Dorothy Chandler Pavilion (135 N. Grand Avenue, Tel. 1 213 9 72 07 11, www.musiccenter.org) im Los Angeles Music Center.

Von Juni bis Mitte September veranstaltet das Los Angeles Philharmonic Orchestra Konzerte in der berühmten Hollywood Bowl (2301 North Highland Avenue, www.hollywoodbowl.com).

Konzerte aller Art, darunter von Peter Frampton und Tate McCrae, finden im Greek Theatre (2700 N. Vermont Avenue, www.lagreektheatre.com) statt, einem Amphitheater mit fast 6000 Plätzen im Griffith Park.

Bühnenstücke werden beispielsweise aufgeführt im Ahmanson Theater sowie dem Mark Taper Forum im Los Angeles Music Center auf der Grand Avenue. Im Art-déco-Palast Pantages (6233 Hollywood Boulevard, Tel. 1 323 4 68 17 00, www.broadwayinhollywood.com) laufen vorwiegend Musicals im Broadway-Stil und ähnliche Produktionen. Im Wiltern Theater (3790 Wilshire Boulevard, Beverly Hills, www.wiltern.com) lauschen die Besucherinnen und Besucher Hip-Hop, Rock und Jazz, aber auch Theater.

Im Geffen Playhouse (10886 Le Conte Avenue, http://geffenplayhouse.com) sieht man, unter der Schirmherrschaft der nahen U.C.L.A, Produktionen vom Musical bis zur Satire.

Open-Air-Veranstaltungen im Sommer bietet das John Anson Ford Amphitheater (2580 Cahuenga Boulevard East, Hollywood, Tel. 1 323 8 50 20 00, www.theford.com).

Über die Bay und Teile des Jachthafens schweift der Blick hinüber nach Downtown San Diego.

San Diego und Südkalifornien

Der Lebensstil in der vom Pazifik, von Wüsten und von Mexiko umgebenen Stadt San Diego ist entspannt.

Seite 170–203

Erste Orientierung

Sonnenschein, das Wetter pendelt zwischen mild und warm – perfekt für Outdoor-Aktivitäten: Wellenreiten, Schnorcheln und Kajakfahren vor der Küste, Windsurfen und Segeln in der Mission Bay, Wandern und Mountainbiken im Hinterland …

Als erster Europäer betrat Juan Rodríguez Cabrillo, portugiesischer Seefahrer in spanischen Diensten, 1542 bei Point Loma kalifornischen Boden. Es sollte jedoch noch mehr als 200 Jahre dauern, bis die spanische Kolonialmacht begann, Befestigungen entlang der Küste von Kalifornien zu errichten. Pater Junípero Serra ließ 1769 die Mission Basilica San Diego de Alcalá errichten. Sie kann noch heute besichtigt werden.

Ganz in der Nähe, im Old Town State Historic Park – mit Gerichtsgebäude, Läden, Hufschmied und weiteren restaurierten Gebäuden aus dem 19. Jh. – sind es eher Taco-Stände und mexikanische Folklorerestaurants, in die es Besucherinnen und Besucher zieht.

Erst um die Jahrhundertwende schlug die Geburt des neuen San Diego, als große Teile des heutigen Downtown entstanden. Das aufgepeppte Gaslamp Quarter galt lang als Rotlicht-Bezirk der Hafen- und Marinestadt, nun reihen sich hier Bars an Restaurants und Cafés. Zwischen Old Town und Downtown breitet sich der Balboa Park mit dem San Diego Zoo aus.

Die über 100 km lange reizvolle Küste reicht von Coronado über Mission Beach bis nach La Jolla.

TOP 10

5 ★★ Death Valley National Park

10 ★★ San Diego Zoo

Nicht verpassen!

59 Harbor & Downtown

60 Balboa Park

61 La Jolla

62 Palm Springs

Nach Lust und Laune!

63 Cabrillo National Monument

64 Coronado

65 Old Town State Historic Park

66 SeaWorld

67 Mission Basilica San Diego de Acalá

68 Anza-Borrego Desert State Park

69 Mojave Desert

70 Sequoia & Kings Canyon National Parks

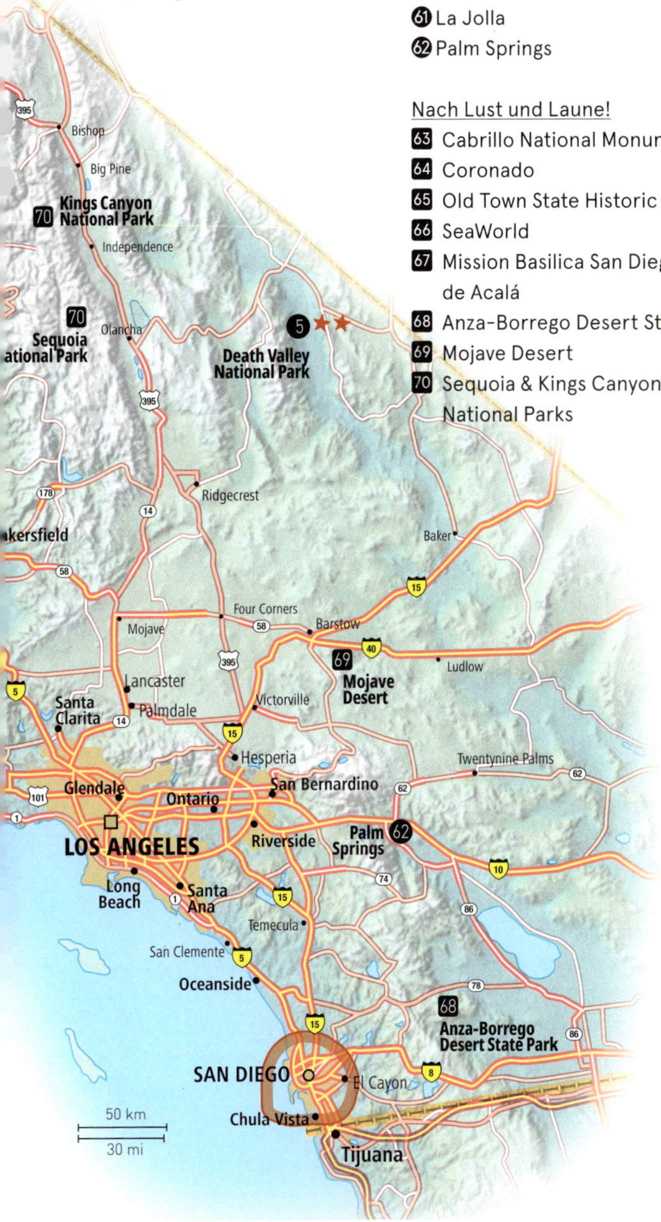

Mein Tag Shoppen in Old Town San Diego

Nachdem sich Mexiko 1821 aus der kolonialen Abhängigkeit von Spanien befreit hatte, verlagerte sich das Leben vom Hügel mit dem befestigten Presidio auf die Ebene zu dessen Füßen, dem heutigen Old Town San Diego. Mehrere der Häuser im Adobe-Stil sind restauriert, andere wurden hinzugefügt. Sie beherbergen Shops, Restaurants und Museen.

9 Uhr: Frühstück vor den Toren der Old Town

Auf der Freiluft-Terrasse des Encuentro Cafe schmecken der Kaffee mit dem Croissant sowie dem Rührei mit Spinat, Pilzen, Paprika und gegrillten Zwiebeln gleich doppelt so gut. Schlendern Sie von dort über die Straße und hinein in den 65 Old Town State Historic Park.

9.45 Uhr: Adobe und Fachwerk

Auf der Mason Street läuft man vorbei an der Casa de Machado y Stewart, einem 1830 errichteten Adobe-Bau, d. h., er besteht aus Lehmziegeln. Nach wie vor zeitgenössisch möbliert, bietet er einen Einblick in die kurze mexikanische Epoche Kaliforniens. Nebenan das Mason Street Schoolhouse von 1865. An der San Diego Avenue geht es nun nach links bis zum First San Diego Courthouse, dem 1847 erbauten Gerichtsgebäude. Es handelt sich um einen Nachbau des ersten Backsteingebäudes der Stadt.

Der Racine & Laramie Tobacconist gehört zu den wenigen Geschäften in der gesundheitsbewussten

13.30 Uhr: General Store und Oliven

12.30 Uhr: Mexikanisches zum Lunch

18.30 Uhr: Zum Dinner eine »Fiesta mexicana«

14.30 Uhr: Bei der alten Schmiede

9.45 Uhr: Adobe und Fachwerk

9 Uhr: Frühstück vor den Toren der Old Town

16.30 Uhr: Und noch ein bisschen shoppen

Tücher, Tops und farbenfrohe Keramik – es ist nicht schwer, im Old Town Market, in dem sich die Shops aneinanderreihen, ein schönes Souvenir zu finden.

Stadt, die nach wie vor Zigarren, Tabak und Pfeifen verkaufen, immerhin seit 1869. Nebenan im San Diego House punktet der Tinsmith Old Town San Diego Store mit Spielzeug aus Blech. Das nächste Gebäude, das Robinson Rose House, gehörte dem Rechtsanwalt James W. Robinson, der in den 1850ern an vielen Aspekten der Stadtentwicklung beteiligt war. Nun aber schnell zum Mittagessen über den früheren Paradeplatz, die grüne, baumbestandene Plaza de Las Armas.

12.30 Uhr: Mexikanisches zum Lunch

Im Barra Barra gibt es authentisch mexikanische Speisen, die über Burritos und Tacos hinausgehen. Ein Beispiel: Chicken Mole Verde mit grüner Sauce. Außerdem versteht sich das Lokal auf die Zubereitung von Margaritas. Sowohl »frozen« als auch »shaken« und stets mit Salzrand. Weil sich das Lokal in einer Touristengegend befindet, wird der folkloristische Aspekt eingehend gewürdigt.

13.30 Uhr: General Store und Oliven

Gut gestärkt geht es zurück an den Paradeplatz. Der Rust General Store hat dort immer noch ein breites Angebot. Importe aus Europa, wie »Bavaria Pretzels«, waren hier 1860 wohl eher nicht zu finden.

Oben: Die Olivenölauswahl bei der Temecula Olive Oil Company ist schlicht überwältigend.

Links: Die Fassade und die Umgebung des Cosmopolitan Hotel lässt Westernstimmung aufkommen.

Heute wird auch aus dem pazifischen Raum importiert, aus Peru, den Philippinen und von Hawaii, traditionellen Handelspartnern von Kalifornien. In der Temecula Olive Oil Company nur wenige Schritte entfernt können Sie vorzügliche Olivenöle kosten, die aus kalifornischem Anbau stammen.

14.30 Uhr: Bei der alten Schmiede

Zur Abwechslung jetzt mal eine Shopping-Pause: Der Blacksmith Shop hinter dem Cosmopolitan hat ein riesiges Werkzeugsortiment an den Wänden hängen. In den Sommermonaten zeigen Handwerker Schmiedetechniken, wie sie im Jahr 1860 gebräuchlich waren. Im früheren Seeley Stable, dem Pferdestall neben dem Cosmopolitan an der Calhoun Street, zeigt heute ein Museum alte Sättel und Kutschen. Das Cygnet Theatre nebenan wird zu großen Teilen aus Spenden finanziert. Das vielfältige Programm reicht von zeitgenössischen Theaterstücken bis zur »Wine Night« mit Konzert.

16.30 Uhr: Und noch ein bisschen shoppen

An der Twiggs Street vis-à-vis der altehrwürdigen Immaculate Conception Church von 1919 bieten im Old Town Market drei Geschäfte weitere interessante Shopping-Möglichkeiten. La Serena Silver hat sich auf Juwelen spezialisiert, Pueblito Cuetzalan auf mexikanische Waren wie Kleider, Sombreros, Keramiken und scharfe Saucen.

Traditionell mexikanisch: In der Casa de Reyes können Sie in nettem Ambiente lecker essen.

Miner's Gems and Minerals verkauft rohe und bearbeitete Halbedelsteine und Quarze.

18.30 Uhr: Zum Dinner eine »Fiesta mexicana«

Die Casa de Reyes neben dem Parkplatz in der Nordwestecke des Parks verspricht neben noch mehr Shopping-Möglichkeiten ein komplettes mexikanisches Programm: eine großen Innenhof mit gekachelten Tischen und viel Grün, farbenprächtige Cocktails, herzhafte Vorspeisen, wie die Chicken Pozole Verde Soup mit Epazote (mexikanischem Gänsefuß), Mole verde (eine Sauce mit grüner Paprika, grünen Tomaten und Kürbiskernen) und nicht minder deftige Hauptspeisen wie eine Fajita-Platte mit mariniertem Rind, Zwiebeln, Paprika und Tomaten, noch zischend heiß vom Grill. Gelegentlich tretetn später noch Mariachi Bands auf.

i

Encuentro Cafe
226 C1 ✉ 3941 Mason Street
☎ 1619 260 80 60 🌐 www.encuentrocafe.com
Mo–Fr 8–14, Sa, So 8–15 Uhr

Mojito, Margarita oder ein DosxxLager vom Fass? In der Casa de Reyes stimmen Cocktails und Service.

Racine & Laramie Tobacconist
✢226 C1 ✉2737 San Diego Avenue
☎1619 2 917 833 🌐www.racineandlaramie.com
◔Mo–Do 10–18, Fr, Sa 10–19, So 10.30–18 Uhr

Tinsmith Old Town San Diego
✢226 C1 ✉2765 San Diego Ave 🌐über Facebook

The Robinson Rose House
✢226 C1 ✉4098 Mason Street 🌐www.parkco.us ◔tägl. 10-17 Uhr

Barra Barra
✢226 C1 ✉4016 Wallace Street 🌐https://barrabarrasaloon.com ◔tägl. 11–21 Uhr

Cosmopolitan Hotel and Restaurant
✢226 C1 ✉2660 Calhoun Street
☎1619 2 971 874 🌐www.oldtowncosmopolitan.com
◔ das Restaurant ist derzeit nur für Events geöffnet

Rust General Store
✢226 C1 ✉2720 Calhoun Street
☎1619 2 957 878 🌐www.rustgeneral.com
◔So–Do 11–17, Fr, Sa 11–18 Uhr

Temecula Olive Oil Company
✢226 C1 ✉2754 Calhoun Street 🌐www.temeculaoliveoil.com ◔tägl. 10–19 Uhr

Seeley Stable Museum
✢226 C1 ✉2648 Calhoun Street 🌐http://hiddensandiego.net ◔tägl. 10–17 Uhr ➧gratis

La Serena Silver
✢226 C1 ✉2615 Calhoun Street 🌐https://lasirenasilver.com ◔tägl. 10–21 Uhr

Pueblito Cuetzalan
✢226 C1 ✉4010 Twiggst Street (1. Etage)
☎1 619 2 943 390 🌐www.oldtownmarketsandiego.com ◔tägl. 10–21 Uhr

Miner's Gems and Minerals
✢226 C1 ✉2616 San Diego Avenue
☎1619 6 881 178 🌐www.minersgemsandminerals.com ◔tägl. 10–18 Uhr

Casa de Reyes
✢226 C1 ✉2754 Calhoun Street
☎1619 2 205 040 🌐https://casadereyesrestaurant.com ◔Mo–Do 11–21, Fr 11–22, Sa 10–22, So 10–21 Uhr

⑤ ★★ Death Valley National Park

Was?	Eine Wüste, die teilweise tiefer liegt als der Meeresspiegel
Warum?	Die Landschaft ist faszinierend in ihrer Vielfältigkeit.
Wann?	Wegen der gewaltigen Hitze nicht im Hochsommer
Wie lange?	2 Stunden bis 2 Tage
Resümee	Die Wüste lebt.

Über Jahrmillionen von Wind und Wasser geformt: die versteinerten Sanddünen am Zabriskie Point

In der frühen Morgensonne leuchten die Hänge der kargen Panamint Mountains oft in sanftem Rot. Innerhalb einer Stunde schimmern sie dann in einem warmen Braun. Im Laufe des Tages werden die Farben immer intensiver. Dies ist eine passende Metapher für die trügerische Schönheit dieses Ortes, der an manchen Tagen der heißeste der Welt ist.

Furnace Creek, das Herz des Tals, besteht aus einer Ferienanlage, einigen nüchternen Unterkünften, einer Tankstelle, einem Lebensmittelladen sowie ein paar

Restaurants. Eine Ausstellung im Besucherzentrum des National Park Service beschreibt die Geologie sowie die Flora und Fauna der Region. Von den Park Rangers können Sie Informationen und Karten zu Wanderungen bekommen. Lesen und beachten Sie unbedingt die Warnhinweise!

Nur Wüste, Felsen und Hitze: das Badwater Basin im Tal des Todes

Am Südende von Furnace Creek führt vom Highway 190 eine Straße in südlicher Richtung zu drei Highlights: dem Golden Canyon, wo Sie eine kurze Wanderung mit dem Gelände vertraut machen wird; den vielfarbigen Felsen der Artists Palette und der Salzwüste von Badwater, mit 86 m unter dem Meeresspiegel der tiefste Punkt der westlichen Hemisphäre. Vom Parkplatz aus auf der anderen Seite der Badwater Road sehen Sie hügelaufwärts das Schild, das den Meeresspiegel markiert.

Spektakuläre Panoramen

Weiter südlich (und östlich) von Furnace Creek passiert der Highway 190 den ruhigen Zabriskie Point. Die Gegend hier ist meist sandfarben, nur im Norden liegen einige rotbraune Hügel. Wo die Farben aufeinandertreffen, sieht es aus, als ob sich Milchkaffee und Schokoladeneis vermischen. Ungefähr 1 Meile (1,6 km) weiter erstreckt sich der Twenty Mule Team Canyon. Er ist so schmal, dass man manchmal vom Auto aus die Wände berühren kann, wenn man auf dem unbefestigten Rundweg hier durchfährt. Nach einigen Meilen kommt eine Weggabelung. Der Highway 190 führt links weiter, und rechts geht die Dante's View Road ab, die sich 13,3 Meilen (21 km) bis auf 1525 m hinaufwindet. Von Dante's View haben Sie einen großartigen Blick auf fast das gesamte Tal mit seinen aus weißen Salzseen aufragenden braunen Bergen.

Nördlich von Furnace Creek

Nördlich von Furnace Creek liegen neben dem Highway 190 die Harmony Borax Works, wo im 19. Jh. unter grauenhaften Bedingungen Borax gefördert und verarbeitet wurde. Etwas

Der östliche Eingang in die Wüste der Extreme

weiter nördlich, an Scotty's Castle (s. unten) vorbei, verändert schon der kleinste Windhauch die Form einer langen Dünenkette. Eine Kiesstraße zweigt zu einem Parkplatz ab, von dem aus Sie gut in die Dünen wandern können.

Die Kiesstraße verläuft am Parkplatz vorbei nach Norden zur Straße zu Scotty's Castle (Straße wegen Flutschäden teilweise geschlossen). Biegen Sie links ab, wenn Sie auf diesem Weg gekommen sind. Das 60 Meilen (96 km) von Furnace Creek gelegene Schloss im spanischen Stil ist nur im Rahmen von Führungen zu besichtigen (wegen Flutschäden bis auf Weiteres geschlossen). Es wurde nach Walter E. Scott (»Death Valley Scotty«), einem berüchtigten Betrüger, benannt. Wer in der Gegend ist, sollte den Ubehebe Crater (folgen Sie den Wegweisern) besuchen, das eindrucksvolle Resultat eines Vulkanausbruchs vor 1000 Jahren.

Toll Road Restaurant: 51880 Highway 190, Tel. 1 760 786 70 90, https://deathvalleyhotels.com/our-restaurants, tägl. 7–20, Fr, Sa bis 21 Uhr

KLEINE PAUSE

Die Restaurants im Park sind teuer und selten gut. Ausgestattet in skurriler Westernmanier serviert das **Toll Road Restaurant** im Stovepipe Wells Village Hotel dem Ambiente entsprechendes annehmbares Essen.

i

225 E3 Highway 190 (östlich und nördlich der US 395 auf Highway 178 und der Panamint Valley Road; östlich auf dem Highway 190) 1 760 786 32 00 www.nps.gov/deva 30 $ (pro Auto, Ticket gilt eine Woche)

⑩ ★★ San Diego Zoo

Was?	Ein weltberühmter Zoo
Warum?	Die Tiere leben hier in naturnahen Landschaften.
Wann?	Tagsüber, ganzjährig
Wie lange?	1–2 Tage
Was noch?	Der Zoo liegt im riesigen Balboa Park, der noch viele weitere Attraktionen besitzt.
Resümee	Großartige Anlage (fast) ohne Gitter

Der San Diego Zoo im Balboa Park (S. 187) nördlich des Stadtzentrums gilt als einer der besten Zoos der Welt. Sicher wird er als Zoo an sich von einigen Menschen dennoch kritisch gesehen. Doch er punktet mit einer Vielzahl an exotischen Tieren und großzügigen Gehegen für Nilpferde, Eisbären und Menschenaffen. Er präsentiert die Fauna des asiatischen Regenwaldes und farbenprächtige Vögel. Auf einem Plan, den man am Eingang erhält, ist auch verzeichnet, wann Vorführungen oder Fütterungen stattfinden.

Laut dem Zoo von San Diego haben Zebras weiße Mäntel mit dunklen Streifen – und keine zwei das gleiche Muster.

Der Zoo wurde zu beiden Seiten einer Schlucht angelegt, deren Hänge steil bergauf steigen. An den steilsten Stellen, z. B. vom Gehege der Pandas aus wieder nach oben, befinden sich Rolltreppen. Rund 3700 Tiere leben nicht in Käfigen, sondern in meist naturnah gestalteten Landschaften. Im afrikanischen Regenwald können Sie Berggorillas bestaunen. Das »Koalafornia« genannte australische »Outback« ist von Wombats, Kängurus, Koalas, Wallabys und Tasmanischen Teufeln bevölkert. Und im Polar Bear Plunge lernen Sie Eisbären aus nächster Nähe kennen.

Im Tagesticket inbegriffen ist die 35-minütige Guided Bus Tour, die Ihnen einen guten Überblick über den Park verschafft. Sie dürfen während der Fahrt nicht aussteigen. Der Bus macht aber mehrere Pausen, sodass Sie manche Attraktionen vielleicht schon sehen und sich später mehr Zeit für andere nehmen können.

Publikumslieblinge: Die beiden Riesenpandas des San Diego Zoos gingen zwar 2019 nach China zurück, doch das Panda-Programm wird fortgesetzt.

Das Eintrittsticket gilt auch für den Express Bus, in den bzw. aus dem Sie nach Belieben ein- und aussteigen können. In beiden Bussen sitzt man besser auf der rechten Seite, sodass man seltener über andere Fahrgäste schauen muss. Die Skyfari-Gondelbahn (im Ticket inkl.) überquert die Schlucht zwischen Eingang und Gehege der Eisbären.

San Diego Zoo Safari Park

Wer einen halben Tag Zeit hat, sollte einen Ausflug in den ebenfalls vom Zoo betriebenen San Diego Zoo Safari Park im 30 Meilen weiter nördlich gelegenen Escondido erwägen.

In weitläufigen Gehegen, die man auf einer 25-minütigen Bahnfahrt der »Africa Tram« betrachten kann, leben Nashörner, Giraffen, Löwen, Geparden oder Sumatra-Tiger fast wie in freier Wildbahn. In der Condor Ridge lassen sich kalifornische Kondore, Dickhornschafe, Wüstenschildkröten, Präriehunde, Stachelschweine und andere Tiere Nordamerikas beobachten.

Albert's: Tel. 1 619 6 85 32 00, Mo–Fr 11–16, Sa, So 10–17 Uhr
Sydney's Grill: Mo–Fr ab 10.30, Sa, So ab 10 Uhr

KLEINE PAUSE

Albert's ist das beste der Cafés und Restaurants im Zoo (hier gibt's Meeresfrüchte, Steak, Pasta, Huhn, Salat). **Sydney's Grill** (Salat, BBQ, Sandwiches) ist ebenfalls gut.

San Diego Zoo
226 C1 ✉ neben dem Park Boulevard, Balboa Park ☎ 1 619 2 31 11 55 🌐 zoo.sandiegozoo.org ◑ tägl. Ende Juni–Anfang Sept. 9–20 Uhr, Rest des Jahres kürzere, wechselnde Öffnungszeiten 🚌 Bus 7, 215 ab 67 $

San Diego Zoo Safari Park
226 C1 ✉ 15500 San Pasqual Valley Road, Escondido ☎ 1 760 7 47 87 02 🌐 www.sdzsafaripark.org ◑ tägl. ab 9 Uhr, Schließzeiten variieren 🚌 Bus 371 (nur Mo–Sa) ab 67 $

59 Harbor & Downtown

Was?	Stadtzentrum und Hafen
Warum?	Maritime Stimmung
Wann?	Ganzjährig
Wie lange?	Ein halber bis zwei Tage
Resümee	Entspannte Atmosphäre und mildes Klima

Die sonnige, zweitgrößte Stadt des Bundesstaats spielt seit jeher in dessen Geschichte eine große Rolle. Spanische Mönche gründeten hier die erste der kalifornischen Missionen. Viele Besucher kommen wegen des Klimas und der Attraktionen her, aber San Diego bietet auch geschichtlich viel.

Am Embarcadero, südlich der Ash Street auf dem N. Harbor Drive und dann in südöstlicher Richtung auf dem Harbor Drive zum San Diego Convention Center, reihen sich zahlreiche Sehenswürdigkeiten aneinander.

Im Maritime Museum of San Diego kann man an Bord der »Star of India«, einem restaurierten Schiff von 1863, das Leben auf See nachempfinden. Weiter nördlich dümpelt die »Berkeley«, eine reich geschmückte dampfgetriebene Fähre von 1898. In der Nähe liegt die USS »Midway«, wo das San Diego Aircraft Carrier Museum untergebracht ist. Hier erfahren Sie alles über Flugzeugträger und können das Kasino, die Kojen der Crew, das Flugdeck und mehr besich-

Kalifornisches Lebensgefühl: Der stimmungsvolle Hafen von San Diego hat Flair.

tigen. Von den Piers südlich des Museums starten die ein- und zweistündigen Hafentouren. Besser ist die längere Fahrt an Point Loma vorbei, da man mehr vom Hafen sieht.

Seaport Village ist ein schön angelegtes, lebhaftes Touristenstädtchen in reizvoller Umgebung mit Hafenpanorama, vielen verschiedenen Geschäften, Restaurants etc.

PETCO Park, das Stadion des hiesigen Baseballteams, der San Diego Padres, wurde 2004 im Rahmen einer Neugestaltung der Innenstadt eröffnet. Hier finden auch Konzerte statt.

Spaziergang durch das 19. Jh.: Gaslamp Quarter

Die Sanierung des aus dem 19. Jh. stammenden Gaslamp Quarter war eine große Erfolgsgeschichte: Schmiedeeiserne und andere Gebäude, die abgerissen werden sollten, wurden in Geschäfte, Restaurants und Nachtclubs verwandelt. Die belebtesten Straßen sind die 4th und 5th Avenue zwischen der Market Street und dem Harbor Drive – hierher kommt man am besten am Abend (S. 203). Aber auch tagsüber gibt es historische Sehenswürdigkeiten zu besuchen. Im Davis-Horton House erhalten Sie dazu Informationen.

Grant Grill Lounge: 326 Broadway, Tel. 1 619 7 44 20 77, www.grantgrill.com/grant-grill lounge, tägl. 14–23 Uhr

KLEINE PAUSE

In der Bar des **U. S. Grant Hotel** werden elegante Cocktails wie in alten Zeiten gemixt.

---

226 C1

Maritime Museum of San Diego
1492 N. Harbor Drive, an der Ash Street ☎ 1 619 2 34 91 53 www.sdmaritime.org tägl. 10–17 Uhr Bus 280, 290, 923, 992, Straßenbahn (Santa Fe Depot) 24 $

San Diego Aircraft Carrier Museum
910 N. Harbor Drive, am Navy Pier ☎ 1 619 5 44 96 00 www.midway.org tägl. 10–17 Uhr Bus 280, 290, 923, 992, Straßenbahn (Santa Fe Depot) 31 $

Hafenrundfahrten
Hornblower Cruises Navy Pier, 970 North Harbor Drive ☎ 1 619 6 86 87 00 www.cityexperiences.com Bus 923, 992, Straßenbahn (Santa Fe Depot) ab 40 $

Seaport Village
Harbor Drive, vom Pacific Highway bis Market Place ☎ 1 619 2 35 40 14 www.seaportvillage.com Bus 923, 992, Straßenbahn (Seaport Village)

Gaslamp Quarter
4th, 5th und 6th Avenue zwischen Broadway und Harbor Drive www.gaslampquarter.org Bus 3, 11, 120 (u. a.), Straßenbahn (5th Avenue)

Davis-Horton House (Gaslamp Museum)
410 Island Avenue ☎ 1 619 2 33 46 92 https://gaslampfoundation.org Mi–Sa 10–16 Uhr 8 $

60 Balboa Park

Was?	Kulturvoller Stadtpark
Warum?	Hier gibt es alles: Naturpark, Zoo, Sportplätze und Museen.
Wann?	Ganzjährig, ganztägig
Wie lange?	3 Stunden bis 1 Tag
Resümee	Gelungene Verbindung von Natur und Kultur

Mit einer Fläche von 485 ha gehört der Balboa Park zu den größten Stadtparks der USA. Genießen lässt sich hier neben der herrlichen Natur auch die schöne Promenade El Prado mit anspruchsvollen Museen.

Die meisten der spanisch-maurischen Bauten am El Prado wurden in den Jahren 1915 bzw. 1936/37 anlässlich zweier internationaler Messen errichtet. In den Gewölbegängen, die viele der Gebäude miteinander verbinden, hängen Kronleuchter. Ungewöhnlich und faszinierend sind die Verzierungen der Fassaden, wie das muschelförmige Tor zum San Diego Museum of Art und die dazugehörigen Wappen, Gedenkmünzen und Beschläge. Im Balboa Park Visitor Center bekommen Sie Karten und Veranstaltungskalender.

Juwel für Gartenfreunde: das Botanical Building des Balboa Park mit Riesenfarnen, Orchideen und Lotuslilien

Museen, Museen und noch mehr Museen!

Die besten Museen des Parks sind das Mingei International Museum (Kunsthandwerk und Design aus aller Welt), das San Diego Air and Space Museum und das Reuben H. Fleet Science Center (inklusive IMAX-Kino mit Kuppeldach und cleveren interaktiven Exponaten). Das San Diego Automotive Museum zeigt fahrbare Untersätze – vom Ford Model T, Studebaker und Cadillac bis hin zu Lamborghini und Harley Davidson.

Arkadengang am San Diego Museum of Us, das sich ebenso den alten Ägyptern wie moderner Street Art widmet

Drei Einrichtungen teilen sich die Casa de Balboa: Das San Diego History Center und das Museum of Photographic Arts sowie das San Diego Model Railroad Museum, in dem Eisenbahnclubs diverse Eisenbahnrouten aufgebaut haben. Die Sammlung im San Diego Museum of Art umfasst Gemälde der Renaissance und des spanischen Barock sowie kalifornische Kunst. Das nahe gelegene Timken Museum of Art ist für seine Arbeiten von Rubens, Rembrandt, van Dyck und Veronese berühmt. Das Centro Cultural de la Raza am Park Boulevard südlich vom El Prado zeigt Werke lateinamerikanischer Künstler. Das San Diego Museum of Us konzentriert sich auf die Anthropologie des amerikanischen Südwestens und Lateinamerikas. Die San Diego Hall of Champions ehrt lokale Sportler.

Mike Hess Brewing: 879 W Harbor Dr, Tel. 1 619 230 54 33, www.mikehessbrewing.com, Mo–Mi 10–21/ Do, Fr bis 22, Sa 8.30–22, So bis 20 Uhr

KLEINE PAUSE

Mike Hess Brewing bietet eine große Auswahl an Gerstensäften und Tacos, alles mit bestem Bayblick.

ⓘ 226 C1 Balboa Park, Park Boulevard (12th Avenue), neben Highway 163 oder I-5 Park: 24 Stunden. Museen: unterschiedlich (einige Mo und/oder Di geschl.) Bus 3, 7, 215, 120 Park: frei

Balboa Park Visitor Center (House of Hospitality)
1549 El Prado
1 619 239 05 12
https://foreverbalboapark.org
tägl. 9.30–16.30 Uhr

61 La Jolla

Was?	Stadtviertel von San Diego
Warum?	Schickes Stadtquartier mit Stränden und zerklüfteter Küste
Wann?	Ganzjährig, ganztägig
Wie lange?	2 Stunden bis 3 Tage
Resümee	Bestens für einige ruhige Strandtage geeignet

Ob sich sein Name nun vom spanischen »joya« (Juwel) oder »hoyo« (Loch) ableitet, ist zwar umstritten, doch dies ist einer der schönsten Stadtteile San Diegos, mit in den Himmel ragenden Palmen und wahren Schmuckstücken von Häusern im mediterranen und Jugendstil.

Eine schöne Wanderung können Sie von den La Jolla Caves aus machen. Sie betreten hier einen Bungalow, zahlen und gehen die 133 Treppenstufen in die Höhlen hinunter (der Rückweg ist steil). Eine Plattform am Fuß der Treppe gewährt Ausblicke auf das Meer und die Küste.

Im milden Klima warten die weiten Strände zwischen Felsen in La Jolla nur darauf, erkundet zu werden.

Wenden Sie sich nun nach Westen und laufen dann südwärts entlang der meist von Pelikanen bevölkerten Felsen. Wenn man bei Ebbe hierher kommt, kann man in den Prielen zwischen Fels und Seegras Krabben, Seeschnecken und anderes Getier beobachten.

Die Küste entlang

Südlich vom Ellen Browning Scripps Park, der an den La Jolla Cove angrenzenden Grünanlage, lässt sich die Küste weiter erkunden. Ein paar Hundert Meter hinter dem Park erreicht man das Museum of Contemporary Art, San Diego (MCASD), das sich u. a. bedeutenden kalifornischen Nachkriegskünstlern widmet. Zuletzt wurde das Museum umgebaut, wodurch sich die Ausstellungsfläche verdoppelt hat.

Und es gibt darüber hinaus eine Zweigstelle des MCASD im Stadtzentrum, die jedoch zurzeit wegen Renovierung geschlossen ist.

La Jolla ist auch ein gutes Pflaster zum Einkaufen, vor allem die Prospect Street unweit des Museums und die Girard Avenue. Hier findet man viele Antiquitätenläden, Kunstgalerien, Juweliere, Boutiquen und Geschäfte mit Spezialitäten und Feinkost.

Möwen am Windansea Beach

Nördlich der Prospect Street kommen Sie über die Torrey Pines Road und den La Jolla Shores Drive zur Avenida de la Playa und La Jolla Shores Beach, dem Sandstrand unter Palmen, einer wahren Postkartenidylle.

Windansea Beach mit seiner heftigen Brandung ist ein Treffpunkt der Surfer, jedoch nichts für Anfänger – die sind in La Jolla Shores besser aufgehoben.

Bei der La Jolla Historical Society erhält man den Plan für einen 1,5-stündigen Rundgang durch den Ort, der zu historischen Gebäuden und anderen Sehenswürdigkeiten führt.

Brockton Villa Restaurant: 1235 Coast Boulevard, www.brocktonvilla.com, Mo 9–15, Di–Fr 9–21, Sa 8–21, So 9–15 Uhr
Grande Colonial La Jolla: 910 Prospect Street, https://thegrandecolonial.com

KLEINE PAUSE

Im **Brockton Villa Restaurant** kann man gut zum Lunchen oder Brunchen einkehren, hoch über den Felsen und dem La Jolla Cove. Alternativ empfiehlt sich ein Cocktail in der Bar des **Grande Colonial La Jolla** von 1913, das mit dem Nine-Ten auch ein exzellentes Restaurant besitzt. Im nahen **George's at the Cove** (S. 201) mit ebenfalls guter Küche erhascht man zuweilen einen Blick auf einen Schwarm Delfine.

---

i

226 C1 vom Zentrum San Diegos aus die I-5 nach Norden, die Ardath Road nach Westen, dann in die Torrey Pines Road (nach Süden zum Coast Boulevard, nördlich zu den La Jolla Shores) Bus 30

La Jolla Caves
1325 Coast Boulevard
1 858 459 07 46
www.cavestore.com
Mo–Do 10–18, Fr–So 9–18 Uhr (spätester Höhlenzugang 17.30 Uhr)
8 $

Museum of Contemporary Art (MCASD), San Diego
700 Prospect Street (La Jolla)
Do–So 10–16 Uhr
MCASD Downtown: 1100 & 1001 Kettner Boulevard 1 858 454 35 41
www.mcasd.org zurzeit wegen Renovierung geschl. 25 $

La Jolla Historical Society
7846 Eads Avenue 1 858 459 53 35
https://lajollahistory.org nach Anm. Pläne für interessante Rundgänge auf der Website

62 Palm Springs

Was?	Oasenstadt mit Nebenorten in der Sonora-Wüste
Warum?	Einstiger Erholungsort der Hollywood-Prominenz
Wann?	Nur nicht im heißen Hochsommer
Wie lange?	1 bis 3 Tage
Was noch?	Mit der Aerial Tramway auf den Mount San Jacinto fahren
Resümee	Herrliches Klima, reizvolle Umgebung, nostalgische Gefühle

Wenn es in San Diego oder Los Angeles wolkig ist oder wenn Südkalifornier ausspannen wollen, denken sie an Palm Springs. »Perfektes Klima, wundervolle Landschaft, reine Bergluft«, so warb 1887 eine Zeitungsanzeige für den Ort, der für eine kurze Zeit Palm Valley hieß. Die Berg- und Wüstenluft hat seitdem einiges an Unberührtheit eingebüßt, aber das Klima ist, außer im extrem heißen Sommer, sehr angenehm und die Landschaft spektakulär.

Palm Springs ist das Herz des Coachella Valley und liegt an dessen Westrand. In den neun Hauptorten des Tals leben rund eine halbe Million Menschen. Im Winter kommen 100 000 hinzu. Die meisten Superreichen residieren in Rancho Mirage, Palm Desert und La Quinta, alle östlich von Palm Springs. Weitere Städte im Tal sind das Erholungsgebiet Desert Hot Springs, das lockere Cathedral City sowie Indian Wells, Coachella und Indio.

Die namensgebenden Palmen sind in Palm Springs tatsächlich häufig zu finden.

Eldorado der Filmelite

In den 1920er- und 1930er-Jahren entwickelte sich Palm Springs zu einem Refugium für Hollywoods Elite. Schauspieler, Regisseure und Produzenten spannten im La Quinta Hotel (heute La Quinta Resort & Club) und im El Mirador Hotel aus und spielten im Raquet Club Tennis. Radiostars wie Jack Benny übertrugen ihre Shows manchmal aus ihrem Urlaubsparadies.

Shoppen ist, glaubt man Umfragen, die beliebteste Beschäftigung der Touristen im

Einer der ältesten Wüstenbewohner ist die Josua-Palmlilie, die ihre Äste zum Himmel streckt und dem Joshua Tree National Park seinen Namen gab.

Gebiet von Palm Springs. Der Palm Canyon Drive in Palm Springs, El Paseo in Palm Desert (der The-Gardens-Komplex, 73–585 El Paseo, ist ein guter Ausgangspunkt) und die Desert Hills Premium Outlets in Cabazon sind die drei wichtigsten Shoppingparadiese.

Dazu beschäftigt man sich hier gern mit Golf, entspannt am Pool oder lässt sich in einem der Wellnesshotels verwöhnen. Das Tahquitz Creek Palm Springs Golf Resort hat einen öffentlichen Golfplatz. Das Sunstone Spa und das exklusive Spa La Quinta laden zum Regenerieren ein.

Highlights

Die rotierenden Kabinen der Palm Springs Aerial Tramway sorgen für eine aufregende Fahrt zum knapp 3300 m hohen Mount San Jacinto. An manchen Stellen zwischen der Talstation (805 m) und der Bergstation (2591 m) schwingt die Gondel mitten zwischen massiven grauen Granitblöcken von gigantischen Ausmaßen. Die Wüste geht in eine alpine Bergwelt über, und die Temperatur fällt um 22 °C. Hier kann man wandern und picknicken.

Das Palm Springs Art Museum am Museum Drive ermöglicht einen guten Einstieg in die Geschichte der Wüste und ihrer Bewohner. Im Erdgeschoss befindet sich Kunst indigener Völker, im Dachgeschoss amerikanische Nachkriegskunst.

Kakteen, Agaven und andere Wüstenpflanzen gedeihen im überwucherten Moorten Botanical Garden am S. Palm Canyon Drive. Den Palm Canyon, den prächtigsten der Indian Canyons (Indian Canyon Drive, 5 km südlich vom E. Palm Canyon Drive, Informationen zu Führungen:

Tel. 1 760 3 23 60 18, www.indian-canyons.com), säumen hohe Palmen. Bei einer Canyonwanderung können Sie Felszeichnungen entdecken und Plätze, wo die Ureinwohner der Region ihre Nahrung zubereitet haben. Am leichtesten als solche zu identifizieren sind die glatten Einbuchtungen in den Felsen, wo Eicheln zu Mehl zerstampft wurden.

Giraffen, Geparden und Antilopen können Sie im 485 ha großen Living Desert Zoo & Gardens an der Portola Avenue, nördlich vom Highway 111, beobachten.

Der Joshua Tree National Park liegt an der Grenze der Colorado- und Mojave-Wüste, deren Hochebene das interessantere Terrain bildet, mit markanten Felsen als Kulisse für Kakteen, Josua-Palmlilien und andere Sukkulenten.

Ricks Desert Grill: 1596 N Palm Canyon Dr, Tel. 1760 3 25 21 27, tägl. 16–21 Uhr

Café des Beaux Arts: 73-640 El Paseo, Palm Desert, Tel. 1760 3 46 06 69, www.cafedesbeauxarts.com Fr–Mo 8–11, tägl. 11–15 und 17–21 Uhr

KLEINE PAUSE

Essen Sie im amerikanisch-kubanischen Traditionslokal **Ricks Desert Grill** einen Snack. In Palm Desert können Sie das **Café des Beaux Arts** aufsuchen.

Palm Springs
227 D2 Touristeninformation: 2901 N. Palm Canyon Drive ☎1760 778 84 18 www.visitpalmsprings.com

Desert Hills Premium Outlets
48400 Seminole Drive ☎1951 8 49 66 41 www.premiumoutlets.com Mo–Sa 10–21, So 10–20 Uhr

Tahquitz Creek Palm Springs Golf Resort
1885 Golf Club Drive ☎1760 3 28 10 05 www.tahquitzgolfresort.com

Sunstone Spa
32-250 Bob Hope Dr, Rancho Mirage ☎1760 2 02 21 21 https://aguacalientecasinos.com/spa

Spa La Quinta
49-499 Eisenhower Drive, La Quinta ☎1760 5 64 41 11 www.laquintaresort.com

Palm Springs Aerial Tramway
1 Tramway Road ☎1760 3 25 13 91 oder 1 888 5 15 87 26 www.pstramway.com Mo–Do 10–20 (letzte Talfahrt: 21.30 Uhr), Fr, Sa, So schon ab 8 Uhr SunBus 24 (3 km zu Fuß bergauf zur Talstation) 30,95 $

Palm Springs Art Museum
101 Museum Drive ☎1760 3 22 48 00 www.psmuseum.org Fr–Mo 10–17, Do 12–20 Uhr 16 $ (Do 17–20 Uhr: frei)

Moorten Botanical Garden
1701 S. Palm Canyon Drive ☎1760 3 27 65 55 www.moortenbotanicalgarden.com tägl. 10–16 Uhr, Mi geschl. 5 $

Living Desert Zoo & Gardens
47-900 Portola Avenue, nördlich vom Highway 111 Palm Desert ☎1760 3 46 56 94 www.livingdesert.org Juni–Sept. tägl. 7–13.30 (letzter Einlass: 13 Uhr), Okt.–Mai 8–17 (letzter Einlass: 16 Uhr) 40 $

Joshua Tree National Park
Haupteingang: Utah Trail, neben Highway 62, Twentynine Palms ☎1760 3 67 55 00 www.nps.gov/jotr 30 $ (pro Auto, eine Woche gültig)

Nach Lust und Laune!

63 Cabrillo National Monument

Der Entdecker Juan Rodriguez Cabrillo ging 1542 vor Anker – nicht weit von dem heutigen Denkmal, das seinen Namen trägt. »Ein sehr guter, geschlossener Hafen«, kommentierte er die Bucht von San Diego. Das Besucherzentrum informiert über die Geschichte. An klaren Tagen können Sie den Blick auf den Pazifik, San Diego, die Cuyamaca Mountains und sogar Mexiko genießen, im Winter ziehen Grauwale vorbei.

226 C1 1800 Cabrillo Memorial Drive 1 619 557 54 50 www.nps.gov/cabr/ tägl. 9–17 Uhr Bus 84 20 $ pro Auto

Die Statue von Cabrillo am nach ihm benannten National Monument ist eine Kalkstein-Kopie der ursprünglichen, 1939 in Portugal entstandenen.

64 Coronado

Die 15-minütige Überfahrt nach Coronado ist ein netter kleiner Ausflug. Attraktionen sind die Häuser aus dem 19. Jh. im Hafenviertel, z. B. das Hotel Del Coronado, die Geschäfte und die kleinen Parks an der Orange Avenue sowie der Silver Strand State Beach. Am Fähranleger können Sie ein Fahrrad mieten, das Gelände ist zumeist flach.

226 C1 1 619 437 87 88 www.coronadovisitorcenter.com Bus 901, 904

65 Old Town State Historic Park

Zwar finden viele Einheimische die Stadtgeschichte wenig ereignisreich, doch im Old Town State Historic Park mit seinen Glanzstücken aus dem 19. Jh. wird sie zum Leben erweckt. Restaurierte oder nachgebaute Häuser säumen die Straßen am alten Stadtplatz. So bekommen Sie eine Vorstellung von einst, fühlen sich aber nicht wie im Museum.

Die »Old California Gazette« enthält eine gute Karte. Das Robinson Rose House, mit Diorama und historischen Fotos der Altstadt, empfiehlt sich als Startpunkt. Gehen Sie nach Süden, das heißt nach rechts, wenn Sie wieder hinaustreten, dann erreichen Sie das nachgebaute San Diego House mit dem Tinsmith Old Town San Diego Store. Östlich liegt das sorgfältig renovierte Racine & Laramie, San

Diegos erstes Zigarrengeschäft, das die 1870er-Jahre aufleben lässt und immer noch Zigarren verkauft.

Das schlichte Holzgebäude der Mason Street School von 1865 versteckt sich hinter dem First San Diego Courthouse. Das einzige Klassenzimmer ist original ausgestattet, sogar mit einem Verzeichnis, das je nach Vergehen eine unterschiedliche Zahl von Schlägen vorsieht. Nebenan geht es deutlich freundlicher zu, denn im Nachbarhaus befindet sich Cousin's Candy Shop für Süßigkeiten aus der guten, alten Zeit.

Nördlich hiervon befindet sich die massige Casa de Estudillo. Mit ihren breiten, mit Rindsleder zusammengebunden Deckenbalken, ist sie das größte erhaltene Lehmziegelgebäude aus der Mitte des 19. Jh.s in der Altstadt. Das Innere vermittelt einen Eindruck vom ehemaligen Leben einflussreicher Rancher-Familien. Auf der anderen Seite der Calhoun Street sind im Seeley Stable, einst eine große Scheune, Postkutschen, Sättel und Kunsthandwerk der Gegend zu sehen.

Nordwestlich auf der Taylor Street und auf dem Presidio Drive nach Osten gelangen Sie zum Presidio (vom Standort des einstigen Forts hat man einen großartigen Blick auf das Stadtzentrum).

In der ehemaligen Mission San Diego ist das Junipero Serra Museum mit einer regionalen Kunstsammlung untergebracht.

226 C1 Old Town San Diego State Historic Park, begrenzt von Taylor, Juan, Twiggs und Congress Streets (Hauptparkplatz an der Twiggs Street)
1 619 220 54 22
www.parks.ca.gov/?page_id=663
Bus 8/9, 10, 30, 44, 8, 105, 150 frei

66 SeaWorld

Wussten Sie, dass Pottwale bis zu einer Stunde den Atem anhalten können und dass Orcas mit bis zu 65 km/h unterwegs sind? Dies und vieles mehr erfahren Sie in der San Diego SeaWorld, die mit dem Leben in der Unterwasserwelt vertraut macht. Besondere Attraktionen sind neben Haien, Pinguinen und Eisbären vor allem die Delfin-Shows (Shows mit hier lebenden Orcas wurden nach Protesten 2017 eingestellt) sowie die »Journey to Atlantis« und die »Shipwreck-Rapids«-Bootsfahrt: eine ansprechende Mischung aus Wrack-Infos und Unterhaltung.

226 C1 SeaWorld Drive, neben der I-5, Mission Bay 1 619 226 39 01
https://seaworldparks.com/en/seaworld-sandiego unterschiedliche Öffnungszeiten, meist 10 Uhr bis Sonnenuntergang (im Sommer später)
Bus 8, 9 ab 68 $

67 Mission Basilica San Diego de Alcalá

Diese Missionsstation wurde 1769 von Franziskanern in der Nähe der Altstadt gegründet, 1774 aber an ihren heutigen Standort verlegt. Prompt brannten Ureinwohner der

Region die erste Kirche nieder, 1803 zerstörte ein Erdbeben die zweite. Die dritte verfiel immer mehr, bis im 20. Jh. die Restaurierung begann. Bemerkenswert sind der 14 m hohe »campanario« (Glockenturm), die Gärten (Rosen, Bougainvillea und einheimische Sukkulenten) und die Hauptkirche, die man so lang und eng baute, weil man für die Balken keine größeren Stämme hatte.

226 C1 ✉ 10818 San Diego Mission Road ☎ 1 619 283 73 19 🌐 www.missionsandiego.com 🕐 tägl. 9–16 Uhr 🚌 Bus 13, 14, Straßenbahn: Mission San Diego 🎟 8 $

60 Anza-Borrego Desert State Park

Fans von Offroadfahrzeugen und Wanderer lieben diese große Wüste an der Route im Hinterland von San Diego nach Palm Springs. Außer zur Blütezeit der Wildblumen – sechs Wochen von Ende Februar bis April (die Blütezeiten variieren von Jahr zu Jahr) – lässt sich hier kaum eine Menschenseele blicken. An manchen Stellen ist zum Vorankommen ein Fahrzeug mit Allradantrieb erforderlich.

Aber Sie können auch einfach durch den Borrego Palm Canyon wandern, eine Oase in dieser staubtrockenen Gegend. Holen Sie sich dafür Karten und Tipps im Besucherzentrum. Wer keine Lust auf Wandern hat, kann sich die Broschüre über die Erosion Road besorgen.

227 D1/D2 ✉ Besucherzentrum: 200 Palm Canyon Drive, neben County Road S22, Borrego Springs ☎ 1 760 767 42 05 🌐 www.parks.ca.gov/?page_id=638 🎟 Zugang frei

69 Mojave Desert

Die Mojave-Wüste umfasst den südlichen Teil des Death Valley National Park. Die an ihrer Westseite an der US 395 und dem Highway 178 gelegene Stadt Ridgecrest dient als Tor zum Park. Spätestens dort sollten Sie volltanken und sich mit Lebensmitteln sowie Wasser und Eis versorgen. Im Death Valley gibt es weniger Einkaufsmöglichkeiten, und die Preise sind höher.

Vor Jahrmillionen bedeckte Wasser große Teile des Gebiets um Ridgecrest. Dies dokumentieren die Trona Pinnacles (RM 143, neben Highway 178, 22 Meilen/35 km östlich von Ridgecrest). Die vom Highway 178 abgehende Straße ist unbefestigt, aber fast immer befahrbar. Die Gipfel hat man auch schon in Science-Fiction-Filmen (z.B. in »Star Trek V«) als Landschaften gesehen, in Wirklichkeit aber bildeten sie einmal den Grund eines Sees.

Ähnlich verhält es sich mit den längst versiegten Fossil Falls (Highway 395, 20 Meilen/32 km nördlich der Kreuzung Highway 14/US 395): Was heute eine trockene Schlucht ist, wurde einst von einem Fluss geformt. Das Maturango Museum dient zugleich als Besucherzentrum. Es zeigt beeindruckende

Melodie der Wüste

Bei klarer Sicht erspäht man die Kelso-Dünen im Areal der National Preserve im Mojave Desert schon aus 40 km Entfernung. Der Wind hat Sand zu mehr als 200 m hohen Dünen aufgetürmt. Beim Näherkommen nimmt man oft einen Gänsehaut erzeugenden singenden Ton wahr, Begleitmusik des fliegenden Sandes, wenn der Wind über den Boden streift. Wer vom Kamm der Düne herunterrutscht, löst einen grollenden Ton aus und kann sogar die dumpfen Schwingungen der Körnchen spüren. *90942 Kelso Cima Rd, Kelso; www.nps.gov/moja/kelso-dunes.htm*

Ausstellungsstücke ausgestorbener tierischer Wüstenbewohner und die Geschichte der menschlichen Besiedlung der Region.

Südlich von Ridgecrest, neben der US 395, liegt Randsburg, ein Bergwerksstädtchen mit alten Hütten. Fahren Sie dann auf der Red Rock-Randsburg Road nach Westen und Sie gelangen zum Südende des Red Rock Canyon State Park (www.parks.ca.gov/?page_id=631), einem der Drehorte von »Jurassic Park«.

Weite Teile der östlichen Mojave-Wüste gehören zum Mojave National Preserve. Die Ranger im Kelso Depot Visitor Center versorgen Sie mit Lagekarten der Sanddünen, Höhlen und anderer Naturwunder.

225 F1/F2

Maturango Museum
100 E. Las Flores Avenue, Ridgecrest
1 760 375 69 00 www.maturango.org Mo–Sa 10–17, So 12–16 Uhr
5 $

Kelso Depot Visitor Center
Kelbaker Road, 22 Meilen (35 km) nördlich der US 40 1 760 252 61 08
www.nps.gov/moja Do–Mo 9–17 Uhr (zzt. wg. Renovierung geschl.)

70 Sequoia & Kings Canyon National Parks

Diese beiden bewaldeten Nationalparks sind weniger stark frequentiert als der Yosemite National Park, jedoch ebenso schön. Im Grant Grove Visitor Center erfahren Sie alles Wissenswerte über die Sehenswürdigkeiten des Kings Canyon National Park. Die Panoramastraße (im Winter geschl.) am Highway 180 entlang, durch die Gegend um Cedar Grove, ist der Höhepunkt. Sie folgt den Biegungen des Südarms des Kings River durch üppiges Grün und dann trockeneres Gebiet, bevor sie in einer Sackgasse endet. Der Parkplatz, 3 Meilen (5 km) nördlich von Grant Grove Village am Highway 180, ist Ausgangspunkt für eine kurze Wanderung zu den Roaring River Falls. 1,5 Meilen (2,5 km) weiter windet sich ein Weg (1 Meile, 1,6 km) zur malerischen Zumwalt Meadow.

Der Generals Highway führt vom Kings Canyon nach Süden in den Sequoia National Park. Im Lodgepole Visitor Center finden Sie eine Ausstellung über beide Parks und können für die nahe Crystal Cave Tickets kaufen. Die »marmornen Räume« dieser Höhle können nur im Rahmen einer Führung (Do bis So 10–16 Uhr) besichtigt werden.

Ranger führen den Park Besuchende auch zu den Wiesengründen und Sequoias des Giant Forest und des Moro Rock, einer Granitformation, die sich dort 2050 m hoch steil über der Ebene erhebt.

225 D3/D4 Kings Canyon National Park, Highway 180; Sequoia National Park, Highway 198 und Generals Highway 1 559 565 33 41 (beide Parks) www.nps.gov/seki 35 $ (pro Auto, Ticket gilt in beiden Parks für eine Woche)

Wohin zum ... Übernachten?

Preise für eine Nacht im Doppelzimmer (ohne Steuern):

$	unter 150 $
$$	150–250 $
$$$	über 250 $

SAN DIEGO

Hotel del Coronado $$$
Im »Del« von 1888, der größten Ferienanlage der Westküste, haben schon US-Präsidenten übernachtet. Es gibt zwei moderne Anbauten; die Zimmer im Hauptgebäude – einem Wunderwerk aus kunstvollem Dekor, Kuppeldächern, einem Turm usw. – sind oft klein und ohne Klimaanlage. Großzügige Gemeinschaftsbereiche entschädigen dafür.
✈226 C1 ✉1500 Orange Avenue, Coronado ☎1 619 4 35 66 11 oder 1 800 4 68 35 33 🌐www.hoteldel.com

Hotel Indigo San Diego Gaslamp Quarter $$–$$$
Preisgekröntes Hotel mit LEED-Umweltzertifikat im East Village nahe dem Gaslamp Quarter. In der Lobby wird man mit Pflanzenbildern auf grünes Denken eingestimmt, mit ökologischem Dachgarten und ermäßigten Parkgebühren für Hybrid-Autos. Viel Grünes vom Dach begegnet einem in der Hotelküche wieder. Spezielle Pakete inkl. Hundebetreuung. Von der Phi Terrace Bar im 9. Stock hat man eine tolle Sicht auf die City.
✈226 C1 ✉509 9th Avenue, San Diego, ☎1 619 7 27 40 00 🌐www.hotelinsd.com

Paradise Point Resort & Spa $$$
Die Ferienanlage auf einer 18 ha großen Insel im Mission Bay Park ist toll für Aktivurlauber: fünf Pools unter freiem Himmel, Heißwasserbäder und die hoteleigenen Sandstrände. Es gibt die Möglichkeit, ein Kanu oder ein Ruderboot zu mieten. Untergebracht sind Sie in hüttenähnlichen Zimmern.
✈226 C1 ✉1404 W. Vacation Road, San Diego ☎1 858 2 40 49 13 oder 1 855 463 3361 🌐www.paradisepoint.com

Scripps Inn $$–$$$
Hotels in La Jolla sind im Allgemeinen häufig kostspielig. Aber dieses 14-Zimmer-Gästehaus bietet angesichts seiner Lage an der Pazifikküste ein gutes Preis-Leistungs-Verhältnis. Einige Zimmer haben einen Balkon mit einem wunderbaren Blick auf den Ozean. Das kontinentale Frühstück ist im Preis eingeschlossen, einige Zimmer verfügen über eine Küchenecke, andere wiederum über einen Kamin.
✈226 C1 ✉555 Coast Blvd S La Jolla, ☎1 888 3 87 99 07 🌐https://scrippsinn.com

Sofia Hotel $$–$$$
Das Boutiquehotel im Stadtzentrum mit seiner Gothic-Revival-Architektur gehört zu den National Trust Historic Hotels of America. Es hat saubere, moderne Zimmer mit Flatscreen und Highspeed-WLAN. Das Balboa Theatre liegt schräg gegenüber, und zum Petco Park sind es auch nur wenige Schritte.
✈226 C1 ✉150 W. Broadway, San Diego, ☎1 619 2 34 92 00 oder 1 800 8 26 00 09 🌐http://thesofiahotel.com

The Wayfarer $–$$
Wenn Sie vom Zimmer direkt an den Strand oder auf die Uferpromenade gehen wollen, gibt es nichts Besseres als dieses Motel am Pacific Beach. Achtung: Der Strand und die Uferpromenade sind nicht gerade ruhig! Etwa die Hälfte der Zimmer hat Miniküchen.
✈226 C1 ✉707 Pacific Beach Drive, San Diego ☎1 858 4 88 47 00 🌐www.wayfarersd.com

Der Backsteinbau des historischen Sofia Hotel hat einen Logenplatz in Downtown San Diego.

PALM SPRINGS

Casa Cody Country Inn $$
Historisches Gästehaus aus den 1920er-Jahren vor der Kulisse der San Jacinto Mountains. Viele der 28 Zimmer sind mit Kamin, Terrasse und Küche ausgestattet, das Haus legt Wert auf Nachhaltigkeit. Das Frühstück ist im Preis inbegriffen. An Wochenenden sind zwei Übernachtungen obligatorisch.
227 D2 175 S Cahuilla Road, Palm Springs 1 760 3 20 93 46 www.casacody.com

The Chateau at Lake La Quinta $$
Ein französisches Château im Stil des 18. Jh.s mitten in der Wüste am Ufer eines künstlichen Sees wirkt eigenartig. Doch in diesem luxuriösen B&B geht es sehr stilvoll und zugleich gemütlich zu. Die Zimmer sind mit subtilem Flair nach Themen eingerichtet (z. B. »Don Quixote« und »Afrikasafari«).
227 D2 78-120 Caleo Bay, La Quinta 1 760 5 64 73 32 oder 1 888 2 26 45 46 www.thechateaulakelaquinta.com

The Westin Mission Hills Golf Resort & Spa $$$
Auf dem 145 ha großen Anwesen wird der Gast rundum verwöhnt: Unter allen erdenkbaren Annehmlichkeiten erwarten ihn zwei Golf-Kurse, Spa und Wellnesscenter, drei Pools, sieben Tennisplätze und ein Kinder-Club. In den Gebäuden im spanisch-maurischen Stil verteilen sich 472 Zimmer mit Terrasse und »Heavenly Bed« (eine eigene Luxusbettmarke), zudem 30 Luxus-Suiten und mehrere Restaurants.
227 D2 71-333 Dinah Shore Drive, Rancho Mirage 1 760 3 28 59 55 www.westinmissionhills.com

The Willows $$$
Ein Steinpfad windet sich durch den großen Vorgarten bis zur 1927 erbauten zweistöckigen Villa. Die meisten der acht geschmackvoll und mit einzigartigen Antiquitäten ausgestatteten Zimmer bieten Ausblicke auf den Ort. Ein hausgemachtes Gourmetfrühstück vom Feinsten ist inklusive. Der Pool im Innenhof verspricht Entspannung.
227 D2 312 West Tahquitz Canyon Way, Palm Canyon 760 3 20 07 71 www.thewillowspalmsprings.com/

DEATH VALLEY

The Oasis at Death Valley $$$
Der Reiz dieser Anlage aus »The Ranch at Death Valley« und »The Inn at Death Valley« besteht im Mix aus Geschichte, Rustikalität und lockerer Eleganz. Sanfte Farben, Palmen beim luxuriösen »The Inn«, Gärten, ein von einer Quelle gespeister Pool, ein Golfplatz und aufmerksames Personal sorgen trotz der Hitze für gute Stimmung. Alle Zimmer sind modern, aber nicht übertrieben eingerichtet. Die »Ranch« bietet günstigere Unterkunftsmöglichkeiten im Motelstil.
225 E3 Highway 190, Death Valley National Park 1 760 7 86 23 45 oder 1 800 2 36 79 16 www.oasisatdeathvalley.com

Wohin zum ... Essen und Trinken?

Preise für ein Hauptgericht (abends):

$	bis 15 $
$$	bis 35 $
$$$	über 35 $

SAN DIEGO & UMGEBUNG

Casa Guadalajara $–$$
Mexikaner in der Altstadt (unter der Regie der Läden des Bazaar del Mundo, S. 202) mit Tex-Mex-Kost und Super-Margaritas. Am Wochenende kann man in diesem etwas touristischen Lokal, wo es immer voll und lebhaft ist, auch frühstücken. Außer im Restaurant wird auch im Innenhof serviert. Besser reservieren, vor allem am Wochenende.
226 C1 4105 Taylor Street, San Diego 1 619 2 95 51 11 www.casaguadalajara.com Mo–Fr 11–21, Sa, So 10–21 Uhr

Chez Loma $$$
Das Chez Loma liegt in einem 1889 erbauten Haus und serviert seit drei Jahrzehnten romantische Dinner. Die europäische Karte

mit kreativen Zubereitungen von Fisch, Lamm, Ente und genialen Nachspeisen wechselt saisonal. Es ist ruhig, intim, aber nicht zu formell. Es gibt eine kleine Bar und eine exzellente Weinkarte.
226 C1 1132 Loma Avenue, Coronado 1 619 632 5952 www.chezloma.com tägl. 17–21, Fr–So auch 9–13.30 Uhr

The Fish Market $$

Nahe der Rennbahn von Del Mar gelegenes, günstiges und legeres Fischlokal. Auf der Karte stehen Austern, Fischsuppe, geräucherter Fisch, Sashimi und Sushi, Fish & Chips, Seafood-Cocktail, Schalentiere, sogar Huhn und Steak. Das Hauptrestaurant liegt am North Harbor Drive 750 in San Diego.
226 C1 640 Via De La Valle, Solana Beach 1 858 755 22 77 www.thefishmarket.com So–Do 11.30–20, Fr, Sa 11.30 bis 21 Uhr

George's at the Cove $$–$$$

Im ersten Stock ist ein Speisesaal mit Panoramafenstern zur Bucht von La Jolla. Am Wochenende muss man hier unbedingt reservieren. Die Dachterrasse eröffnet einen tollen Blick auf den Ozean, ist etwas legerer und nimmt keine Reservierungen an; an warmen Abenden muss man meist etwas warten. Serviert wird saisonale kalifornische Küche.
226 C1 1250 Prospect Street, La Jolla 1 858 454 42 44 www.georgesatthecove.com tägl. ab 11 Uhr

Herb & Wood $$

Mehrere kleine Portionen zum Teilen wie bei der Avocado mit kandiertem Jalapeño oder große Portionen wie beim »gepunkteten Barsch« aus der Pfanne. Alles ist lecker und die Stimmung in dem großen Esssaal glänzend. Ein »artist in residence« sorgt für künstlerisches Ambiente.
226 C1 2210 Kettner Blvd, San Diego 1 619 955 84 95 https://herbandwood.com tägl. 7–21, Fr, Sa bis 21.30 Uhr, Sonntagsbrunch 10–14 Uhr

Nine-Ten $$–$$$

Der Meerblick, die schicke Umgebung und die tolle kalifornische Küche ziehen Einheimische und Touristen an. Suppen, Meeresfrüchte und Gourmetkäse sind Highlights, ebenso die erstklassige Weinkarte. Das Probiermenü bereitet der Chefkoch selbst zu.
226 C1 910 Prospect Street, La Jolla 1 858 964 54 00 www.nine-ten.com Mi–Fr 7–11, Sa, So 7–14, Mi–Fr 11.30–14 und Mi–So 17–21 Uhr

Seafood-Gerichte sind in San Diego natürlich super frisch!

Puesto $$

Moderne mexikanische Küche in angesagter Location in La Jolla. Exzellente Tacos, der Tequila und Mezcal sind auch nicht schlecht.
226 C1 1026 Wall St, La Jolla, San Diego 1 858 454 12 60 www.eatpuesto.com So–Do 10–21, Fr, Sa bis 22 Uhr

PALM SPRINGS

Billy Reed's $$

Seit 1975 in Palm Springs ein Renner bei Amerikanern und Ausländern, mit einer viktorianischen Einrichtung, deren Pomp aber nicht ganz zur eher einfachen Küche passt. Frühstück, Lunch und Dinner werden ganztägig in großen Portionen serviert.
227 D2 1800 N. Palm Canyon Drive, Palm Springs 1 760 325 19 46 https://billyreedsps.com tägl. 8–21 Uhr

Shame on the Moon $$–$$$

Der ungewöhnliche Name stammt von einem alten, von Bob Seger 2016 neu interpretierten Song. Die elegante, leichte Ausstattung, der aufmerksame Service, das sorgfältig zubereitete Essen und die zivilen Preise in diesem edlen Lokal in Rancho

Mirage strahlen ebenfalls Harmonie aus. Die Karte mit Pastagerichten und Meeresfrüchteangeboten und Ente wechselt saisonal. Himmlisch sind auch Vorspeisen, Suppen und Desserts.
227 D2 69950 Frank Sinatra Drive, Rancho Mirage 1 760 324 55 15
www.shameonthemoon.com
Mi–So ab 17 Uhr

Le Vallauris $$$
Alteingessenes, renommiertes französisches Restaurant mit kreativer Assimilation der California-Cuisine bei der Zubereitung von Lamm, Kalb, Rind und Fisch. Hier lässt es sich stilvoll speisen, samt entspannendem Drink in der Piano Lounge. Lockerer geht es beim Lunch und Sonntagsbrunch zu. Hier waren schon viele Prominente zu Gast, wie Frank Sinatra und Präsident Ford.
227 D2 385 W. Tahquitz Canyon Way, Palm Springs 1 760 325 50 59
www.levallauris.com Fr, Mo–Sa 17–21, So 11–14 und 17–21 Uhr

DEATH VALLEY

The Ranch 1849 Buffet $$
Ordentliches Essen zu vernünftigen Preisen zum Frühstüch, Mittag- und Abendessen, direkt beim »Town Square« der »Ranch«. Wer Gourmetqualität (zu höheren Preisen) schätzt, findet im »Inn Dining Room« des luxuriösen »Inn« das passende Angebot.
225 E3 Highway 190, Death Valley National Park 1 760 786 23 45
www.oasisatdeathvalley.com/dine
Frühstück 6–10, Lunch 12–16 und 16–21 Uhr, Reservierung empfohlen

Wohin zum … Einkaufen?

Einkaufszentren, Freiluftmärkte oder Outlet-Malls – in Südkalifornien macht Shopping richtig Spaß. San Diego und Palm Springs haben die lohnendsten Einkaufsmeilen und dazu reichlich California-Flair.

SAN DIEGO

In San Diego finden Sie Boutiquen und auch kleinere Läden. Viele Einkaufszentren liegen im Gebiet des Mission Valley und des Hotel Circle. **Fashion Valley** (7007 Friars Road, www.simon.com/mall/fashion-valley) und **Mission Valley Shopping Mall** (1640 Camino del Rio North, www.mission-valley.com) sind die größten. Wer es auf Schnäppchen abgesehen hat, kann die **Las Americas Premium Outlets** (4211 Camino de la Plaza, www.premiumoutlets.com/outlet/las-americas) an der mexikanischen Grenze ansteuern.

Im **Gaslamp Quarter** (zwischen 4th und 6th Avenue, Harbor Drive und Broadway) finden Sie Antiquitätengeschäfte und Kunstgalerien. **Seaport Village** (Harbor Drive am Kettner Boulevard, www.seaportvillage.com) ist ein Einkaufszentrum, das einem Fischerdorf nachempfunden wurde. Im **Hillcrest** nördlich des Zentrums gibt es Buch- und Musikgeschäfte und die meisten auf die LGBTQ-Community ausgerichteten Läden (www.fabuloushillcrest.com).

Auf dem **Bazaar del Mundo** (Juan Street und Taylor Street, www.bazaardelmundo.com) in Old Town werden günstige mexikanische Volkskunst, Kunsthandwerk und Bekleidung angeboten.

In Coronado kann man durch exklusive Boutiquen an der Orange Avenue stöbern. Den **Ferry Landing Marketplace** (https://coronadoferrylanding.com) säumen mehr als zwei Dutzend Geschäfte. In La Jolla gibt es viele Boutiquen, vor allem rund um die Prospect Street.

PALM SPRINGS UND UMGEBUNG

In Palm Springs und Umgebung ist **Palm Desert** die beste Einkaufsmeile. Am El Paseo reihen sich Boutiquen, Galerien, Kaufhäuser und Restaurants aneinander. Wenn es zu heiß wird, können Sie zu den Shops at Palm Desert (https://shopsatpalmdesert.com) ausweichen, ein Einkaufszentrum mit 150 Läden, Restaurants und Kinos.

In Palm Springs ist der **Palm Canyon Drive** die Haupteinkaufsstraße. Die Palm Springs Promenade bietet eine Auswahl eleganter

Boutiquen und größerer Läden. North Palm Canyon Drive ist ein guter Ort, um nach Antiquitäten und Sammlerstücken zu suchen.

In Thermal und Indio, bei Oasis Date Gardens (59–111 Highway 111, Thermal, www.oasisdate.com) und Shields Date Garden (80–225 Highway 111, Indio, www.shieldsdategarden.com), gibt es Datteln und Dattel-Shakes (Eiscreme und Milch).

In Cabazon, ein paar Meilen nordwestlich von Palm Springs, wird bei den Desert Hills Premium Outlets (48–400 Seminole Drive, www.premiumoutlets.com/outlet/desert-hills) in mehr als 130 Geschäften und Factory-Outlets Kleidung zu reduzierten Preisen angeboten.

Wohin zum … Ausgehen?

Die Gegend um San Diego und Palm Springs steht für ein pulsierendes Nachtleben, Outdooraktivitäten und Kultur. In San Diego finden Sie Veranstaltungstipps im »San Diego Magazin« (www.sandiegomagazine.com) oder im kostenlosen Wochenblatt »The Reader« (www.sandiegoreader.com). In Palm Springs informieren die Zeitschrift »Palm Springs Life« (www.palmspringslife.com) und die Freitagsausgabe der »Palm Desert Sun« (www.desertsun.com). Veranstaltungshinweise finden Sie bei der San Diego Performing Arts League unter http://sdpal.org, Tickets gibt es bei Arts Tix unter www.sdartstix.com.

THEATER

San Diego

Bei Arts Tix (900 4th Ave., Unit 3 Horton Plaza Park, Tel. 1 619 2 34 27 87, www.sdartstix.com) gibt es Tickets für Aufführungen am selben Tag zum halben Preis.

Im Old Globe Theater (Tel. 1 619 2 34 56 23, www.theoldglobe.org) im Balboa Park spielt eines der ältesten Ensembles Kaliforniens im Sommer Stücke von Shakespeare. Im Marie Hitchcock Puppet Theatre wird seit den 1940er-Jahren im Balboa Park Puppentheater für Kinder angeboten (Tel. 1 619 5 44 92 03, www.balboaparkpuppets.com). Das La Jolla Playhouse, das Horton Grand Theatre, Coronado Playhouse und das Cygnet Theatre (www.cygnettheatre.com) sind zu empfehlen.

MUSIK UND NACHTLEBEN

San Diego

Im Gaslamp Quarter, vor allem an der 4th und 5th Avenue, ballen sich die Bars und Nachtclubs. Rund um den Pacific, den Mission und den Ocean Beach bieten Musikclubs Dance, Rock, Jazz oder Blues. Die University Avenue, Park Boulevard und 5th Avenue in Hillcrest sind das Ausgehzentrum der LGBTQ-Community.

In North Park, östlich vom Balboa Park, liegt das Zentrum der Craft-Bier-Szene, dazu ein Mix von Galerien, Boutiquen und Bars. Die Spielzeit der im Civic Theatre beheimateten San Diego Opera (Tel. 1 619 5 33 70 00, www.sdopera.com) geht von Januar bis Mai.

Palm Springs

Das mit Spenden am Leben gehaltene Palm Canyon Theatre (538 N. Palm Canyon Drive, Tel. 1 760 3 23 51 23, https://palmcanyontheatre.net) bringt Aufführungen von Tourneetheatern und Musicalproduktionen auf die Bühne. Vorstellungen jeweils Donnerstag- bis Samstagabend sowie am Sonntagnachmittag. Das McCallum Theater (73000 Fred Waring Drive, Palm Desert, Tel. 1 760 3 40 27 87, www.mccallumtheatre.com) und das Annenberg Theater (101 Museum Drive, Palm Springs, Tel. 1 760 3 25 44 90, www.psmuseum.org) spielen traditionellere Stücke.

SPORT

Die Gegend von Palm Springs ist vor allem für ihre Golfplätze bekannt – viele sind auch öffentlich. Zudem kann man hier gut wandern, reiten, fischen und Fahrrad fahren.

San Diego zeichnet sich durch viele schöne Badestrände aus. Zu den beliebtesten gehören Coronado, Mission, Ocean, Pacific und Silver Strand Beach. Die abgeschiedeneren sind die La Jolla Cove, die La Jolla Shores und der Torrey Pines State Beach.

California Dreaming – die Golden Gate Bridge ist eines der bekanntesten Wahrzeichen Kaliforniens.

Touren

Egal, ob man auf dem Coast Highway 1 oder durch die Santa Monica Mountains fährt: Tolle Ausblicke gibt es auf diesen Strecken überall.

Seite 204–211

Coast Highway 1 und Point Reyes National Seashore

Was?	Autotour an der Küste nördlich von San Francisco
Wann?	Morgens früh losfahren
Länge	57 Meilen/91 km (einfach)
Dauer	6–8 Stunden
Start	Golden Gate Bridge ⌖222 B1
Ziel	Point Reyes Lighthouse ⌖222 B1

Wer auf dieser Tour unterwegs ist, genießt fantastische Ausblicke – auf San Francisco, die Golden Gate, Redwood-Wälder, ausgedehntes Ranchland und einen vom Wind geformten Abschnitt der Pazifikküste. Die Strecke sieht auf der Karte kürzer aus, als sie ist. Einen Tag sollte man schon einplanen – er ist gut investiert.

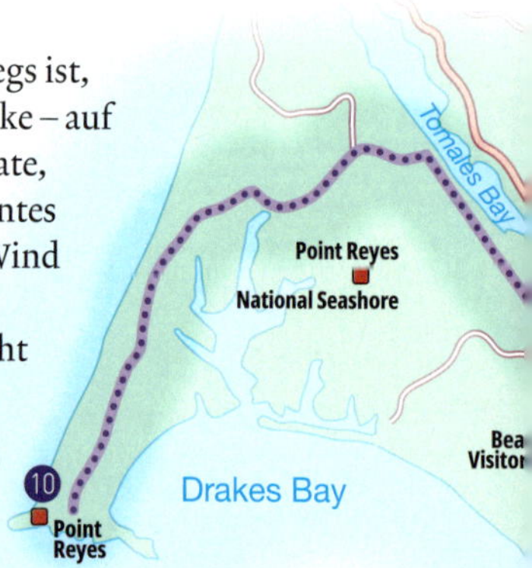

1–2
Fahren Sie die US 101 nach Norden über die Golden Gate Bridge (S. 57). Am Aussichtspunkt an ihrem Nordende halten Sie und haben die Stadtsilhouette von San Francisco im Blick.

2–3
Bleiben Sie auf der US 101 Nord bis zur Ausfahrt Mill Valley/ Stinson Beach. Dort fahren Sie rechts ab. Unterqueren Sie die US 101 und biegen Sie scharf rechts ab. Sie passieren einige kleinere Einkaufszentren und biegen dann links auf den Highway 1. Fahren Sie nach Westen und biegen Sie rechts auf den Panoramic Highway ein. Nach 1 Meile (1,6 km) geht es links auf die Muir Woods Road und den Wegweisern zum Muir Woods National Monument (S. 64) nach. Machen Sie eine der kürzeren Wanderungen durch die Redwood-Haine.

3–4

Fahren Sie auf der Muir Woods Road weiter nach Westen, bis Sie auf den Highway 1 trifft, biegen Sie rechts ab, und fahren Sie etwa 7 Meilen (11 km) nach Norden zum Stinson Beach. Stellen Sie Ihren Wagen auf dem Parkplatz des Strandes ab (direkt westlich vom Zentrum der Stadt).

4–5

Wenn Sie Stinson nun in nördlicher Richtung verlassen, kommen Sie an der Bolinas Lagoon vorbei, wo sich häufig weiße Kraniche, Pelikane und Seelöwen zeigen.

5–6

Nehmen Sie nach der Lagune die erste Abzweigung links, und biegen Sie kurz danach wieder links auf die Olema-Bolinas Road ab. Biegen Sie am Stoppzeichen an der Horseshoe Hill Road wieder links ab. So kommen Sie ins Zentrum der früheren Hippie Enklave Bolinas mit dem Coast Café, Smiley's Schooner Saloon und Galerien mit Werken lokaler Künstler.

6–7

Verlassen Sie das Örtchen anschließend auf der Olema-Bolinas Road nach Norden. Biegen Sie an der Mesa Road nach links ab, dann geht es noch einmal links auf den Overlook

Das Point Reyes Lighthouse liegt am Ende einer langen, steilen Treppe.

Drive und schließlich rechts auf die Elm Road (innerhalb von weniger als 2 Meilen/3 km). Nun können Sie schon den Parkplatz des Duxbury Reef sehen, wo viele Meerestiere in der Gezeitenzone leben.

7–8
Kehren Sie von Mesa auf die Olema-Bolinas Road zurück, biegen Sie links ab. Fahren Sie in nördlicher Richtung auf der Horseshoe Hill Road, die bald in den Highway 1 übergeht. Biegen Sie nach links ab und fahren Sie nach Norden nach Olema. Im ca. 2 Meilen nördlich gelegenen Nachbarort Point Reyes Station ist der Hofladen des Getränkeproduzenten, der sich vom Rest Kaliforniens abhebt: Bei Heidrun Meadery (11925 State Rte 1, Point Reyes Station, www.heidrunmeadery.com) gibt es Honigwein.

8–9
Wenn Sie nach Olema zurückfahren, biegen Sie rechts auf die Bear Valley Road ab, die zum Bear Valley Visitor Center der Point Reyes National Seashore (S. 64) führt.

9–10
Nach dem Besuch des Visitor Center brauchen Sie fast eine Stunde, um den Sir Francis Drake Boulevard erst in nördlicher und dann in westlicher Richtung bis zum Point Reyes Lighthouse zu fahren. Mind. eine halbe Stunde – besser eine Stunde – vor Schließung sollten Sie dort eintreffen (Restaurierung des Leuchtturms, daher vor dem Besuch aktuelle Infos zu Öffnungszeiten unter www.nps.gov/pore einholen). Die fantastische Szenerie lohnt den Weg auch ohne Turmbesichtigung.

Due West: 10005 CA-1, Olema, Tel. 1 415 663 90 00, http://olemahouse.com, tägl. 12–21 Uhr

KLEINE PAUSE
Zum Mittagessen empfiehlt sich in Olema das Restaurant **Due West.** Die fangfrischen Austern, die es hier gibt, kommen von nahe gelegenen Farmen.

Mulholland Drive

Was?	Autotour auf dem Kamm der Santa Monica Mountains
Wann?	Wann immer Sie eine Pause vom Stadtchaos brauchen.
Länge	77 Meilen/124 km (einfach)
Dauer	3–5 Stunden
Start	North Highland Avenue und Hollywood Boulevard ⇼226 C3
Ziel	Santa Monica ⇼226 C3

Der Mulholland Drive ist nach William Mulholland benannt, der Anfang des 20. Jh.s die Wasserversorgung für Los Angeles mit Pipelines aus Nordkalifornien organisierte.

1–2
Zuerst müssen Sie den Anfang des Mulholland Drive finden. Kreuzen Sie dazu auf der N. Highland Avenue den Hollywood Boulevard Richtung Norden. In der Nähe des Hollywood Freeway (US 101) vereint sich die Straße mit dem Cahuenga Boulevard West, der an der Westseite des Freeways verläuft. Beim Cahuenga Pass biegen Sie links ab (an der Ampel, an der Sie abbiegen müssen, ist das Straßenschild »Mulholland Drive« angebracht).

2–3
Der Mulholland beginnt sofort kurvenreich seinen Weg. Aber die erste Rast- und Fotopause bietet sich schon nach weniger als einer Meile am großartigen Jerome C. Daniel Overlook above the Hollywood Bowl an.

3–4
Dies ist der am stärksten befahrene Abschnitt des Mulholland – mit hoher Filmstardichte und entsprechend vielen Schaulustigen. Jede Menge toller Aussichtspunkte erwarten Sie. Kurz nach Mulholland 7701 stoßen Sie auf den Universal City Overlook, etwas später ist der Nancy Hoover Pohl Overlook at Fryman Canyon einen Halt wert. Ein Stück weiter bei 8591 Mullholland Dr. folgt der nächste Stopp, der Mulholland Scenic Overlook.

4–5

Etwa 2 Meilen (3 km) westlich der 405 (San Diego Freeway) macht der Mulholland Drive einen scharfen Knick nach links und wird zur Schotterstraße. An der früheren San Vicente Nike Missile Site, einer Raketenbasis zur Zeit des Kalten Kriegs, wird Sie ein Tor schließlich stoppen.

5–6

Fahren Sie zurück zum Beginn der Schotterpiste, genießen Sie den Ausblick ins Tal und folgen Sie dann der asphaltierten Straße (Encino Hills Drive) Richtung San Fernando Valley. Biegen Sie an der Hayvenhurst Avenue links ab.

6–7

Folgen Sie der Straße zum Ventura Boulevard. Biegen Sie nach Westen auf den Ventura ab und kurz darauf Richtung Norden auf den Balboa Boulevard. Sie kommen auf die US 101, die nun Ventura Freeway heißt, und bleiben 5 Meilen (8 km) darauf. Am Topanga Canyon Boulevard (Highway 27) biegen Sie nach Süden ab.

7–8

Nach weniger als 1 Meile biegen Sie rechts ab und sind zurück auf dem Mulholland Drive.

8–9

Nicht ganz 1 Meile später erreichen Sie eine Kreuzung. Der Mulholland Drive führt nach Nordwesten und der Mulholland Highway nach Südwesten. Sie nehmen den Mulholland Highway.

9–10

Man fährt nun durch ein Gebiet, in dem Paramount Pictures Western gedreht hat. Man baute sogar eine Kulissenstadt, die besichtigt werden kann. Hierfür biegen Sie rechts auf die Cornell Road ab und folgen den Schildern zur Paramount Ranch.

10–11

Fahren Sie auf der Cornell Road zurück zum Mulholland Highway und biegen Sie rechts ab. Sie kommen an der Peter Strauss Ranch am Lake Enchanto und den Rocky Oaks vorbei.

11–12

Direkt beim Meilenstein 13.58 liegt ein Aussichtspunkt mit tollem Blick zurück zur Strauss Ranch und dem Malibu Lake.

12–13

Der Mulholland Highway trifft schließlich am Leo Carrillo State Beach (S. 155) auf den Pacific Coast Highway (PCH).

13–14

Fahren Sie auf dem PCH in südlicher Richtung durch Malibus Geschäftsviertel. Weiter geht's nach Süden und durch Pacific Palisades nach Santa Monica (S. 156).

Marmalade Cafe: 3894 Cross Creek Rd, Malibu, Tel. 1 310 317 42 42, http://marmaladecafe.com, So–Do 8–20, Fr, Sa bis 21 Uhr

KLEINE PAUSE

In Malibu lohnt ein Stopp am **Marmalade Cafe.**

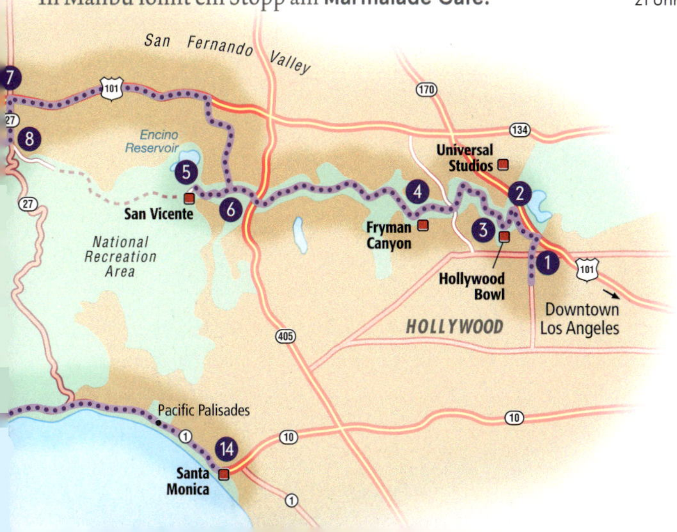

Egal ob San Francisco, Los Angeles oder San Diego – ein stilvolles Sektfrühstück vor dem Stadtbummel ist ein wunderbarer Start in den Tag.

Praktische Informationen

Was vor der Reise wichtig ist, wie Sie vor Ort gut zurechtkommen und viele Infos mehr erfahren Sie hier.

Seite 212–220

VOR DER REISE

Auskunft
Visit California: 🌐www.visitcalifornia.com/de
San Diego Visitor Information Center: ✉996-B.N. Harbour Drive, Downtown San Diego ☎1 619 737 29 99 🌐www.sandiegovisit.org
San José Visitor Information Center: ✉408 Almaden Blvd, San José ☎1 408 792 45 11 🌐www.sanjose.org
California Division of Tourism: ✉555 Capitol Mall, Suite 1100, Sacramento, CA 95814 ☎1 916 444 44 29

Nützliche Webseiten
Offizielle Website (mit Links zu San Francisco, Los Angeles, San Diego und anderen Orten): www.visitcalifornia.com
Portal des US-Bundesstaates Kalifornien: Infos über Politik, Wirtschaft, Verwaltung, Bevölkerung, Kultur usw.: www.ca.gov
California State Parks: www.parks.ca.gov
National Park Service: www.nps.gov
Offizielle Tourismus-Webseite der USA: www.visittheusa.de
Webseite des deutschen Visit USA Committee: www.vusa-germany.de, www2.vusa.travel
Informative deutschsprachige private Webseiten: www.magazinusa.com, www.tripsavvy.com/california-4139718

Botschaften
US-Botschaft in Deutschland: Pariser Platz 2, D-10117 Berlin
Postadresse: ✉Clayallee 170, 14191 Berlin ☎030 8 30 50 🌐https://de.usembassy.gov/de
US-Botschaft in Österreich: ✉Boltzmanngasse 16, A-1090 Wien ☎01 313 39 0 🌐https://at.usembassy.gov/de
US-Botschaft in der Schweiz: ✉Sulgeneckstr. 19, CH-3007 Bern ☎0 313 57 70 11 🌐https://ch.usembassy.gov

Konsulate in Kalifornien
Deutsches Generalkonsulat in Los Angeles: ✉6222 Wilshire Blvd., Suite 500, Los Angeles, CA 90048-5193 ☎1 323 930 27 03 🌐www.germany.info
Deutsches Generalkonsulat in San Francisco: ✉1960 Jackson St., San Francisco, CA 94109 ☎1 415 775 10 61 🌐www.germany.info
Österreichisches Generalkonsulat in Los Angeles: ✉11859 Wilshire Blvd., Suite 501, Los Angeles, CA 90025 ☎1 310 4 44 93 10 🌐 www.bmeia.gv.at/gk-los-angeles/
Österreichisches Honorarkonsulat in San Francisco: ✉44 Tehama St., San Francisco, CA 94104 ☎1 415 510 02 18 🌐www.open-austria.com
Schweizerisches Generalkonsulat in San Francisco: ✉Pier 17, Suite 600, San Francisco, CA 94111 ☎1 415 788 22 72 🌐www.eda.admin.ch/sf

Elektrizität
Die Spannung im US-amerikanischen Stromnetz beträgt für alle Geräte 110–115 V (Wechselstrom, »alternating current«; AC). Bei europäischen Geräten (z. B. Föhn) muss man die richtige Spannung einschalten und bei der Rückkehr in die Heimat wieder umschalten können! Die Frequenz beträgt 60 Hertz (Hz; Deutschland 50 Hz). Steckdosen sind nur mit amerikanischen Blattsteckern (»2 pin plug«) verwendbar.

Für europäische Elektrogeräte sind Adapter erforderlich! (Diese besorgt man am besten bereits zu Hause; ansonsten sind sie in US-amerikanischen Drugstores oder in Warenhäusern unter der Bezeichnung »appliances« erhältlich). Dabei sollte man auf jeden Fall daran denken, eine Anzahl von Adaptern mitzuführen – für die verschiedenen Geräte, die man im Alltag verwendet.

Ermäßigungen
Eigentlich ist immer irgendwo »sale«, also ein Sonderverkauf mit deutlichen Rabatten. Es lohnt sich, trotzdem einen kühlen Kopf zu behalten und die Angebote mit den Preisen anderer Anbieter zu vergleichen. Da die meisten Preise in Geschäften ohne Verkaufssteuern ausgezeichnet sind, muss man die State und die City Tax (7,25–9 %) noch dazurechnen.
Factory Outlets: Fabrikverkaufsstellen mit weit über 100 Markenfabrikanten und redu-

zierten Preisen findet man häufig an den Ausfallstraßen der großen Städte.
ISIC-Card: Der Internationale Studentenausweis (www.isic.de) bietet auch in Kalifornien viele Vorteile, von verbilligten Unterkünften bis hin zum ermäßigten Eintritt in Museen und Theater.
Senior Citizen: Viele Museen und andere öffentliche Einrichtungen gewähren Senioren (meist ab 60 Jahren) ermäßigten Eintritt.
AAA-Discount: Mitglieder des Amerikanischen Automobilverbandes oder seiner Schwesterorganisationen (wie dem ADAC) erhalten in zahlreichen Hotels und vielen Restaurants Ermäßigungen bzw. Sonderangebote.

Feiertage

1. Jan.	Neujahr
3. Mo im Jan.	Martin Luther King Day
3. Mo im Feb.	President's Day
März/April	Ostern
Letzter Mo im Mai	Memorial Day
4. Juli	Independence Day
1. Mo im Sept.	Labor Day
2. Mo im Okt.	Columbus Day
11. Nov.	Veterans' Day
4. Do im Nov.	Thanksgiving
25. Dez.	Weihnachten

Einige Geschäfte sind auch an Nationalfeiertagen geöffnet.

Geld

Währung: Der US-Dollar ist das gesetzliche Zahlungsmittel der USA. Er teilt sich in 100 Cent. Geldscheine (»bills«) sind als 1, 5, 10, 20, 50 und 100 Dollar im Umlauf. Alle Banknoten sind grün und gleich groß! Aus Sicherheitsgründen akzeptieren viele Geschäfte keine 100 Dollarnoten.

Es gibt Münzen (»coins«) zu 1 (»penny«), 5 (»nickel«), 10 (»dime«), 25 (»quarter«) und 50 (»half-dollar«) Cents sowie die (seltene) 1-Dollar-Münze.

Eingeführtes Bargeld über 10 000 $ muss deklariert werden. Hierzu können Sie das Zollformular verwenden, das bei der Einreise bereitliegt.
Kreditkarten: Wichtiges Zahlungsmittel sind Kreditkarten (vor allem Visa und Mastercard, etwas weniger geläufig sind Karten von Amex und Diners Club), die von den meisten Geschäften akzeptiert werden.
Geldwechsel: Banknoten aus anderen Ländern tauscht man am besten bei einer Bank in Dollar um. An Geldautomaten (ATM) können Sie Geld von Ihrem Kreditkartenkonto in Dollar abheben, an vielen auch mit ihrer Girokarte (sofern sie die Maestro-Funktion hat).
Wechselkurse (ändern sich täglich, Stand Jan. 2024):
1 $ = 0,92 € bzw. 1 € = 1,09 $
1 $ = 0,87 CHF bzw. 1 CHF = 1,15 $
Aktuelle Kurse u. a. bei: www.oanda.com, www.reisebank.de
Sperrnummern: Unter Tel. 0049 116116 kann man in Deutschland Bank- und Kreditkarten, Online-Banking-Zugänge, Karten für Mobilfunkgeräte und die elektronische Identitätsfunktion des neuen Personalausweises bei Verlust sperren lassen. Für Österreich gilt die Telefonnummer: 0043 1204 88 00. Die Schweiz hat keine einheitliche Notfallnummer. Die wichtigsten sind: 0041 44 659 69 00 (Swisscard); 0041 8 48 88 86 01 bzw. über Smartphone/App (UBS); 0041 58 9 58 83 83 (VISECA); 0041 44 8 28 32 81 (PostFinance).

Gesundheit

Die medizinische Versorgung ist gut. Dies gilt nicht nur für die Kompetenz der niedergelassenen Ärzte und Zahnärzte, sondern auch für die Krankenhäuser. Touristen, die regelmäßig ein bestimmtes Medikament einnehmen müssen, sollten eine Rezeptkopie mitführen, damit ein amerikanischer Arzt das Rezept bei unvorhergesehenen Notfällen erneuern kann.

In echten Notfällen wählt man die allgemeine Notrufnummer 911.
Krankenversicherung: Ärztliche Hilfe ist teuer! Arztbesuche müssen stets gleich bezahlt werden (Kreditkarte). Ein Krankenhausaufenthalt, eine Operation oder auch nur der Besuch in der Notaufnahme kann das Reisebudget schnell schwinden lassen. Man sollte daher auf jeden Fall vor Antritt einer USA-Reise eine Auslandsreisekrankenversicherung abschließen, die den medizinisch vertretbaren Rücktransport einschließt.

Auch der Einschluss von Zahnarztkosten ist unbedingt anzuraten.

Medikamente: Amerikanische Drugstores und Pharmacies ähneln eher deutschen Drogeriemärkten oder sind gar kleine Kaufhäuser. In Kalifornien gibt es einige Drugstore-Ketten wie Rite Aid, Walgreen oder CVS mit Filialen im ganzen Bundesstaat. Daneben findet man in größeren Städten noch einige Apotheken. Einige Medikamente, die in Deutschland verschreibungspflichtig sind, liegen frei zugänglich in Regalen aus. In den USA verschreibungspflichtige Medikamente erhält man nur gegen Rezept.

Öffnungszeiten: Drugstores bzw. Pharmacies sind meist von 9 bis 18 Uhr geöffnet. Einige haben aber auch bis 21 Uhr oder noch länger geöffnet.

Bei einem Notfall außerhalb der Öffnungszeiten muss man sich an die nächste Notaufnahme (»Emergency Room«, ER) wenden. Auch Krankenhäuser sind durchgehend geöffnet und verfügen über eigene Apotheken.

Trinkwasser: Das Wasser aus dem Hahn (»tap-water«) lässt sich nahezu überall bedenkenlos trinken. Mineralwasser in Flaschen – meist ohne Kohlensäure – ist in vielen Geschäften und Kiosken zu kaufen.

In Kontakt bleiben

Postkarten: Es werden auch im Internet-Zeitalter noch Postkarten verkauft und verschickt. Briefmarken (1,50 $) erhält man in Postämtern des United States Postal Service (USPS) und auch bei einigen Verkaufsstellen für Postkarten. Briefkästen sind erkennbar an ihrer blauen Farbe mit der Aufschrift »United States Postal Service«.

Telefonieren: Das Thema Festnetz-Telefonie hat sich weitgehend erledigt. Auch Telefone in Hotels dienen überwiegend der Kommunikation mit dem Hotelpersonal dienen. Ein Smartphone also ist unentbehrlich. Es dient nicht nur der Kommunikation, sondern auch der Orientierung und Navigation. Am besten kauft man sich eine amerikanische SIM-Karte. Diese sind für einen beschränkten Zeitraum nutzbar und neben der Telefon- und SMS-Funktion mit beispielsweise 10 GB Datenvolumen ausgestattet. Solche Karten sind den Niederlassungen von T-Mobile (www.t-mobile.com), Verizon (www.verizon.com) oder AT & T (www.att.com) erhältlich. Sie werden vom Personal direkt freigeschaltet und sind danach sofort einsetzbar. Nachrichtendienste wie Whatsapp stellen nach dem Wechsel der SIM-Karte die Frage, ob man trotz neuer Karte wie gewohnt über den Kanal kommunizieren möchte. Wer dies bejaht, ist für alle Kontakte wie gewohnt erreichbar.

In spärlich besiedelten Gebieten, von denen es in den USA viele gibt, ist das Netz häufig schlecht oder überhaupt nicht vorhanden. Auch unterscheidet es sich von Anbieter zu Anbieter. Nur entlang der Freeways wird die Infrastruktur langsam besser. In den Ballungsräumen dagegen ist der 5G-Standard bereits weit verbreitet. Alle Mietwagen sind gegenwärtig mit USB-Buchsen ausgestattet, sodass die Stromversorgung auch bei intensivem Gebrauch gesichert ist. Auch haben fast alle Wagen Bordkommunikationssysteme, auf denen die Displays angeschlossener Smartphones wiedergegeben werden. Auf diese Weise kann man sich beim Mietwagen die teuren Navis sparen. Wer auf Nummer sicher gehen möchte, sollte dies jedoch vor Ort abklären.

Internationale Vorwahlen
von DACH in die USA: ☎001
von den USA nach Deutschland: ☎0 11 49

Notrufe

Polizei, Ambulanz, Feuerwehr ☎911
US-Automobilclub AAA, ☎1800 AAA HELP
☎1800 400 42 22 (nur Kalifornien)
☎1800 2 22 43 57 (übrige USA)
Notrufsäulen gibt es entlang von vielbefahrenen Fernverkehrsstraßen (Interstate Highways).
ADAC-Notrufzentrale (in Deutschland) ☎0049 89 22 22 22

nach Österreich: ☎ 0 11 43
in die Schweiz: ☎ 0 11 41

Internet und WLAN: Viele öffentliche Orte, häufig auch Hotels oder Cafés bieten kostenloses WLAN (WiFi) an. Aus Datenschutzgründen sind viele US-Internetseiten von Europa aus nicht abrufbar, hierbei schafft ein VPN-Netzwerk Abhilfe.

Obdachlosigkeit
Eines der größten Probleme in Kalifornien ist die Obdachlosigkeit. Geschätzt 120 000 bis 180 000 Menschen haben in dem Staat kein Dach über dem Kopf. In allen großen Städten gehören Zeltstädte unter Brücken oder auf Parkplätzen zum Alltag, besonders schlimm ist die Lage jedoch in San Francisco. Die Suche nach Auswegen aus der ernsten Krise gestaltet sich schwierig, bes. weil Maßnahmen, die nach Sozialstaat aussehen, in den USA sehr schwierig umsetzbar sind.

Reisedokumente
Auch beim Umsteigen zum eigentlichen Zielort ist die erste Landung in den USA der Einreiseort. Wegen der verschärften Sicherheitsmaßnahmen sind drei Stunden Umsteigezeit nicht zu knapp berechnet. Für die Einreise ist der rote maschinenlesbare Reisepass Voraussetzung. Nach 2006 ausgestellte Pässe müssen zusätzlich biometrische Daten auf einem eingebauten Chip zur Verfügung stellen. Seit 2009 ist zudem das gebührenpflichtige elektronische Reisegenehmigungsverfahren ESTA in Kraft, mit dem mindestens 72 Stunden vor Reisebeginn die Einreiseerlaubnis online eingeholt werden muss (derzeit 21 $ p. P.). Informationen zum Verfahren und die Beantragung laufen über die Webseite: https://esta.cbp.dhs.gov/esta/.

Reisezeit
In Kalifornien ist das Wetter von Region zu Region etwas anders. Im gesamten Bundesstaat sind der Frühling und der Herbst normalerweise freundlich, und in Palm Springs, Los Angeles und anderen Orten Südkaliforniens ist es selbst im Winter angenehm. Im Norden des Bundesstaates und im Hochgebirge kann es dagegen bitterkalt sein. In der Sierra Nevada sind nicht selten Pässe auf Nebenstrecken gesperrt. Im Sommer erreichen die Temperaturen in den Küstenregionen 16–32 °C, in den Wüsten im Binnenland, im Central Valley und im Gold Country bis zu 40 °C.

In San Francisco, Monterey und anderen Küstenregionen der Nordhälfte des Bundesstaates zieht im Sommer häufig Nebel auf und sorgt für Kühle. Die regnerische Saison in Kalifornien dauert im Normalfall von November bis April.

Über die Gefahr von Waldbränden informiert: www.fire.ca.gov/incidents.

Sicherheit
In den meisten Touristengebieten Kaliforniens ist die Kriminalität kein großes Thema. In Städten aber sollte man vorsichtig sein: Meiden Sie, wie auch anderswo auf der Welt, problematische Stadtviertel und tragen Sie keine großen Bargeldbeträge mit sich herum. Ungeniertes Fotografieren sozialen Elends könnte unwillige Reaktionen der Betroffenen provozieren. Meiden Sie bei Dunkelheit unbekannte Stadtviertel. Sollte es zu einem Übergriff kommen, geben Sie Ihr Geld ohne zu zögern heraus.

Alleinreisende, Männer wie Frauen, treffen in Kalifornien auf keine besonderen Schwierigkeiten, wenn sie Problemviertel meiden und die vergleichsweise höheren Übernachtungspreise – man zahlt meist das Zimmer und nicht pro Person – in Kauf nehmen. Das Fahren per Anhalter (»hitchhiking«) ist weit weniger üblich als früher und mit persönlichem Risiko verbunden.

Werden Sie von einem Polizeiwagen gestoppt, fahren Sie an den rechten Straßenrand, drehen Sie das Seitenfenster herunter, bleiben Sie im Auto sitzen und lassen Sie die Hände sichtbar auf dem Lenkrad.

Bei Notfällen wählen Sie die kostenfreie Rufnummer 911.

Zeit
In Kalifornien gilt Pacific Standard Time (PST), die 9 Stunden hinter der Mitteleuropäischen Zeit (MEZ -9) liegt. Ist es in

Frankfurt 18 Uhr abends, zeigt die Uhr in Los Angeles 9 Uhr morgens. Anfang März wird die Uhr für die Sommerzeit um 1 Stunde vor- und Anfang Nov. wieder zurückgestellt.

Zollbestimmungen
Auf dem Hinflug in die USA wird ein Formblatt der Zollbehörde ausgefüllt, das bei der Einreise abgegeben wird. Handelsware, etwaige Geschenke und Geldbeträge über 10 000 $ müssen ausgewiesen werden. Einfuhrverbote gelten für landwirtschaftliche Produkte, wie Fleisch, Wurst, Gemüse oder Obst.

Bei der Rückreise in ein Land der EU gelten zollfreie Freimengen, über die aktuell die Webseite www.zoll.de informiert.

ANREISE

Mit dem Flugzeug: Kalifornien besitzt drei wichtige internationale Flughäfen, San Francisco International (SFO), Los Angeles (LAX) und San Diego (SAN). Alle drei werden von europäischen Flughäfen aus angeflogen. Hinzu kommt saisonal auch San José (SJC) im Silicon Valley.

Flüge aus Deutschland gehen meist ab/über Frankfurt/M. oder München, können aber auch auf anderen europäischen Flughäfen zwischenlanden (z. B. in London, Paris oder Amsterdam).

Gute Verbindungen bieten beispielsweise British Airways, United, Lufthansa, Air France oder KLM. Flughafengebühren und etwaige Steuern sind bereits im Preis des Flugtickets enthalten.

UNTERWEGS IN KALIFORNIEN

Mit dem Auto/Mietwagen: Die Interstate Highways 10, 15, 40 und 80 sind die Hauptverkehrsadern, über die Sie aus dem Osten des Landes nach Kalifornien gelangen; aus nördlicher Richtung sind dies die I-5, die US 395 und US 101.

Außer wenn anders angezeigt, können Sie an roten Ampeln rechts abbiegen, nachdem Sie angehalten haben. An Kreuzungen von drei oder vier Straßen, die mit Stoppschild versehen sind, fährt derjenige als Erster, der zuerst an der Kreuzung war. Kinder unter acht Jahren und unter 145 cm Körpergröße müssen in einem Kindersitz sitzen, alle Passagiere müssen einen Sicherheitsgurt anlegen.

Mietwagen der gängigen Verleihfirmen, wie Alamo, Avis, Dollar, Enterprise, Hertz, National, Thrifty, findet man an den Flughäfen und in den größeren Städten.
Gute Angebote hat Sunny Cars (www.sunnycars.de).

Mit Bahn und Bus: Die Züge von Amtrak (Tel. 1800 8 72 72 45; www.amtrak.com) halten in San Diego, Los Angeles, Santa Barbara, Emeryville (zwischen Berkeley und Oakland, mit Shuttlebus nach San Francisco), Sacramento und vielen anderen Städten.

Beliebt, weil günstig, sind auch die Überlandbusse der Greyhound Lines (Tel. 1800 2 31 22 22; www.greyhound.com).

ÜBERNACHTEN

Hotels und Resorts: Das Angebot ist groß und vielfältig und reicht von der Luxusanlage mit allem nur denkbaren Komfort bis zum sympathischen einfachen Familienhotel am Strand.

Auch in Kalifornien sind die Kettenhotels auf dem Vormarsch. Dank ihrer gebündelten Werbe- und Marketingkraft geraten kleinere Mitbewerber zunehmend ins Hintertreffen. Wer auf einer der großen Online-Buchungsplattformen seinen Favoriten gefunden hat, sollte vor einer Buchung noch einmal die Webseite des Hotels selbst aufsuchen. Nicht selten ist das dort ausgewiesene günstigste Übernachtungsangebot noch etwas preiswerter.

Motels und Motor Inns: Die auf den Autofahrer zugeschnittenen Unterkünfte findet man oft entlang der Fernstraßen. Meist liegen sie preislich im günstigeren Bereich und gehören spezialisierten Ketten an. Das Minimum, ein Zimmer mit zwei großen Betten, TV, Dusche und WC bieten auch sie. Oft sind sie so gebaut, dass die Zimmerfenster zum außen liegenden Flur zeigen. Ein Parkplatz ist für jedes Hotelzimmer vorhanden.

Bed & Breakfasts: Oft sind die kleineren Herbergen in umgebauten Privathäusern oder Villen zu finden. Die Zimmer sind häufig mit Antiquitäten dekoriert, das Frühstück wird frisch zubereitet. Anders als beispsielsweise in England gehören die B&Bs nicht zu den Budget-Unterkünften, sondern bieten ein gehobenes Niveau zu entsprechendem Preis. Eine große Zahl von Unterkünften bietet z. B. die Webseite www.bbonline.com/united-states/california.

Trinkgeld

In Hotels und Restaurants ist das Trinkgeld (»tip«), besser gesagt, das Bedienungsgeld, nur in den seltensten Fällen im Endpreis enthalten. Die Angestellten in Restaurants und Hotels haben oft sehr geringe Löhne und sind deshalb auf Trinkgelder angewiesen.

Dem Taxifahrer gibt man ein Trinkgeld von 15–20 % des auf dem Taxameter anzeigten Betrags, bei kurzen Strecken gelegentlich auch mehr. Friseurinnen und Friseure erwarten ein Trinkgeld von 15–20 %. Dem Schuhputzer gibt man 50 Cents. Busfahrer von Reisegruppen erhalten pro Reisetag von jedem Gast ca. 1,50 $, Reiseleiter 2,50 $.

ESSEN UND TRINKEN

Einwanderer aus vielen Ländern und unterschiedlichen Kontinenten haben in Kalifornien ihre Spuren hinterlassen. Wegen der kulinarischen Einflüsse aus dem pazifischen Raum spricht man auch von der »Pacific Rim Cuisine«. Und die große Zahl von Immigranten aus lateinamerikanischen Staaten, vor allem aber aus Mexiko, haben zu einem riesigen Angebot an Restaurants und Imbissen mit mexikanischer Küche geführt.

Da im fruchtbaren Hinterland der Küsten Kaliforniens alle Früchte und Gemüsesorten im Überfluss gedeihen, ist Frische in dem gesundheitsbewussten Bundesstaat angesagt. Dabei ergänzen frischer Fisch und Krustentiere die Avocados, Tomaten, Spargel, Melonen, Trauben oder Nüsse aus dem Central Valley. Fast-Food-Ketten gibt es natürlich auch, doch die »California Cuisine« gilt landesweit als frischeste und gesündeste der USA. Die Kalifornier belegen beim Gemüsekonsum im bundesweiten Vergleich stets unangefochten den ersten Platz. Vitaminreiche Chia-Samen und Kale (Grünkohlsprossen), dazu Melone und Schafskäse, so könnte das einfache, aber typische Rezept für einen kalifornischen Salat lauten. In den Städten von San Diego bis Sacramento haben sich für den Mittagslunch zudem Food Trucks, also »Essen auf Rädern« durchgesetzt, die zu den Büros und in die Zentren fahren und dort meist leckere und gesunde Mahlzeiten aller Küchenkulturen präsentieren.

Beliebt an heißen Tagen ist der Cold Brew: Kaffee wird dabei nicht mit heißem Wasser aufgebrüht, sondern über Stunden in kaltem Wasser extrahiert, dann gefiltert.

EINKAUFEN

Shopping gehört zu den beliebtesten Urlaubsaktivitäten weltweit. Und Kalifornien bietet »Shopaholics« das komplette Programm. In den großen Shopping Malls oder den Factory Outlets an den Ausfallstraßen der Städte, mit Boutiquen und Designer Shops in innerstädtischen Einkaufspassagen wie in San Francisco, mit Reiseandenken in zahllosen Shops vor allem in den großen Strandgebieten, beispielsweise denen von L. A. Aber auch in den Giftshops von Museen oder Nationalparks.

Öffnungszeiten

Geschäfte: Die meisten öffnen von 9 bis 18/19, viele bis 21 Uhr.
Banken: Werktags zwischen 9/10 und 15/16 Uhr geöffnet, manche bis 18 Uhr.
Postämter: An Wochentagen von 8/8.30 bis 17 oder 18 Uhr geöffnet. Samstags öffnen viele bis 13 Uhr.
Museen: Die meisten sind von 10 bis 17/18 Uhr geöffnet, donnerstags und freitags häufig auch länger.

AUSGEHEN

In Kalifornien begeistern Themenparks von Disneyland/Disney California Adventure und den Universal Studios bis hin zu den mit atemberaubenden Achterbahnen ausgestatten Parks von Six Flags, aber auch Weltklasse-Zoos wie der in San Diego oder der Living Desert Zoo von Palm Desert.

In den Städten locken Theater und Musikclubs mit hochkarätigen Darbietungen. Diese erleben auch Sportfreunde bei Profisportveranstaltungen beim American Football, Baseball, Basketball, Fußball oder Eishockey. Aktuelle Infos bieten die Visitor Center/Touristenbüros der einzelnen Orte.

VERANSTALTUNGSKALENDER

Der kalifornische Festkalender kennt keine Pause. Eine Fülle von Einzelveranstaltungen sowie eher außergewöhnliche Feste zur Artischocken- oder Knoblauchernte wechseln sich ab mit sportlichen Events, Marathonläufen oder hochklassigen Golfturnieren oder mit Festivals der mexikanisch- oder chinesisch-stämmigen Einwanderer, wie dem Cinco de Mayo oder dem chinesischen Neujahrsfest.

Januar
Tournament of Roses Parade: Neujahrsblumencorso mit Musikbands in Los Angeles.
🌐www.tournamentofroses.com

Februar
Chinese New Year Festival and Parade: Größtes asiatisches Fest außerhalb Asiens in San Francisco.
www.chineseparade.com

März
L. A. Marathon: Der Marathon mit über 20 000 Teilnehmenden aus mehr als 60 Staaten wird jährlich in Los Angeles ausgetragen.
🌐www.lamarathon.com

April
Cherry Blossom Festival: Kirschblütenfest in San Francisco (mit Parade, Teezeremonien, Ikebana usw.).
🌐www.sfcherryblossom.org
Coachella Valley Music and Arts Festival: Drei Tage Kunst und Musik in der Nähe von Palm Springs. 🌐www.coachella.com

Mai
Bay to Breakers: Der Laufwettbewerb findet in San Francisco statt, mit teils schrill kostümierten, teils recht knapp bekleideten Teilnehmenden.
🌐 www.baytobreakers.com

Juni
Los Angeles Film Festival: Amerikanische und internationale Filme kommen dabei auf die Leinwände, seit 30 Jahren bereits wird hier der Film gefördert.
🌐www.filmindependent.org/la-film-festival
San Francisco Pride: Elf Tage dauerndes Festival der LGBTQ-Community mit Künstlern und Gästen aus aller Welt.
🌐 https://sfpride.org

Juli
Gilroy Garlic Festival: Dreitägiges Knoblauchfest in der Kleinstadt südlich von San José.
🌐 https://gilroygarlicfestivalassociation.com

August
Italian Family Festa: mehr als 35 000 Teilnehmende kommen zusammen, Livemusik, Wein und herzhaftes Essen im Guadalupe River Park von San José.
🌐www.italianfamilyfestasj.org

September
Monterey Jazz Festival: Eines der ältesten Jazzfestivals der Welt (seit 1958), mit Künstlern wie Herbie Hancock oder Jamie Cullum.
🌐www.montereyjazzfestival.org

Oktober
West Hollywood Halloween Carnaval: 500 000 Teilnehmer, skurrile Verkleidungen am Santa Monica Blvd., immer am 31. Oktober zu Halloween.
🌐www.weho.org/halloween

November
Macy's Union Square Tree Lighting Ceremony: Am Tag nach Thanksgiving werden die Lichter des großen Weihnachtsbaums auf dem Union Square in San Francisco offiziell angeknipst.

Reiseatlas

Legende

- 80 Autobahn (Highway)
- Schnellstraße
- 50 Fernstraße
- 20 Hauptstraße
- Nebenstraße
- Straße in Bau / in Planung
- Staatsgrenze
- Bundesstaatsgrenze
- Nationalparkgrenze
- Naturparkgrenze
- Indianer-Reserat
- Militärisches Sperrgebiet
- Internationaler Flughafen
- Regionaler Flughafen
- Hafen; Flugplatz
- Kirche, Kapelle; Kloster
- Sehenswürdigkeit
- Archäologische Stätte
- Turm; Leuchtturm
- Wasserfall; Höhle
- Berggipfel; Pass, Joch
- 2 ★★ TOP 10
- 11 Nicht verpassen!
- 18 Nach Lust und Laune!

1 : 3 000 000

100 km

60 mi

Pacific Ocean
Redwood National Park
Crescent City
Oregon Caves National Monument
OREGON
CALIFORNIA
Happy Camp
Siskiyou Mts.
7309
Siskiyou Wilderness
Hamburg
Marble Mountain Wilderness
Klamath
Orick
Somes Bar
Yreka
8300
Weitchpec
Redwood Empire
Callahan
Weed
Arcata
Hoopa
Salmon-Trinity Alps Wilderness
Mount Shasta
Dunsmuir
Eureka
Humboldt Bay
Willow Creek
Thompson Pk.
9002
Castella
Cape Mendocino
Burnt Ranch
Loleta
5475
Del Loma
Clair Engle L.
Whiskytown Shasta-Trinity N.R.A.
Ferndale
Fortuna
Scotia
Capetown
Bridgeville
Weaverville
Shasta L.
Hayfork
Honeydew
4088
Hillcrest
Avenue of the Giants
Redding
Shelter Cove
Philipsville
Platina
Cottonwood
Garberville
Rosewood
Lassen Pk.
10456
Paynes Creek
Yolla Bolly Middle Eel Wilderness
Leggett
Mt. Lynn
8090
Henleyville
Red Bluff
Rockport
Cummings
Corning
Los Molinos
Round Valley Indian Reservation
Paskenta
Sacramento Valley
Fort Bragg
Mendocino
Willits
Elk Creek
Orland
Chico
Paradise
Redwood Valley
Snow Mt.
7057
Willows
Elk
Calpella
Novarro
Upper Lake
Williams
Manchester
Point Arena
Ukiah
Clear L.
Thermalito
Gridley
Hopland
Clearlake Oaks
Kelseyville
Williams
Marysville
Sonoma Coast
Cloverdale
6942
Yuba City
Stewarts Point
Lower Lake
Russian R.
Arbuckle
Wheatland
Fort Ross
Guinda
Calistoga
Jenner
Woodland
Santa Rosa
Sebastopol
Wine Country
Davis
Citrus Heights
Petaluma
Napa
Sacramento
Point Reyes National Seashore
Sloughhouse
Novato
Vallejo
Vacaville
Point Reyes
Drakes Bay
San Rafael
Richmond
Fairfield
Elk Grove
Muir Woods National Monument
Concord
Jackson
Sausalito
Berkeley
Antioch
Lodi
Golden Gate Bridge
SAN FRANCISCO
Oakland
Stockton
Angels Camp
San Mateo
Hayward
Manteca
Filoli
Tracy
Farmington
Fremont
224

Summer Lake Hot Springs
Wildlife Refuge
Ashland
Upper Klamath L.
Klamath Falls
Altamont
Mountains
Bly
L. Abert
Klamath R.
Worden
Drews Res.
Valley Falls
Hart Mtn.
8064
Hart Mountain National Antelope Refuge
Merrill
Hunters Hot Springs
Kandra
5288
Lakeview
4202
Lava Beds National Monument
Clear Lake Res.
Perez
Goose L.
Canby
Mt. Shasta
14163
7802
Willow Ranch
Warner Range
Steens Mountains
Alvord
Sheldon National Wildlife Refuge
Denio
Trident
8407
McCloud
Bartle
Pondosa
Pit R.
Canby
Alturas
Cedarville
Upper Alkali L.
Middle Alkali L.
Adin Pass
5188
Shasta Cascade
Nubieber
Adin
Likely
4842
Fall River Mills
Burney
Lower Alkali L.
Quinn
8619
King Lear
8923
Eagle L.
7949
Ravendale
CALIFORNIA
NEVADA
Lassen Volcanic National Park
5469
Susanville
Westwood
Litchfield
Smoke Creek Desert
Sulphur
Winnemucca
Gerlach
L. Almanor
Greenville
Belden
Honey L.
Pyramid Lake Indian Reservation
Rye Patch Res.
Keddie
Humboldt
9833
Trinity Range
Humboldt R.
Pyramid Lake
Winnemucca L.
Doyle
Sierra
Blairsden
Chilcoot
Oroville Res.
Lovelock
Alkali Flat
Great Basin
Sierraville
Nixon
Reno
Sparks
Carson Sink
Grass Valley
9144
Wadsworth
Fernley
Fallon N.W.R.
Humboldt Salt Marsh
Emigrant Gap
Truckee
Stillwater N.W.R.
Colfax
Gold Country
Fallon
Lake Tahoe
Lahontan Res.
9455
New Pass Summit
6348
Auburn
Rubicon R.
Dayton
Carson City
Military Restricted Area
Heights
South Lake Tahoe
Placerville
Military Restricted Areas
Middle Gate
7451
Pacific House
Gardnerville
Woodfords
Yerington
Cooks Station
Plymouth
Carson-Iceburg Wilderness
Walker River Indian Reservation
Pioneer
Walker R.
Wellington
Aqueduct
Lake Alpine
Gabbs
Ganns
Sonora Pass
9628
Devils Gate
7519
12083
Walker L.
Shoshone Mountains
11775
Stanislaus R.
11575
Hawthorne
Emigrant Basin Wilderness
Bridgeport
Hoover Wilderness
Mina
Sonora
Toiyabe Range
Smokey

Golden Gate Bridge
SAN FRANCISCO
11 12 13 14 15 – 28
Sausalito
31
Berkeley
Antioch
Oakland
Lodi
Stockton
Ganns
Angels Camp
Manteca
Farmington
Sonora
Tracy
San Mateo
Filoli
Hayward
Fremont
Redwood City
San Gregorio
Modesto
Oakdale
Waterford
Coulterville
Sunnyvale
San Jose
Winchester Mystery House
32
Turlock
Los Gatos
Boulder Creek
Ano Nuevo Point
Atwater
Monterey Bay National Marine Sanctuary
S. Francisco Bay
Cal. Aqueduct
San Joaquin R.
Morgan Hill
Gustine
Merced
41 Santa Cruz
Watsonville
Gilroy
San Felipe
Los Banos
Monterey Bay
Castroville
S. Luis Res.
San Juan Bautista
Chowchilla
Monterey Peninsula 39
Pacific Grove
Hollister
3802
Berenda
Monterey
Carmel
Salinas
Paicines
Madera
Carmel Valley
Diablo Range
San Luis Can.
Mendota
Point Sur
4416
Soledad
Pinnacles National Park
Salinas R.
7 Big Sur
Bitterwater
Fresno
Santa Lucia Range
King City
San Benito Mtn.
5239
Five Points
Delta Mendota Can.
Ventana Wilderness
Lucia
Gorda
San Lucas
Hanford
Fort Hunter Liggett Military Reservation
Alder Point
Alder Pk.
3747
Coalinga
Vanguard
Stratford
Lockwood
Bradley
Avenal
Corcoran
40 Hearst Castle
San Simeon
San Miguel
Cholame
Tulare L.
42 Cambria
Paso Robles
Atascadero
Harmony
43 Morro Bay
Santa Margarita
Estero Bay
Point Buchon
1522
Lost Hills
Wasco
San Luis Obispo
Simmler
Buttonwillow
44 Avila Beach
Arroyo Grande
Grover Beach
44 Pismo Beach
McKittrick
Oceano
Ford City
Guadalupe
Santa Maria
Cuyama
Vandenberg Air Force Base
Los Alamos
San Raphael Wilderness
Maricopa
Dick Smith Wilderness
Point Arguello
1985
6913
Lompoc
Solvang
San Rafael Mts.
Gaviota
2182
8 Santa Barbara
Ojai
Santa Paula
Carpinteria
Santa Barbara Channel
Ventura
San Miguel I.
Channel Islands National Park
Oxnard
Santa Rosa I.
Santa Cruz I.
Pacific Ocean
226

Lake Alpine
Sonora Pass
Devils Gate
7519
Hawthorne
Walker L.
Gabbs
Mt. Jefferson
11808
Hadley
Big Smokey Valley
Big Shoshone
Monitor
11575
Emigrant Basin Wilderness
Bridgeport
Hoover Wilderness
Bodie State Hist. Park
Mina
Groveland
Yosemite National Park
Tioga Pass
9945
Mono Lake
Lee Vining
Basalt
Coaldale
Tonopah
Yosemite Village
8842
Half Dome
Mt. Dana
13054
June Lake
El Portal
Mt. Ritter
13156
Mariposa
Ansel Adams Wilderness
Lake Crowley
Benton
9114
Warm Springs
Kawich Pk
9404
White Mts.
9445
Oakhurst
Goldfield
8376
Lakeshore
Devils Postpile National Monument
Nellis Air Force Bombing & Gunnery Range
Four Corners
Pineridge
Nevada
Boundary Pk.
13986
Bishop
9045
Mt. Woodworth
12219
Big Pine
Scotty's Junction
Clovis
Pine Flat Res.
Centerville
Inyo Mts.
Death Valley
Selma
Wilsonia
Kings Canyon National Park
John Muir Wilderness
Scottys Castle
8740
Pinehurst
Cedar Grove
Orosi
Independence
8957
Beatty
Nevada Test Site
Visalia
Sequoia National Park
Giant Forest
Mount Whitney
14495
Hells Gate
7057
Tulare
Exeter
Three Rivers
Owens L.
Panamint
National
Daylight Pass
4314
Golden Trout Wilderness
Amargosa Range
Porterville
Olancha
Furnace Creek
Tipton
Panamint Springs
Devils Hole (Death Valley Nat. Park)
Tule River Indian Reservation
Dome Land Wilderness
South Sierra Wilderness
Telescope Pk.
11050
Death Valley
Delano
China Lake Naval Weapons Center
Badwater Basin
Death Valley Junction
Richgrove
Glennville
Isabella
Los Angeles Aqueduct
6995
7365
Pahrump
Oildale
Lake Isabella
Inyokern
Trona
Park
Shoshone
Bakersfield
Ridgecrest
China Lake Naval Weapons Center
Ashford Junction
Amargosa R.
Caliente
Arvin
Tehachapi Pass
3793
Cantil
Fort Irwin Military Reservation
Tehachapi
Red Mountain
Wheeler Ridge
California City
Frazier Park
Mojave
Valley Wells
Tejon Pass
4133
Gorman
Boron
Four Corners
Baker
Rosamond
Edwards Air Force Base
Mojave Desert
Lake Hughes
Barstow
Calico Ghost Town
Santa Paula
Castaic
Santa Clarita
Lancaster
Palmdale
Daggett
Kelso
Fillmore
Mojave R.
National
Simi Valley
3225
Littlerock
Victorville
6299
6601
San Fernando
Pinon Hills
Burbank
Ludlow
Glendale
Lucerne Valley
Hollywood
Cajon
Hesperia
Santa Monica
Pasadena
Big Bear City
Marine Corps Air Ground Combat Center
LOS ANGELES
Ontario
Norwalk
San Bernardino
Riverside
Flamingo

Gorda
Alder Point
Alder Pk.
3747
Santa Lucia Range
Fort Hunter Liggett Military Reservation
San Lucas
Lockwood
Bradley
San Miguel
40 Hearst Castle
San Simeon
42 Cambria
Harmony
Paso Robles
Atascadero
43 Morro Bay
Estero Bay
Point Buchon
Santa Margarita
San Luis Obispo
1522
44 Avila Beach
Arroyo Grande
Grover Beach
44 Pismo Beach
Oceano
Guadalupe
Santa Maria
Vandenberg Air Force Base
Los Alamos
1985
Point Arguello
Lompoc
Solvang
Gaviota
San Rafael Mts.
San Raphael Wilderness
Dick Smith Wilderness
6913
2182
Coalinga
Avenal
Cholame
Hanford
Vanguard
Stratford
Corcoran
Tulare L.
Lost Hills
Simmler
Buttonwillow
McKittrick
Ford City
Cuyama
Maricopa
Visalia
Tulare
Tipton
Delano
Wasco
Richgrove
Sequoia National Park
70 Giant Forest
Mount Whitney
14495
Three Rivers
Exeter
Golden Trout Wilderness
Porterville
Dome Land Wilderness
Tule River Indian Reservation
Glennville
Isabella L.
Lake Isabella
Oildale
Bakersfield
Caliente
Arvin
Tehachapi Pass
3793
Tehachapi
Wheeler Ridge
Frazier Park
Tejon Pass
4133
Gorman
Mojave
California City
Rosamond
Edwards Air Force Base
Lake Hughes
Castaic
Santa Clarita
Lancaster
Palmdale
Littlerock
3225
Pinon Hills
Cajon
8 ★★ Santa Barbara
Santa Barbara Channel
Carpinteria
Ojai
Santa Paula
Ventura
Fillmore
San Miguel I.
Channel Islands National Park
Santa Rosa I.
Santa Cruz I.
Oxnard
Simi Valley
San Fernando
Burbank
Glendale
Hollywood
Pasadena
Santa Monica
Ontario
2 ★★ 9 ★★
LOS ANGELES
45 46 47 - 53
Torrance
Norwalk
Riverside
Anaheim
Disneyland
3 ★★
55 Long Beach
Huntington Beach
Santa Ana
56 Newport Beach
57 Laguna Beach
58
Lake Elsinore
Santa Catalina I.
Avalon
San Clemente
Camp Pendleton M.C.B.
Gulf of Santa Catalina
Oceanside
U.S. Naval Reservation
San Clemente I.
Carlsbad
China Point
Encinitas
Solana Beach
63 - 67 59 60 61
SAN DIEGO
10 ★★ San Diego Zoo
Cabrillo National Monument
Chula Vista
Tijuana
Rosarito
Cantamar
A
B
C
5
4
3
2
1

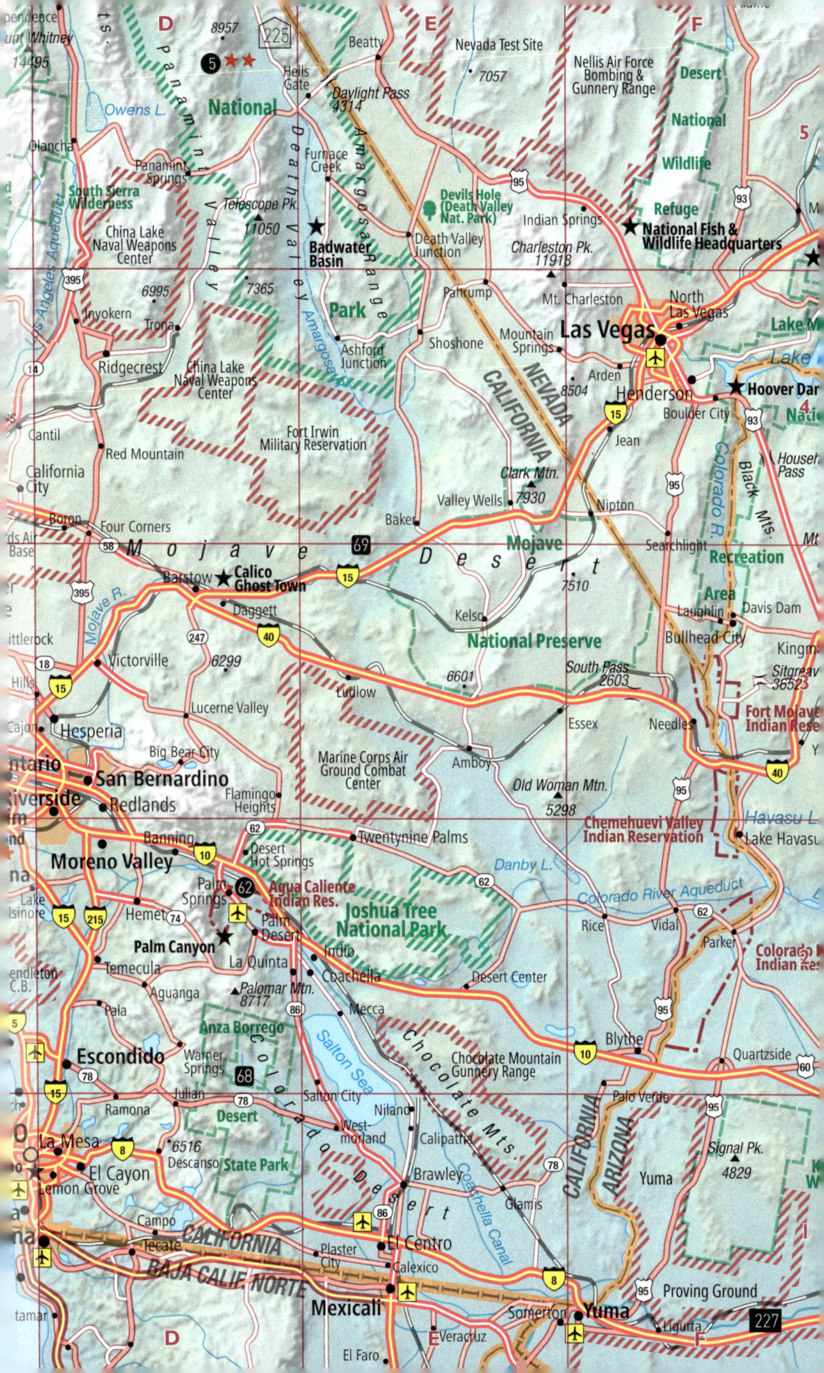
Mount Whitney
14495
Owens L.
Olancha
Panamint Springs
South Sierra Wilderness
China Lake Naval Weapons Center
6995
Inyokern
Trona
Ridgecrest
China Lake Naval Weapons Center
Los Angeles Aqueduct
Cantil
Red Mountain
California City
Boron
Four Corners
Mojave
Mojave R.
Barstow
Calico Ghost Town
Daggett
Victorville
6299
Hesperia
Lucerne Valley
Big Bear City
Ontario
San Bernardino
Riverside
Redlands
Flamingo Heights
Banning
Moreno Valley
Desert Hot Springs
Palm Springs
Agua Caliente Indian Res.
Palm Desert
Palm Canyon
Hemet
Lake Elsinore
Temecula
Aguanga
Pala
Palomar Mtn.
8717
La Quinta
Indio
Coachella
Mecca
Anza Borrego
Colorado
Desert
State Park
Warner Springs
Escondido
Julian
Ramona
6516
Descanso
La Mesa
El Cayon
Lemon Grove
Campo
Tecate
CALIFORNIA
BAJA CALIF. NORTE
Mexicali
Plaster City
El Centro
Calexico
Salton Sea
Salton City
Westmorland
Niland
Calipatria
Brawley
Chocolate Mts.
Coachella Canal
Glamis
Veracruz
El Faro
Somerton
Yuma
Ligurta
Proving Ground
Signal Pk.
4829
Palo Verde
CALIFORNIA
ARIZONA
Chocolate Mountain Gunnery Range
Desert Center
Blythe
Quartzside
Colorado Indian Res.
Parker
Vidal
Rice
Colorado River Aqueduct
Danby L.
Joshua Tree National Park
Twentynine Palms
Marine Corps Air Ground Combat Center
Amboy
Old Woman Mtn.
5298
Chemehuevi Valley Indian Reservation
Havasu L.
Lake Havasu
Essex
Needles
Fort Mojave Indian Res.
South Pass
2603
Sitgreaves
3652
Kingman
Ludlow
6601
National Preserve
Kelso
Mojave
Desert
7510
Bullhead City
Laughlin
Davis Dam
Recreation Area
Searchlight
Colorado R.
Black Mts.
Nipton
Valley Wells
7930
Clark Mtn.
Baker
Fort Irwin Military Reservation
Ashford Junction
Amargosa R.
Shoshone
CALIFORNIA
NEVADA
Jean
Boulder City
Henderson
Hoover Dam
Lake Mead
8504
Arden
Mountain Springs
Las Vegas
North Las Vegas
Mt. Charleston
Charleston Pk.
11918
Pahrump
Death Valley Junction
Indian Springs
Devils Hole (Death Valley Nat. Park)
Amargosa Range
Badwater Basin
Park
Telescope Pk.
11050
7365
Panamint Valley
Death Valley
Furnace Creek
National
Hells Gate
Daylight Pass
4314
Beatty
Nevada Test Site
7057
Nellis Air Force Bombing & Gunnery Range
Desert National Wildlife Refuge
National Fish & Wildlife Headquarters
8957

Los Angeles
300 m
300 yd
A
B
C
5
4
3
2
1
1st Street
Rockwood St
Glendale Blvd.
Douglas St
Toluca St
East Edgeware Rd.
Court St
Bixel St
Colton St
Edgeware Rd.
Temple St
Hollywood Freeway
Angelina St
Boylston St
Beaudry Ave
Belmont HS
2nd St
Wittmer St
Lucas Ave
Miramar St
Witmer St
Emerald St
2nd Street
Mignonette St
County Health Department
Figueroa Street
Dept. of Water and Power
Harbor Freeway
3rd St
Hartford Ave
4th St
Maryland St
L.A.-Area Chamber of Commerce
5th St
6th St
Walt Disney Concert Hall
52
World Trade Center
Hope St
Museum of Contemporary Art (MOCA Grand)
53
St Pauls Pl.
St Pauls Ave
Wilshire Boulevard
Ingraham St
St Pauls Cathedral
Bank of America
5th St
US Bank Tower
Grand Ave
Olive St
Angel's Flight
Hill St
Grand Central Market
Subway Terminal Bldg.
LA Central Library
6th Street
7th St
First Interst. Tower
Univ. Club
Temple Bapt. Church
Bradbury Building
4th St
Pershing Square
Francisco St
Figueroa Street
7th Street / Metro Center
Pershing Square
First Methodist Church
Hope St
8th St
9th St
Flower St
7th St
Pacific Stock Exchange
Olive St
Hill St
Broadway
Spring St
Main Street
6th Street
Grand Ave
9th St
Olym

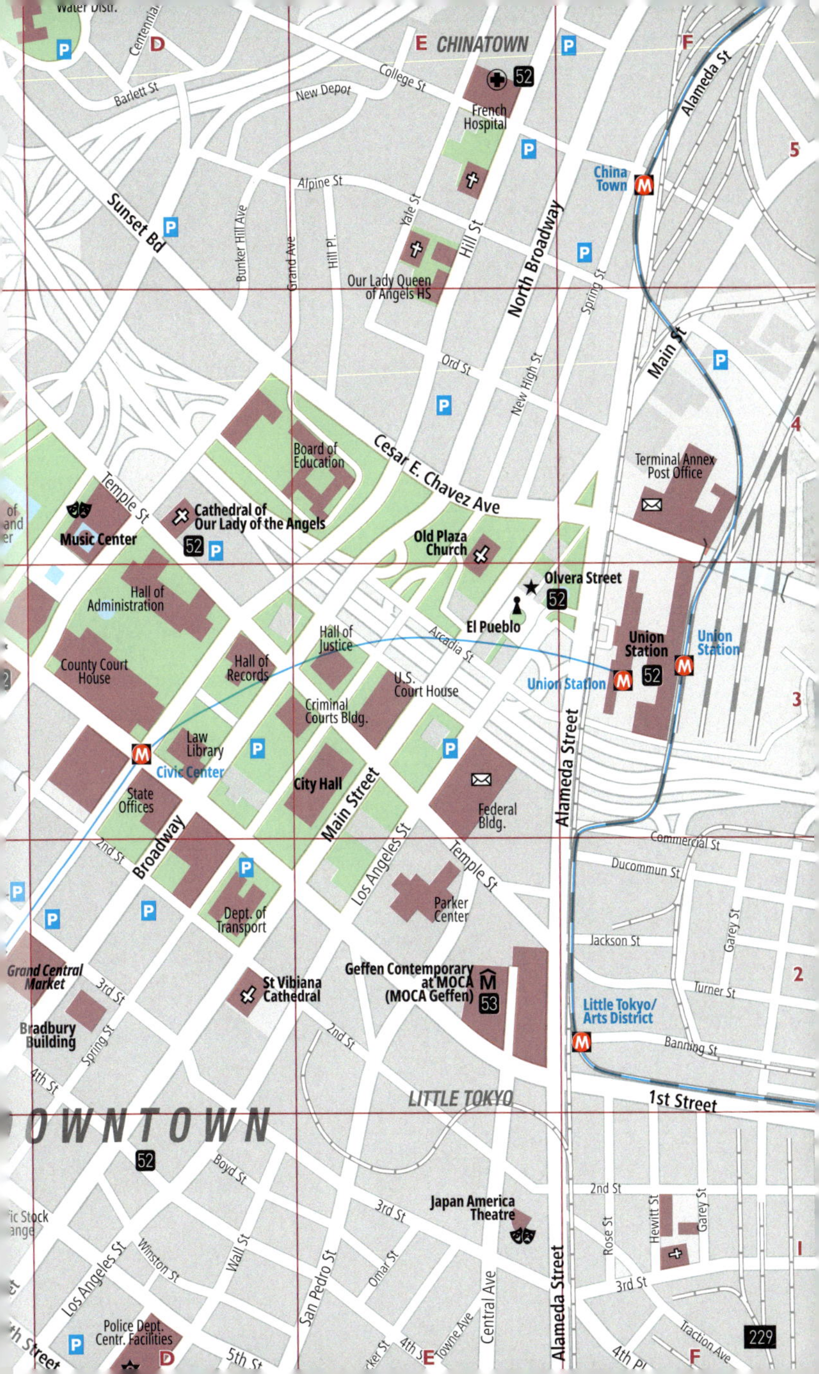

Water Distr.
Centennial
D
E
CHINATOWN
F
College St
52
Barlett St
New Depot
French Hospital
Alameda St
5
China Town
Alpine St
Sunset Bd
Yale St
Hill St
North Broadway
Bunker Hill Ave
Grand Ave
Hill Pl.
Our Lady Queen of Angels HS
Spring St
Main St
Ord St
New High St
4
Board of Education
Cesar E. Chavez Ave
Terminal Annex Post Office
Temple St
Cathedral of Our Lady of the Angels
Music Center
Old Plaza Church
Olvera Street
Hall of Administration
El Pueblo
Union Station
Hall of Justice
Arcadia St
Hall of Records
County Court House
U.S. Court House
Union Station
3
Criminal Courts Bldg.
Law Library
Civic Center
City Hall
Main Street
Alameda Street
State Offices
Federal Bldg.
Broadway
2nd St
Los Angeles St
Temple St
Commercial St
Ducommun St
Parker Center
Dept. of Transport
Jackson St
Garey St
Grand Central Market
Geffen Contemporary at MOCA (MOCA Geffen)
53
2
3rd St
St Vibiana Cathedral
Turner St
Little Tokyo/ Arts District
Bradbury Building
Spring St
2nd St
Banning St
4th St
LITTLE TOKYO
1st Street
OWNTOWN
Boyd St
2nd St
3rd St
Japan America Theatre
Hewitt St
Garey St
Rose St
1
Los Angeles St
Winston St
Wall St
San Pedro St
Omar St
Central Ave
Alameda Street
3rd St
Police Dept. Centr. Facilities
D
5th St
4th St
E
Towne Ave
4th Pl
F
Traction Ave

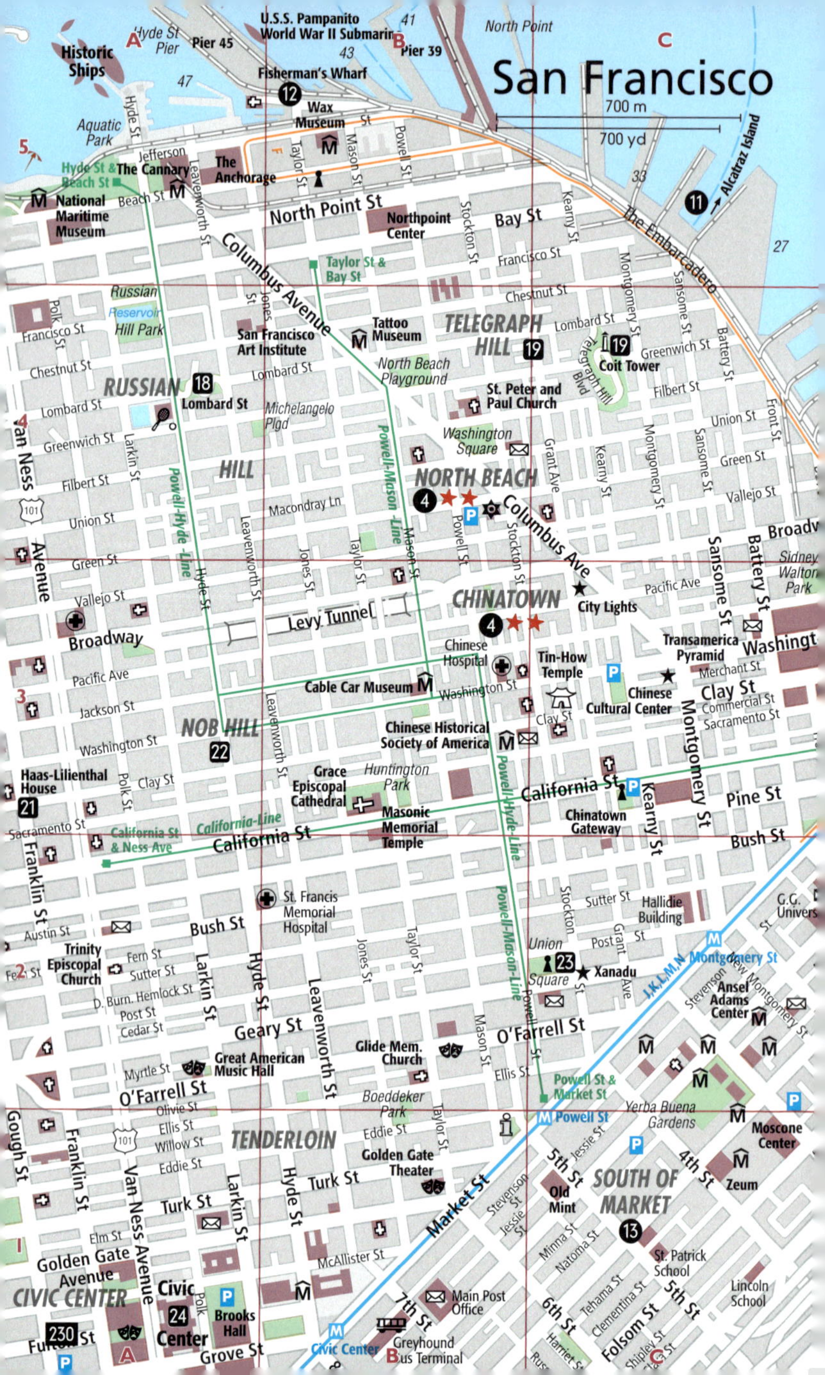
San Francisco
700 m
700 yd
A
B
C
1
2
3
4
5
Historic Ships
Hyde St Pier
Pier 45
U.S.S. Pampanito World War II Submarine
Pier 39
North Point
Fisherman's Wharf
12
Wax Museum
Aquatic Park
Hyde St & Beach St
The Cannery
Jefferson St
The Anchorage
National Maritime Museum
Beach St
North Point St
Northpoint Center
Bay St
Alcatraz Island
11
The Embarcadero
Taylor St & Bay St
Columbus Avenue
Francisco St
Chestnut St
Lombard St
Russian Hill Park
Reservoir
San Francisco Art Institute
Tattoo Museum
TELEGRAPH HILL
19
Coit Tower
Telegraph Hill Blvd
Greenwich St
North Beach Playground
RUSSIAN
18
Lombard St
Michelangelo Plgd
St. Peter and Paul Church
Filbert St
Union St
Green St
Vallejo St
Washington Square
Van Ness Avenue
HILL
NORTH BEACH
4
Powell-Mason -Line
Powell-Hyde -Line
Macondray Ln
Columbus Ave
Broadway
Sidney Walton Park
CHINATOWN
City Lights
Pacific Ave
Levy Tunnel
Transamerica Pyramid
Washington St
Merchant St
Chinese Hospital
Tin-How Temple
Chinese Cultural Center
Clay St
Commercial St
Sacramento St
Cable Car Museum
Jackson St
NOB HILL
22
Chinese Historical Society of America
Haas-Lilienthal House
21
Grace Episcopal Cathedral
Huntington Park
California St
Pine St
Masonic Memorial Temple
Chinatown Gateway
California St & Ness Ave
California-Line
Bush St
St. Francis Memorial Hospital
Sutter St
Hallidie Building
G.G. Univers
Austin St
Trinity Episcopal Church
Fern St
D. Burn. Hemlock St
Post St
Cedar St
Union Square
23
Xanadu
Montgomery St
J,K,L,M,N
Stevenson St
New Montgomery St
Ansel Adams Center
Geary St
Glide Mem. Church
O'Farrell St
Ellis St
Myrtle St
Great American Music Hall
Powell St & Market St
Powell St
Boeddeker Park
Yerba Buena Gardens
Moscone Center
Olivie St
Willow St
Eddie St
TENDERLOIN
Golden Gate Theater
Jessie St
5th St
4th St
Zeum
SOUTH OF MARKET
Old Mint
Turk St
Market St
Minna St
Natoma St
13
St. Patrick School
Elm St
Golden Gate Avenue
McAllister St
Main Post Office
Tehama St
Clementina St
Lincoln School
CIVIC CENTER
Civic Center
24
Brooks Hall
7th St
6th St
Folsom St
Shipley St
Harriet St
230
Fulton St
Grove St
Civic Center
Greyhound Bus Terminal
Gough St
Franklin St
Larkin St
Hyde St
Leavenworth St
Jones St
Taylor St
Mason St
Powell St
Stockton St
Grant Ave
Kearny St
Sansome St
Battery St
Front St
Polk St
101

Register

BILDNACHWEIS

AA: Max Jourdan/The J. Paul Getty Trust 6 (Nr. 9), Clive Sawyer 45, 46, 49, 53 und 55, Anna Mockford & Nick Bonetti 110/111 o., Richard Ireland 121, Max Jourdan/The J. Paul Getty Trust 148, Clive Sawyer 153, Anna Mockford & Nick Bonetti 160 und 192

DuMont Bildarchiv/Christian Heeb: 6 (Nr. 8), 15, 19 u. l., 21, 23, 24, 25, 48, 51, 57, 84 u., 96, 118, 145, 146 u., 154, 156, 170/171, 181, 191

Getty Images: Tanveer Badal 4 o., Disney Parks 6 (Nr. 3), Jonathan Hancock 6 (Nr. 6), Popperfoto 17 l., Lonely Planet Images/ Stephen Saks 41, AFP/Josh Edelson 42, Niladri Nath 66, Loic Lagarde 72/73, Garry Crabbe 78/79, MB Photography 80, Jonathan Hancock 86, Westend61 117, Tom Grubbe 127, Disney Parks 147, Allen J. Schaben 166, Richard Cummins 175 r., Ashok Sinha 176, Richard Cummins 178, Richard Cummins 185, Likes to travel and get new experiences 190

Glow Images: 87 und 126

Hess Collection: 89

huber-images: Tom Mackie 6 (Nr. 7), Dutton Colin 19 u. r., Tom Mackie 114, R. Schmid 123, Kremer 204/205

iStock: alvarez 155, Henrique Westin 177

laif: Los Angeles Times/Polaris/Mark Boster 78, The New York Times/Redux/Peter DaSilva 80/81, CCOPhotostock/Kevin McNeal 84 o., Luceo/David Walter Banks 95, Christian Heeb 126, hemis.fr/Patrick Escudero 138/139

Lookphotos: Fritz Dressler 4 u., Aurorafoto 12/13, Hendrik Holler 17 r., Holger Leue 19 o. l., age fotostock 27 und 31, Brigitte Merz 91, Aurorafoto 98, Brown Cannon 101, Elan Fleisher 132/133

mauritius images: ib/Thomas Dressler 6 (Nr. 5), John Warburton-Lee 10 o., Alamy/ Lee Rentz 10 u., Science Source 19 o. r., Alamy 33, Alamy/Joshua Rainey 39 o., Alamy/Citizen of the Planet 39 u., Alamy/ TJP 40 l., Alamy/Clive Sawyer 47, Alamy/ Gonzalo Azumendi 70, Alamy/Enlightened Images/Gary Crabbe 77 l., Alamy/Jeffery Cross 77 r., Alamy 81, Alamy/Chuck Place 109 o., Masterfile/Lalove Benedict 109 u., Alamy/Daniil Belyay 110, Alamy/Nic Wheeler 110/111 u., Alamy/Chuck Place 111, Alamy/Eric Murphy 112, Alamy/David Zanzinger 129, Alamy/Shangara Singh 137 o., Alamy/Ian G. Dagnall 137 u., Sarah-Rebekka Hoffmann 139, Alamy/Tom Grimm 158, Alamy/GoHollywood 163, Alamy/Brenda Kean 168, Alamy/Michael DeFreitas 175 l., Alamy/Maurice Savage 176/177, ib/Thomas Dressler 182, United Archives 183, SuperStock/Ellen Thane 188, SuperStock 189, Alamy/Art Directors & TRIP 197, Alamy/Maurice Savage 199, Alamy/ Chuck Place 201, SuperStock 208

picture-alliance: Reuters/Mario Anzuoni 29, All Canada Photos/Don Johnston 124, Imagebroker/Marc Rasmus 146 o., robert-harding/Richard Cummins 194

Shutterstock: Geir Olav Lyngfjell 6 (Nr. 1), Nito 6 (Nr. 2), Michael Urmann 6 (Nr. 4), Wang Sing 6 (Nr. 10), sirtravelalot 9, Sean Pavone 10 o., Brian Kinney 14, IM_photo 34/35, cdrin 40/41, Martin Valigursky 43, Michael Urmann 44, Nito 48, mic rees 50, Lukas Bischoff Photograph 60, Kobby Dagan 65, shaferaphoto 82, Geir Olav Lyngfjell 83, Cassiohabib 93, Tsuguliev 104/105 und 112/113, Hayk_Shalunts 138 l., Sean Pavone 140, Kit Leong 141, lowe Llaguno 179, Maridav 180, Wang Sing 184, rpac78 187, Rawpixel.com 212/213

Titelbild: U1 oben: John White/EyeEm/ Getty Images
U1 unten: mortiz135/500px/Getty Images

4., aktualisierte Aufl. 2024

Text: Daniel Mangin, Clark Norton, Julie Jares, Axel Pinck, Ralf Johnen
Übersetzung: Dr. Martin Goch, Gelsenkirchen; Joachim Nagel (»Das Magazin«)
Aktualisierung: Ralf Johnen
Redaktion & Gestaltung: Gerhard Junker, Olaf Rappold, Christiane Wagner, Michaela Salden, Sylvia Scheider-Schopf, Anja Schlatterer (red.sign, Stuttgart)

Kartografie: © KOMPASS-Karten GmbH, A-6020 Innsbruck; MAIRDUMONT, D-73751 Ostfildern
3D-Illustration: jangled nerves, Stuttgart
Visuelle Konzeption: Neue Gestaltung, Berlin

Printed in China

Trotz aller Sorgfalt von Autorinnen, Autoren und Redaktion sind Fehler und Änderungen nach Drucklegung leider nicht auszuschließen. Dafür kann der Verlag keine Haftung übernehmen. Berichtigungen, Kritik und Verbesserungsvorschläge sind uns jederzeit willkommen, bitte informieren Sie uns unter:

Baedeker Redaktion
Postfach 3162
D-73751 Ostfildern
Tel. 0711 45 02-262
smart@baedeker.com
www.baedeker.com

FSC
www.fsc.org
MIX
Papier aus verantwortungsvollen Quellen
FSC® C124385

Meine Notizen

Meine Notizen